Literatura e Antropologia do Imaginário

FUNDAÇÃO UNIVERSIDADE
DE BRASÍLIA

Maria Zaira Turchi

Literatura e antropologia do imaginário

EDITORA UnB

Equipe editorial
Rejane de Meneses · *Supervisão editorial*
Cânone Editorial · *Revisão e diagramação*
Soraia Kalil Guimarães · *Capa*
Marcus Lisita · *Arte-final da capa*
Elmano Rodrigues Pinheiro · *Supervisão gráfica*

Ilustração de capa recriada, tendo como substrato a fotografia de ondas sonoras produzidas pela vibração de um disco de aço, cujo resultado se assemelha a uma mandala.

Impresso no Brasil

Direitos exclusivos para esta edição:
Editora Universidade de Brasília
SCS Q.2 – Bloco C – nº 78
Ed. OK – 2º andar
70300-500 – Brasília-DF
tel.: (0xx61) 226-6874
fax: (0xx61) 225-5611
editora@unb.br

Ficha catalográfica elaborada pela
Biblioteca Central da Universidade de Brasília

Turchi, Maria Zaira
T932 Literatura e antropologia do imaginário / Maria Zaira Turchi. – Brasília : Editora Universidade de Brasília, 2003.
318 p.

ISBN 85-230-0787-3

1. Literatura. 2. Antropologia. I. Título.

CDU 82
39

Sumário

Prefácio

Sébastien Joachim
Professor da Universidade
Federal de Pernambuco

O livro de Maria Zaira Turchi, tal como anuncia o seu próprio título, costura íntimas relações entre antropologia e literatura. Mas a antropologia aqui se evidencia em estreitas relações com a história das religiões, com as mitologias das primeiras idades da humanidade e sua evolução na cultura do mundo mediterrâneo, passando pelo medieval e alcançando o mundo moderno. Outras abordagens, tais como a psicanálise, a hermenêutica, também a poética dos gêneros literários, a história das técnicas (Leroi-Gourhan) e ainda a reflexologia de Betcherev se inseriram nessa antropologia da cultura para dar nascimento, nos anos 60, à obra *Estruturas antropológicas do imaginário*, ou seja, a uma antropologia poética. Foi o francês Gilbert Durand que conseguiu essa síntese genial, valendo-se de elementos conceituais herdados, entre outros, de Mircea Eliade, Jean Dumézil, Henri Corbin, Gaston Bachelard, Carl Gustav Jung. Concebeu, então, dois grandes regimes do imaginário – o Diurno e o Noturno – em torno dos quais orbitam arquétipos e *schèmes* concretizados, por sua vez, em um sem-número de símbolos e constelações de imagens. Estas categorias conceituais fundam duas linhas de pesquisa e também de prática analítica: a mitanálise, para importantes períodos históricos da nossa sociabilidade, a mitocrítica, para uma obra literária.

De tudo isso, Zaira Turchi dá conta magnificamente no primeiro capítulo de seu trabalho. Isto já seria o suficiente para constituir uma bela introdução ao ramo de estudo do imaginário. Mas a originalidade de sua pesquisa reside particularmente na correlação que soube estabelecer e desfraldar, em seguida, entre gêneros literários e mitos, mediante as noções de *schèmes*, arquétipos, símbolos e imagens. De tal sorte que, depois deste rigoroso empreendimento acadêmico de Zaira Turchi, ninguém poderá ignorar a associação do épico com o sistema mítico do regime diurno do imaginário; a do lírico com o sistema mítico do regime noturno místico do imaginário; a do dramático com as figuras do regime noturno sintético do imaginário. Dissolvem toda dúvida a esse respeito as leituras das demais partes do livro (Mitocrítica do lírico, do épico, do dramático), consagradas a Carlos Drummond de Andrade, Gilberto Mendonça Teles, Antônio José de Moura, Guimarães Rosa, Nelson Rodrigues, Afonso Felix de Sousa. A conclusão *(Solve et Coagula:* de mitos e de gêneros) fecha a demonstração num verdadeiro cume de brilhantismo.

Meus comentários, dada a vasta riqueza do tema, não eliminarão certamente a curiosidade do leitor leigo, nem do leitor iniciado no tocante à auto-descoberta do valor cognitivo e prazeroso desta introdução ao imaginário. A consulta do sumário e da bibliografia é aconselhada. Ela prova que estamos realmente no bojo da mais atual aproximação da literatura com as ciências humanas: a interdisciplinaridade. Mestres e estudantes das áreas de Letras, Teologia, Filosofia (Estética), Artes, Psicanálise, Antropologia, História e Sociologia da Cultura poderão se abastecer aqui, neste manancial comum.

Até agora, no Brasil (e falo nos limites de minhas informações oriundas das publicações de Instituições Superiores de Ensino e Pesquisa), os estudiosos concentraram seus esforços no imaginário psicanalítico, ou sociológico (a Castoriadis), ou então no etnológico, ou ainda restringiram-se a passagens de Eliade, Van Gennep, entre outros, ou foram em busca da tradição hermética, como na belíssima *Alquimia da linguagem*, de Maria Lúcia Dal Farra, aliás publicada em Portugal. Raramente, neste país, sai um grande livro sobre o imaginário propriamente literário. Se excetuarmos a importante e pioneira tese da professora Ana Maria Lisboa de Mello (305 p., PUC-RS, 1991), não surgiu, nesse domínio, ao que eu saiba, um texto de relevo, ou seja, algo interdisciplinar que motivasse a leitura tanto dos especialistas de Letras quanto dos especialistas do campo social. Habitualmente, encontramos monografias de alcance limitado, estudos temáticos do tipo "A saudade em Murilo Mendes", "Novos mitos em Caetano Veloso", alguma incursão nos mitos bíblicos que se observam em tal ou tal autor, ou ainda artigos programáticos, que não desembocam em análises de maior envergadura.

Um pesquisador egrégio, como Luiz Costa Lima, fala de imaginário social ou de imaginário da modernidade, mas suas reflexões benjaminianas ou castoriadisianas não parecem se preocupar com uma possível metodologia específica dos estudos literários que aborde essas questões, ou seja, não se ocupam de uma mitanálise tangente às áreas sociais. Todo leitor de Jung lança mão, esporadicamente, dos arquétipos; todo afeiçoado a Roland Barthes fala em mitologias; a crítica feminista se vale de uma desconstrução mítica; a etnocrítica tenta penetrar nos arcanos da cosmogonia indígena; outros, na esteira de Walter Benjamin ou de Northrop Frye, trabalham em torno da alegoria, ou das "fábulas" identitárias. A literatura comparada introduz, por sua parte, a imagologia (ou imagens do Outro, *discourse on the Other*). Mas poucos estudiosos se empenham em recorrer a uma metodologia que, sistematicamente, estruture essas noções e elementos dispersos. Coube a Gilbert Durand e a seu discípulo Jean Burgos o mérito de haver realizado esse trabalho.

A contribuição de Ana Maria Lisboa de Mello e deste livro de Maria Zaira Turchi vem se instalar exatamente nesse eixo, preenchendo as nossas lacunas. No entanto, Maria Zaira Turchi foi mais adiante, porque conectou de modo inédito gêneros e mitos depois de uma devassa sobre essa dupla tradição no Ocidente. Sem nenhuma dúvida, seu texto parte de uma intuição de Gilbert Durand *(Le décor mythique de la Chartreuse de Parme)*, para se tornar uma metodologia de abordagem dos textos literários. O conteúdo semântico e a sua organização, no espaço e no tempo, são nitidamente assumidos nesta mitocrítica. E, quando necessário, a mitanálise intervém: é o caso de Gilberto Mendonça Teles (*Plural de nuvens*), e de Antônio José de Moura *(Sete léguas de paraíso)*, em que a história pessoal ou a história regional deságua na grande história de uma comunidade universal.

Zaira Turchi, valendo-se da escola da arquetipologia durandiana e do pensamento hermetista, recorre a análises micro-estruturais (decomposição dos lexemas e de sua impregnação simbólica) e macroestruturais (as categorias narratológicas do tempo, espaço, personagem), além de manipular todo um arsenal retórico inerente ao próprio dinamismo do imaginário (antítese, alegoria, repetições, paralelismo, oxímoros, separação assindética, coesão ou viscosidade metafísica, justaposição metonímica, hipotipose, entre outros). Ela manipula também a fenomenologia e a psicanálise existencial das águas, da terra, do fogo (principalmente em Gilberto e Antônio José de Moura). Ela desemaranha, com um senso crítico ímpar, o emaranhamento das constelações de imagens pertencentes a diferentes regimes bem como a convergência dos detalhes díspares numa totalidade integradora. Junto a esses traços fundantes do imaginário, que são convergência, isomorfismo, totalidade, é que se encontra a abertura. Pois o imaginário é um *belvedere* de observações sobre o "mundo da vida" – mediante as artes, as relações humanas, as atitudes para com a natureza e o sagrado. O que ela observa são três modalidades estratégicas de saída de uma prisão. Com efeito, o destino humano, fadado à morte, nos coloca na prisão da angústia: é mister escapar, pondo em jogo *schèmes* agressivos do regime diurno, ou *schèmes* defensivos do regime noturno, que se redobra e se desdobra em duas possibilidades cardeais. Há imaginário que investe mais no dinamismo fugidio, na força coesiva, na adesividade fusionista (a vertente mística). Há também imaginário que investe mais no pendor sincrético, conciliador dos opostos ou das diferenças. Uma e outra tendências admitem reversibilidade. Existe imaginário multiforme que se enquadra bem na poli-genericidade. É a propensão de Gilberto Mendonça Teles, capaz de todas as extraterritorialidades ou reterritorializações. Tais escritores ou seu "eu" poético ou seus narradores ultrapassam fronteiras. A eles se confere o título de universais. Guimarães Rosa, Antônio José de Moura, Carlos Drummond de Andrade no *corpus* eleito por Zaira, também pertencem a essa família. O panorama de conceitos e de análises perspicazes deste livro prova isso. O trabalho de leitura realiza proezas, conectando semas ou elementos textuais aparentemente desprovidos de relações, ou cujas relações são simplesmente banais. O exemplo prototípico se deixa entrever desde a análise da mineiridade e da itabiraneidade de Carlos Drummond de Andrade. A partir de menções e de predicados singelos, mas que se reiteram, constrói-se um mito de Itabira, insuspeito à primeira leitura. A mesma façanha de Zaira se consolida página após página, com o material lírico-crítico de Gilberto Mendonça Teles e com o dispositivo lírico-épico de

Antônio José de Moura. Piscam signos e sinais de todos os lados, somente não os vê aquele que é acometido de assimbolia. Mas a mitodologia, posta à nossa disposição pela professora Zaira Turchi, funciona justamente como instrumento de óptica e máquina de visão.

Finalmente, chamamos a atenção para o contágio estilístico que a estudiosa teria, talvez, contraído pela freqüentação assídua de seus modelos (Drummond, Rosa, Mendonça Teles, Moura, Felix de Sousa, Nelson Rodrigues). O leitor comum, sobretudo o especialista das letras, poderia ter a impressão de uma falta de fluidez, de um andamento constrangido, ou mesmo redundante, até o momento em que a estudiosa alcança o estuário Gilberto Mendonça Teles. Isso se deve, pelo menos no que tange ao longo preâmbulo teórico, sem dúvida de pesada carga cognitiva, à dificuldade de achar o tom da exposição. É tarefa por demais áspera, essa edificação da plataforma durandiana que combina filosofia, história, psicanálise, poética, sociologia, antropologia! Mas a partir da entrada em cena do exímio representante goiano de nossa lírica (G.M.T.), a escansão ganha leveza, a elegância se refina e a conclusão se consagra como um verdadeiro apogeu. Às vezes a autora integra o racional no mito, às vezes decreta a superioridade do imaginário sobre a razão. No entanto, preferimos as passagens em que se mantém um pacto de não excludente convivência. O que sobressai é, acima de tudo, a logomarca-Zaira. Cabe a ela esta fórmula simples: em cada parte e sub-parte de seu trabalho, uma introdução retoma e aprofunda dados anteriores, uma conclusão carimba os aportes sem esquecer nenhum; em inumeráveis parágrafos, desponta o dom da metáfora e da síntese expressiva, o termo certo na hora certa. Criam-se, assim, trechos de reflexões de intenso valor existencial e ético. Aí, a forma e o conteúdo se entrelaçam em um tecido inconsútil de grande aura poética.

Zaira Turchi prova, definitivamente, que a erudição não exclui o prazer. A impressão derradeira é a de que não só a *intelligentsia* brasileira, mas também o mundo universitário acabaram de ser premiados com mais uma obra e mais uma escritora, no pleno sentido da palavra.

1

Crítica do imaginário: percursos e perspectivas

O símbolo é a epifania de um mistério.
Gilbert Durand

O caminho do imaginário

A história da civilização poderia ser resumida na aventura do *homo sapiens* que, entre contrastes e antinomias, penosamente e por tentativas, abre espaços à procura da verdade. Mas as fronteiras do conhecimento e da descoberta parecem não ter fim: cada geração recoloca tudo em perspectiva de eterna dúvida de tal sorte que o prazer da descoberta não é tanto o produto final – é a aventura humana.

O itinerário escolhido para esta viagem torna-se complexo pela densa luminosidade com que os estudos teóricos envolveram o imaginário, na tentativa de, num mundo povoado por símbolos, sistematizar sua plurissignificação que abrange desde "a imagem-modelo à imagem-energia do criador" (Védrine, 1990, p. 5). A imaginação humana – energia vital inalienável das configurações de sentido – transcende e ordena todas as outras atividades da consciência.

A idéia central do estudo consiste em perceber, na base do simbolismo, a presença do mito, seja nas imagens simbólicas, seja nos motivos arquetípicos, buscando o modo como o processo de remitologização acontece no século XX. Trata-se de uma abordagem da hermenêutica simbólica, voltada para a procura da especificidade de cada gênero literário e aplicada à literatura brasileira. O trabalho apóia-se em estudos interdisciplinares, mas adota, sobretudo, a perspectiva antropológica que enfoca o imaginário como tensão de coesão entre as forças psicológicas e biográficas e as sociais. Desta forma, o fio que levará a Ariadne, na esperança de não cair nas garras do Minotauro, é a hermenêutica instauradora do texto literário preconizada por Gilbert Durand na sua teoria geral do imaginário e na sua mitodologia: a mitocrítica e a mitanálise.

Em se tratando de tema polêmico e em razão, sobretudo, de seu entrosamento com a história das idéias, não se pode dispensar uma retrospectiva esclarecedora sobre os sistemas filosóficos relativos ao imaginário. Seu combate sistemático ou sua aceitação entusiástica encontram respaldo nas duas correntes filosóficas que remontam, respectivamente, a Platão e a Aristóteles. Falar de imaginário e de mitologia, ontem e hoje, é sempre, mais ou menos explicitamente, falar da Grécia. Platão e seus discípulos não admitem que da sensação particular, mutável, relativa, se possa, de modo algum, tirar o conceito universal, imutável, absoluto: os conceitos são *a priori* inatos no espírito humano. Para Aristóteles e seus seguidores, o que constitui a verdade é a argumentação lógica baseada na razão, pensamento direto, produto da sensação e da inteligência. Os dois filósofos gregos escreveram, assim, o primeiro capítulo desta longa história de controvérsias em que se aprofunda o abismo das duas vertentes contrárias: para Platão, o mito se revela por uma intuição visionária da alma; já o mito, para Aristóteles, é um objeto de invenção.

À época de Platão, mito era sinônimo de absurdo e de mentira, por se constituir de narrativas fantasiosas e inverossímeis, atribuídas a deuses, e também sinônimo de argumento absurdo e inverídico, como corrupção do logos. Enfim, mito era a "imagem desprezível de uma idéia pré-concebida" (DETIENNE, 1992, p. 152). Platão repudia esses mitos que atribuíam aos deuses absurdos e obscenidades, que nada serviam para a religião e menos ainda para a moral, condenando-os, com indisfarçável exagero, sem se preocupar em interpretá-los e descobrir o valor que os mitos primordiais poderiam esconder no seu âmago. É a partir desse momento que Platão se propõe a manifestar seus próprios mitos, novos mitos: da alma, do esquecimento e da recordação, do nascimento do mundo e da vida no além. Em sua obra, o pensamento racional parece constantemente emergir de um sonho mítico. Mircea Eliade (1972, p. 111-112) enfatiza esta idéia, ao falar de uma estrutura platônica de toda mitologia, estabelecendo uma comparação entre o saber filosófico e o pensamento mitológico entendidos como recordação da alma de certos fundamentos eternos.

O mito poderia, de alguma forma, traçar os limites do significado da palavra mitologia por se constituir em seu objeto específico. No entanto, as transformações de seu significante aberto desencadearam diversas interpretações, de tal sorte que, menos de dois séculos depois de ter sido empregado no sentido de pessoas revoltadas,[1] Aristóteles escolhe o termo para definir, na sua *Poética* (1992, p. 111), o que seria a alma da tragédia: "imitação de ações", "composição dos actos", em outras palavras, o enredo. O mito é um produto de uma construção organizada, moldada sobre um fundo de histórias fornecidas pela tradição. Tais histórias só se tornam mito, de acordo com a *Poética*, quando transformadas em tragédias. Em outras obras de Aristóteles, há o emprego da mesma palavra com sentido diferente. Na *Ética a Nicômaco* (III, 13, 117 b 34), por exemplo, mito refere-se a histórias contadas por aqueles que perdem o dia jogando conversa fora, o *philómuthos*, o conversador. Uma afirmação, porém, permanece constante em sua obra: a imaginação não é ciência. Esta é sempre verdade, enquanto a imaginação se engana. Nesta perspectiva, o pensamento direto e conceitual é valorizado em detrimento da imagem e do sentido simbólico.

Há uma constante ressurreição da filosofia de Platão, desde os neoplatônicos de Alexandria até os simpatizantes atuais. A teologia cristã dos primeiros séculos é platonizante. Bastaria lembrar que o quarto Evangelho tem um valor especulativo especial: enxertar a doutrina cristã diretamente na filosofia do logos. João pode ser considerado o teólogo da Encarnação: Cristo é o Verbo (Logos) de Deus encarnado para a redenção do gênero humano. Agostinho toma Platão por guia e a Renascença abraça com entusiasmo as suas idéias. A mesa de Lourenço de Medici queria imitar a glória do *Symposium* e Pico della Mirandola acendia velas devotas diante da imagem do filósofo.

1. A palavra mito é usada no século V a.C., por Heródoto em suas *Histórias:* os revoltosos que se apoderaram da cidade alta e de seus santuários são os *muthiêtai*. A combinação de *muthos* e *etai*, etimologicamente, significa as pessoas do mito, no caso específico, os rebeldes de Samo (DETIENNE, 1992, p. 90).

Foi, contudo, Aristóteles quem dominou amplamente todo o pensamento da Idade Média, sobretudo a partir do século XIII, quando seus escritos, trazidos pelos mouros à Europa recém-desperta, desempenharam um papel fertilizante no desenvolvimento da filosofia escolástica – um exercício de atividade racional para demonstrar e defender a verdade religiosa revelada que, não sendo um sistema filosófico autônomo, utilizou aqueles sistemas já conhecidos e comprovados: o aristotélico e o platônico. Tomás de Aquino, representante maior desta escola, escreveu a *Summa Teologica*, obra que não é uma simples adaptação da *Metafísica* e do *Organon* aristotélicos, mas uma tentativa arrojada de lançar uma ponte de racionalismo entre o conhecimento e a fé. Até hoje o pensamento do Aquinate é reverenciado em centros culturais católicos, ao lado do *maestro di color che sanno*, como Dante define Aristóteles.

A sabedoria do "mestre dos que sabem" dominou a história das idéias do mundo ocidental nos últimos séculos da Idade Média, mas é verdade também que foi contrastada pelos admiradores de Platão. À vertente aristotélica de Alberto Magno e Tomás de Aquino, dominicanos, se contrapõe a vertente platônica de Guilherme de Occam e Boaventura, franciscanos. Esta luta se travou inicialmente nas escolas dos mosteiros e se transferiu, em seguida, para as universidades. Mas o povo, que não entendia o latim, língua das escolas e dos sábios, longe dos conventos e excluído das universidades, bebia a fé em outra vertente. Seu misticismo tinha necessidade de imagens que falassem diretamente à sua alma – herança platoniana fora do mundo intelectual aristotélico.

A questão das imagens que já havia provocado no Oriente, no século VIII, com Leão III, uma verdadeira guerra iconoclasta, com a vitória da iconodulia, reaparece, sob outro aspecto, a partir do século XII, quando os frades, não mais os monges de clausura, mas os *fraticelli* (literalmente, os irmãozinhos) de São Francisco, que vinham do povo e viviam no meio do povo, incentivaram o misticismo através da multiplicação das imagens. Não apenas se representavam o Cristo, a Virgem e os santos, mas também os mistérios da fé, sob a forma de presépio, de estações da via-sacra e do calvário. Na terra do *Poverello* de Assis, há uma cruz, encimando todo outeiro, e uma *Madonna*, protegendo toda encruzilhada. A própria arquitetura da época, românica, pesada e despida de adereços, dá lugar à catedral gótica, leve, projetada para o alto, repleta de símbolos e povoada de estátuas. Um mundo ideal, onde a imagem fala diretamente à alma.

Na Renascença, sobretudo nos séculos XV e XVI, esta tendência é levada ao excesso, o humano acaba por se sobrepor ao divino e o culto da imagem reporta ao paganismo. Novamente a iconoclastia, desta vez com o nome de Reforma, se insurge contra este novo surto de idolatria. Contra o iconoclasmo da Reforma aparece a resistência do imaginário, através da Contra-Reforma, guerra que perdura até os nossos dias. O *Magister dixit*, sinônimo da fé cega em Aristóteles, chega ao fim, a partir da Renascença, diante da audaciosa irreverência da filosofia de Occam, Bacon, Descartes, Spinoza e, sobretudo, pelo aparecimento da força demolidora da incipiente ciência experimental que abre caminho à ciência moderna. Porém, a admiração por Aristóteles, o cérebro de maior influência no espírito do mundo ocidental, continua inabalável através dos tempos.

Ao analisar a situação do símbolo e do imaginário nos tempos modernos, na era da ciência, percebe-se que o problema ainda se coloca, muitas vezes, na velha contenda entre o valor do pensamento racional, argumentação conceitual da razão, e o gosto, a vocação e o poder do pensamento simbólico. No entanto, não se pode dizer que a mentalidade científica se encontra em confronto direto com o imaginário. No final do milênio, a tensão entre as pressões científicas e as ressurgências simbólicas já não se apresenta em termos antagônicos. A alegada mentalidade científica e técnica parece ser "uma ilusão supersticiosa mantida pela pedagogia escolar e universitária do Ocidente, mas que não corresponde absolutamente ao balanço profundo da alma ocidental e contemporânea média" (DURAND, 1995, p. 26).

Partindo do princípio de que toda reação pressupõe uma ação anterior, Durand individualiza três causas fundamentais, que ele chama de estados, para explicar a luta entre o pensamento racional e a imagem. As três ações responsáveis pela reação podem ser resumidas numa única palavra: redução. A essas três reduções da imagem ele dá o nome, respectivamente, de "teológica", "metafísica" e "positivista",[2] ou seja,

2. Esses termos, Durand vai buscar no *Breviário positivista*. Segundo Augusto Comte, o pensamento atravessa três fases: a teológica, a metafísica e a positivista. Nesta última, o culto da divindade é substituído pelo culto da Humanidade, o Grande Ser, constituído por todos os homens passados, presentes e futuros, úteis à própria humanidade.

redução da imagem à interpretação condicionada ao fato social e histórico; da imagem ao conceito; da imagem ao signo. As reduções – diminuição do campo operativo imagético que levou os iconófilos a um comportamento esquivo – refletiram negativamente sobre o imaginário, obrigando-o à clandestinidade e à privação de seus mecanismos tradicionais.

Aos poucos, porém, a hermenêutica e o símbolo foram readquirindo sua força e sua liberdade. Sua reação foi uma revolta espontânea do espírito livre que se processou também de três formas diferentes ou reduções contrárias. Contra a redução teológica, que havia provocado uma clandestinidade do pensamento hermenêutico, ressurge pujante o mesmo pensamento nas manifestações das heresias contra os dogmas da Igreja e, sobretudo, na livre, isto é, não direcionada, interpretação das Escrituras. Contra a redução metafísica, que excluía o símbolo do pensamento racional, o imaginário vai eclodir nas páginas dos poetas e nas obras dos artistas sempre inovadores. Contra a redução positivista da linguagem, considerada própria do saber oficializado condizente com o rigor da verdade, a imaginação provocou o florescimento da simbologia moderna. Se toda ação repressiva gera uma reação libertária, convém, paradoxalmente, aplaudi-la porque os maiores expoentes do ressurgimento da imagem nos últimos séculos foram fruto desta luta, a reação romântica.

O movimento romântico esteve, em seus começos, ligado à filosofia. A primeira grande figura do movimento, embora pertença, na verdade, ao pré-romantismo, foi Jean-Jacques Rousseau, filósofo a quem se deve o culto da sensibilidade que predispõe à emoção: sentimento que só é verdadeiro se for direto e violento, sem sofrer a orientação do pensamento. Partindo desta teoria, foi possível aos pré-românticos e aos românticos reconstruir um mundo emotivo de sonhos, de visões, de mitos onde se inserem as palavras mais caras aos homens, joguetes de uma avalanche de imagens contra as quais não há defesa.

No século XVIII, Giambattista Vico, Immanuel Kant e Samuel Taylor Coleridge, mais diretamente do que Rousseau, promoveram o renascimento do imaginário com suas novas pesquisas filosóficas. Vico teve o mérito, em seu *Princípios de uma ciência nova*, de interpretar intuitivamente as idades primitivas. Original é a descoberta do momento fantástico, mítico e, para ele, poético da infância da humanidade. A fantasia ingênita produz os mitos que nada mais são do que a própria palavra significante na sua forma espiritual – palavra e mito se confundem no próprio ato criador. Segundo a fábula de Vico, o homem, ainda em estado ferino, ao ouvir o trovão e o relâmpago, associou o fato a uma força que não era dele mas de alguém mais forte do que ele, que vinha do alto, soltou a primeira palavra – Zeus! – que era ao mesmo tempo mito e palavra. O homem primitivo, que percebeu somente o estrondo no céu e cuja fantasia encontrou uma solução concretizada na palavra-mito, só de maneira indireta e mediata se deu conta do maravilhoso acontecimento, quando acreditou naquilo que ele mesmo havia inventado. No dizer de Mielietinski (1987, p. 14-15), a filosofia do mito de Vico contém em germe quase todas as tendências no estudo do mito; ele antecipa o desenvolvimento da ciência mitológica.

O mérito de Kant foi haver restituído à imaginação a dignidade de "rainha das faculdades" após ter sido tratada como a "louca da casa" por tanto tempo pelos outros racionalistas, e de havê-la dotado de funções específicas na construção de seu monumento filosófico. Antes de mergulhar nas elucubrações das várias críticas, Kant escreveu uma obra intitulada *Sonhos de um visionário, ilustrados pelos sonhos da metafísica* (1766). O espírito vidente é do filósofo Swedenborg, cujo sistema místico Kant não defende por considerá-lo fantástico, mas não o condena tanto como condena os sistemas tradicionais. Seu lado místico, embora não aparecesse muito em suas várias críticas que influenciaram tanto os fenomenologistas quanto os positivistas, admirava Swedenborg a quem qualifica de "verdadeiramente sublime" (Padovani e Castagnola, 1958, p. 306). Kant percebe, ao lado da razão pura e da razão prática, o "julgamento do gosto", que se constitui numa terceira via do conhecimento, enquanto faculdade de perceber o belo. A contribuição de Kant à teoria estética romântica e à concepção de imaginário avança, ainda mais, ao reabilitar a imaginação como "esquematismo transcendental" – a percepção das "formas a *priori*" integrada nos esquemas, nas categorias da razão.

Coleridge, poeta do romantismo inglês, mergulhou, no fim do século XVIII, em Kant, fato que serviu principalmente para inundar de luz nova o imaginário. Em suas pesquisas filosóficas, descobriu que a imaginação não tem apenas a função reprodutora, mas possui também a função criadora. Esta atividade do espírito pode apresentar-se sob duas formas: a inferior, chamada fantasia, e a outra, superior, a imaginação criadora no sentido restrito da palavra. Esta é a imaginação que vê além no espaço, além no intelecto, além no presente, no futuro, até no infinito. O papel da imaginação não se limita a conceber a idéia, a reunir as imagens e as formas que hão de tornar sensível a idéia, antes, sua função é fornecer o impulso, é a parte ativa do processo. O desenvolvimento posterior da teoria do imaginário muito deve ao romântico discípulo de Kant, porque Coleridge não foi apenas o arauto do renascimento do imaginário, mas também contribuiu para a separação da fantasia em relação ao símbolo hermenêutico. No dizer de Durand (1995, p. 34), ele procurou distinguir "onde e como se legitima a busca da unidade do imaginal[3] em relação ao simples delírio onírico ou patológico".

Ao imaginário abrem-se, assim, duas atividades distintas em sua vertente criadora: a literária e a científica. Na estética e na filosofia românticas, o símbolo e o mito têm importância-chave na concepção de que o infinito só aparece no finito através de manifestações do imaginário. O belo, representação simbólica do infinito, que se encontra na base de todas as artes, nada mais é, para Friedrich Schelling, que um eterno simbolizar. A estética romântica pode ser sintetizada no símbolo, que identifica todos os textos românticos. No dizer de Todorov (1977, p. 203), "para compreender o sentido moderno da palavra 'símbolo' é necessário e suficiente reler os textos românticos".

Na outra vertente, a científica, a imagem transformada em símbolo se concretiza na manifestação da psique humana, do eu profundo, não mais objeto poético, mas objeto da psicanálise. É por este caminho que Sigmund Freud penetra no imaginário patológico e levanta hipóteses corajosas das quais a humanidade acaba por se beneficiar. Além da psicanálise, que investiga as profundezas da alma, deve-se à vertente científica do imaginário a criação da etnologia. Claude Lévi-Strauss, ao dirigir seus estudos às culturas primitivas na ânsia de desvendar-lhes as estruturas, deu vida não somente à etnologia, mas ao método

3. O termo "imaginal" é tomado a Henry Corbin e entendido como local da convocação para o Ser, local das epifanias, centro indestrutível e individual da pessoa. O imaginal transcende e ordena todas as outras atividades da consciência (DURAND, 1995, p. 34).

estruturalista que tanto pode ser utilizado na pesquisa científica quanto na literária. Convém observar, porém, que somente a literatura em suas experimentações teve a ousadia de beirar a fronteira do incompreensível, enquanto a psicanálise e a etnologia, que tiveram a coragem de escandalizar a tradição científica e cultural, ao colocar o imaginário no centro de seus estudos, utilizaram para suas investigações fatos reais típicos do método positivista.

Nosso século, em sua primeira metade, assistiu a novos impulsos nos estudos do imaginário através de Ernst Cassirer, Carl Jung e Gaston Bachelard, que retomando a distinção feita por Coleridge da imaginação passiva e ativa, se fixaram nesta última para determinar-lhe sua ação no ser humano. Cassirer descobre que o símbolo carrega em si a tendência de se transformar, sob as diretrizes da consciência, em "prenhez simbólica", já que contém no seu cerne a presença irresistível do sentido, princípio que ele analisa racionalmente como forma de ordenação criativa. É ele também quem reconhece que a "fantasia mítica só pode gerar um mundo de representações míticas se isto for respaldado pela dinâmica das emoções vitais" (MIELIETINSKI, 1987, p. 53). Jung, por sua vez, tende a colocar o imaginário no inconsciente, que não é mais a manifestação de um impulso recalcado, o complexo sexual freudiano, teorizando sobre a existência de uma camada profunda no psiquismo, o inconsciente coletivo. Desenvolve o conceito de arquétipos como estruturas das imagens primordiais da fantasia inconsciente coletiva, elementos estruturais da psique inconsciente formadores do mito. Tanto Jung quanto Bachelard recolocam a imaginação no centro entre os estados do pensamento objetivo na direção do objeto científico, e dos estados de baixa tensão na direção do objeto patológico (DURAND, 1995, p. 38). Bachelard, ao abrir as portas do estudo do imaginário em si mesmo, propõe-se a abordar a compreensão do simbólico, dando-lhe o nome de fenomenologia dinâmica, na qual o imaginário é o dinamismo criador, a potência poética das imagens, enfim, a potência da palavra humana que emerge do inconsciente coletivo.

Henry Corbin e Mircea Eliade enriqueceram o estudo da imaginação ao restabelecer a harmonia entre os diferentes planos psíquicos. Para Corbin, a imaginação não é mediana, é a mediatriz, isto é, não marca simplesmente um lugar, o meio, mas tem a função de dirigir e condicionar o rumo para tornar possível o acesso a uma nova interpretação, longe do objetivismo científico e longe dos estados psicológicos. Para Eliade, o pensamento simbólico, o mito, não possui apenas "prenhez simbólica", mas é um verdadeiro doador de sentido. Procurando revelar nos mitos uma filosofia original da humanidade arcaica, Eliade propõe uma interpretação da mitologia, determinada pelo funcionamento dos mitos nos rituais.

Os trabalhos de Gilbert Durand procuram conciliar, através de sua antropologia do imaginário baseada num estruturalismo figurativo, esse pluralismo que se constitui de heterogeneidades irredutíveis, estabelecendo uma trégua diante da impossibilidade de encaminhar a questão da hermenêutica simbólica sob um único enfoque. Ele mesmo reconhece a paternidade de muitas hipóteses e descobertas a antropólogos tenazes e cultos, pesquisadores do imaginário, a quem chama de mestres: Bachelard, Corbin, Dumézil, Leroi-Gourhan, Eliade, Lévi-Strauss, Bastide, sem esquecer a obra do psicanalista Jung. Com seu vasto conhecimento, constrói uma teoria sobre as estruturas antropológicas do imaginário, avançando, depois, para a formulação de uma mitodologia, aparato teórico que vai alicerçar o presente trabalho que trata das relações entre o imaginário e a literatura.

O TRAJETO ANTROPOLÓGICO DO MITO

Dois são os eixos norteadores do pensamento de Gilbert Durand, responsáveis por fixar o estatuto do imaginário na reflexão contemporânea, atribuindo à imaginação o privilégio de ser a fonte da produtividade psíquica. O primeiro eixo apóia-se nas investigações de Bachelard, que transitam do rigor objetivo da epistemologia para o pluralismo e a ambigüidade da imagem poética, dando novo rumo à crítica literária. Sua obra é fonte de múltiplas influências para autores como Jean-Pierre Richard, Jean Starobinski, Hélène Tuzet, entre outros, cujos trabalhos, somados aos de Durand, vêm contribuindo para o desenvolvimento da crítica do imaginário. O segundo eixo provém da Escola de *Eranos*, fundada por Jung e da qual participaram, também, estudiosos como Eliade, Corbin, Marie Louise von Franz, com o objetivo de promover e prosseguir estudos sobre partes do saber marginais em relação ao núcleo psicológico-científico de sua obra, dando lugar a amplas investigações interdisciplinares sobre o homem (GARAGALZA, 1990, p. 25-26).

Bachelard constrói uma fenomenologia do imaginário que permite, por intermédio do devaneio poético, ultrapassar os obstáculos do compromisso biográfico do poeta e do leitor, colhendo o símbolo na sua plenitude. O filósofo do devaneio explorou a cosmologia simbólica dos quatro elementos: a água, a terra, o fogo, o ar e todos os seus derivados poéticos, vindo o imaginário a se enxertar diretamente na sensação. Um dos fundamentos básicos do pensamento bachelardiano consiste em perceber o simbolismo imaginário como dinamismo criador, amplificação poética de cada imagem concreta, e como dinamismo organizador, fator de homogeneidade na representação. Desta forma, o símbolo, pertencendo a uma semântica especial, possui, não apenas um sentido artificialmente dado, mas um poder essencial e espontâneo de repercussão, enquanto os encadeamentos dos símbolos se regem pelas ressonâncias, pelas afinidades ocultas que residem no seu conteúdo material, de natureza semântica. A repercussão chama a um aprofundamento da existência, as ressonâncias se dispersam nos diferentes planos da vida no mundo (BACHELARD, 1978, p. 187).

Ao lado do semantismo do imaginário, Bachelard vai falar, ainda, no importante papel desempenhado pela assimilação subjetiva no encadeamento dos símbolos e de suas motivações. É a sensibilidade humana que serve de *medium* entre o mundo dos objetos e o dos sonhos. Nos seus ensaios sobre a imaginação, dá-se conta, também, da ambigüidade simbólica, o que possibilita, segundo Durand (1989, p. 26), estabelecer uma regra fundamental da motivação simbólica: "todo elemento é bivalente, simultaneamente convite à conquista adaptativa e recusa que motiva uma concentração assimiladora sobre si". A fenomenologia dos símbolos poéticos vai-se consolidando nas obras de Bachelard, até alcançar, em *A poética do devaneio*, a condição de uma verdadeira ontologia simbólica que conduz aos três grandes temas: eu, o mundo e Deus. Para Durand, após esta obra, restava apenas "generalizar" a antropologia restrita de Bachelard, promovendo uma reintegração maior das potências imaginativas no cerne do ato da consciência, tarefa sobre a qual ele se debruça. Buscando essa generalização, vai considerar o imaginário como a dinamização da totalidade das imagens produzidas pelo homem, sem nenhuma determinação histórica ou geográfica, individual ou coletiva, consciente ou inconsciente, normal ou patológica. A visão ampla do imaginário, como a soma das representações do homem, despreza o conteúdo do princípio de realidade, a noção de real e falso, aceitando o princípio de verdade, e reforça o postulado de semanticidade das imagens. Durand se coloca, então, diante do que ele vai chamar de trajeto antropológico: "a incessante troca que existe ao nível do imaginário entre as pulsões subjetivas e assimiladoras e as intimações objetivas que emanam do meio cósmico e social" (1989, p. 29). A produção do imaginário é fornecida pela relação entre o pólo subjetivo e as emanações do meio objetivo.

Para formular a noção de trajeto antropológico dos símbolos, fundamental à sua teoria geral do imaginário, Durand encontra respaldo em *O ar e os sonhos*, de Bachelard, e nas reflexões de Bastide sobre as relações da sociologia e da psicanálise. Bachelard (1990, p. 272), valendo-se do exemplo da alquimia, explica a dualidade dinâmica que faz a matéria e o impulso agirem em sentido inverso e, ao mesmo tempo, manterem-se solidários – o dinamismo conserva e transforma. O trabalho de Bastide apresenta o papel importante que a sociedade desempenha em função da libido – a pulsão individual corre num leito social (DURAND, 1989, p. 30).

A outra forte influência no pensamento de Durand provém da Escola de *Eranos*, fundada por Jung, como já foi dito, em 1933, reunindo mitólogos, antropológos, psicólogos, filósofos, que participavam de seminários regulares, realizados em Ascona, na Suíça. A aproximação de Jung do estudo da mitologia da cultura surge da observação dos sonhos e delírios dos pacientes: sonhos e símbolos arcaicos, pertencentes a mitologias extintas, são desconhecidos dos próprios pacientes, o que lhe permite postular o caráter do inconsciente coletivo. Porém, o interesse de Jung pelo estudo da mitologia transborda o objetivo terapêutico e passa a ser um fim em si mesmo. Vê a necessidade de recuperar algumas tradições submersas, entre as quais a hermético-gnóstica, afogadas pela consciência coletiva ocidental, para compensar o excessivo predomínio do racional-diurno. Assim, a principal característica da Escola, como apresenta Luis Garagalza (1990, p. 25-26), é a vontade científica-gnóstica, enfrentando o positivismo agnóstico triunfante da ciência ocidental. O conhecimento gnóstico persegue a captação do sentido, que já não emerge no puro logos, na sua reflexão racional e objetiva, mas no nível mais primário do mito, da experiência vivida e sentida. Com o mito, o símbolo surge como o único meio através do qual o sentido pode manifestar-se ou realizar-se, ou seja, como autêntica mediação da verdade.

Durand toma, como ponto de partida, a teoria do simbolismo, elaborada por Jung. O símbolo, pelo seu caráter dual, é um mediador que complementa ou totaliza o consciente e o inconsciente, a subjetividade e a objetividade, o passado e o futuro, baseando a bipolaridade do símbolo na sua qualidade de unificador de pares opostos. Neste sentido, o termo alemão para símbolo, *Sinnbild*, parece ser o mais acertado, englobando na sua composição etimológica o sentido *(Sinn)*, elemento integrante do consciente reconhecedor e formativo, e a imagem *(Bild)*, matéria-prima substancial do criador, localizada no inconsciente coletivo. O símbolo torna-se, então, fator de equilíbrio, ao esclarecer a libido inconsciente pelo "sentido" consciente, constitutivo da personalidade, cujo processo simbólico da individuação vincula-se a uma função transcendente. Na trilha aberta por Jung de restauração da dignidade criadora e da transcendência do símbolo, Durand, dedicando-se à interpretação cultural de linguagens simbólicas concretas, formula uma teoria geral do imaginário, qualificada por ele mesmo como "estruturalismo figurativo".

No artigo "Tâches de l'esprit et impératifs de l'être", publicado nos Anais do Congresso de Eranos, em 1965, no auge da discussão estruturalista, Durand tenta conciliar a disputa entre o estruturalismo formal de Lévi-Strauss e a hermenêutica existencializante e historicizante de Ricoeur, não rechaçando nem a sincronicidade estrutural, nem a compreensão (*gnosis*) hermenêutica. Mais tarde, retoma estas idéias em novo artigo, valendo-se da expressão "estruturalismo figurativo", com a intenção de significar um método de aproximação entre o estruturalismo formal e uma compreensão hermenêutica (*gnosis*) (DURAND, 1992, p. 86-120). Tal aproximação se justifica, entendendo estrutura, como o faz Lupasco, não como uma forma estática e esvaziada de sentido, mas como uma reação dinâmica – forma intuitiva e princípio organizador. Diante desta concepção, não há conflito entre símbolo e estrutura, uma vez que esta última deriva, no seu próprio dinamismo, diretamente da posição "aberta" do símbolo. É a figura, o sentido figurado, que distribui as estruturas, da mesma forma como a linguagem movimenta a língua, a fala aciona a sintaxe, a significação orienta o signo. Em outras palavras, é a força da imagem, manifestada no símbolo, que dinamiza a estrutura.

A escolha da via antropológica, que deseja considerar a totalidade das motivações simbólicas, leva Durand a estabelecer uma metodologia específica conveniente ao "estruturalismo figurativo". Para delimitar os grandes eixos dos trajetos antropológicos que os símbolos constituem, o antropólogo vale-se de um método de convergência que tende a mostrar as constelações de imagens constantes e que parecem estruturadas por certo isomorfismo dos símbolos convergentes. Considerando o caráter de semanticidade que está na base de todo símbolo, é preciso reforçar que se trata de um isomorfismo semântico, ou seja, a convergência se exerce na materialidade de elementos semelhantes e não numa simples sintaxe; processo de homologia e não de analogia. Os símbolos convergem porque derivam de um mesmo tema arquetipal.

São esses conjuntos, essas constelações em que as imagens vêm convergir em torno de núcleos organizadores, que o antropólogo procura distinguir e classificar. Para tal, busca fundamentação na reflexologia da Escola de Leningrado que, nas primeiras décadas do século XX, estabeleceu a noção de gestos dominantes, e, mais especificamente, em Betcherev, a teoria das duas dominantes do recém-nascido humano: a dominante de posição, que coordena os outros reflexos decorrentes de se colocar a criança na posição vertical e a dominante de nutrição que se manifesta por reflexos de sucção labial. Betcherev menciona, também, de modo mais vago, a dominante do reflexo sexual. Durand admite as três dominantes reflexas como matrizes nas quais as representações simbólicas vão naturalmente se integrar. E faz dos grandes gestos reflexológicos o ponto de partida de seu método – concomitância entre os gestos do corpo, os centros nervosos e as representações simbólicas:

> É assim que o primeiro gesto, a dominante postural, exige as matérias luminosas, visuais e as técnicas de separação, de purificação, de que as armas, as flechas, os gládios são símbolos freqüentes. O segundo gesto,

> ligado à descida digestiva, implica as matérias da profundidade; a água ou a terra cavernosa suscita os utensílios continentes, as taças e os cofres, e faz tender para os devaneios técnicos da bebida ou do alimento. Enfim, os gestos rítmicos, de que a sexualidade é o modelo natural acabado, projetam-se nos ritmos sazonais e no seu cortejo astral, anexando todos os substitutos técnicos do ciclo: a roda e a roda de fiar; a vasilha onde se bate a manteiga e o isqueiro e, por fim, sobredeterminam toda a fricção tecnológica pela rítmica sexual (DURAND, 1989, p. 39).

Durand apóia sua classificação não apenas sobre a tripartição reflexológica das dominantes postural, digestiva e copulativa, mas também sobre o princípio da bipartição entre dois *regimes* do simbolismo, um diurno e o outro noturno. O estudioso remete-se à obra de Georges Dumézil e André Piganiol, para fundamentar sua opção pela classificação bipartida das convergências arquetipais, argumentando que um plano, ao mesmo tempo bipartido e tripartido, não é contraditório e dá conta das diferentes motivações antropológicas, porque há mesmo uma relação de parentesco entre a dominante digestiva e a dominante sexual. Propõe, então, uma classificação em que as três dominantes das representações simbólicas sejam agrupadas em dois regimes. O diurno, estruturado pela dominante postural, concerne à tecnologia das armas, à sociologia do soberano mago e guerreiro, aos rituais da elevação e da purificação. O noturno subdivide-se em dominante digestiva e cíclica: a primeira assume as técnicas do recipiente e do *habitat*, os valores alimentícios e digestivos e a sociologia matriarcal; a segunda agrupa as técnicas do ciclo, do calendário agrícola, os símbolos do retorno, os mitos e os dramas astrobiológicos.

Com a noção de trajeto antropológico, Durand conecta o pólo subjetivo, da natureza humana, e o pólo objetivo, das manifestações culturais que se relacionam através dos esquemas, dos arquétipos e dos símbolos. O termo *esquema*[4] (em francês, *schème*, forma de movimento interior, força afetiva e não esboço) não é utilizado conforme a terminolo-

4. Optamos por utilizar o termo "esquema", conforme ele aparece na tradução portuguesa de *As estruturas antropológicas do imaginário*, e não *schème*, palavra cunhada por Durand, em francês. Enfatizamos, porém, que o esquema/*schème* refere-se à força afetiva que move os gestos reflexológicos da sensório-motricidade, uma dinâmica da afetividade.

gia kantiana, ou seja, a junção entre a imagem e o conceito, mas significa, aqui, a junção entre os gestos inconscientes da sensório-motricidade, entre as dominantes reflexas e as representações. Assim, o esquema, que é uma generalização dinâmica e afetiva da imagem, promove a união entre os gestos inconscientes e as representações, formando o esqueleto dinâmico da imaginação. À dominante postural, por exemplo, correspondem os esquemas de caída. Tais esquemas comparecem como presentificadores dos gestos e das pulsões inconscientes.

Os arquétipos vêm mediar entre os esquemas, puramente subjetivos, e as imagens concretas proporcionadas pela percepção, sendo como imagens primordiais, unívocas e adequadas ao esquema. Os arquétipos constituem a junção entre o imaginário e os processos racionais. Os gestos dominantes diferenciados em esquemas, no contato com o ambiente ao redor, natural e social, determinam os grandes arquétipos. Por exemplo, aos esquemas de ascensão correspondem os arquétipos de "cume", "céu", "torre", "herói"; os esquemas de caída se substantivizam no "oco", na "noite"; os esquemas de recolhimento provocam os arquétipos do regaço e da intimidade. O significado atribuído a arquétipo assemelha-se à definição de Jung – imagens primordiais localizadas no inconsciente coletivo. A diferença para Durand é que os arquétipos são substantivações dos esquemas, portanto, secundários em relação aos esquemas, que são primordiais.

Os arquétipos, ao se realizarem, ligam-se a imagens diferenciadas pelas culturas, dando origem à manifestação dos símbolos propriamente ditos que podem apresentar vários sentidos. Em outras palavras, se o arquétipo mantém sua universalidade constante e sua adequação ao esquema, o símbolo apresenta-se de modo polivalente. Esclarecedor é o exemplo que Durand (1989, p. 43) utiliza para especificar o processo: o esquema ascencional e o arquétipo do céu permanecem imutáveis, porém, o símbolo que os demarca transforma-se de escada em flecha voadora, em avião supersônico ou em campeão de salto. Quando o símbolo perde sua polivalência, comprometendo-se numa situação concreta, transforma-se em nome, em signo, ou em sintema.

Uma vez delimitados os termos "esquemas", "arquétipos" e "símbolos", define o sentido que a palavra "mito" assume na sua teoria: "sistema dinâmico de símbolos, de arquétipos e de esquemas, sistema dinâmico que, sob o impulso de um esquema, tende a compor-se em narrativa" (1989, p. 44). Durand percebe o mito como um esforço de racionalização, uma vez que utiliza o fio do discurso, no qual os símbolos se resolvem em palavras e os arquétipos em idéias.

A partir da constatação do isomorfismo dos esquemas, dos arquétipos e dos símbolos no interior dos sistemas míticos, verifica "a existência de certos protocolos normativos das representações imaginárias, bem definidos e relativamente estáveis, agrupados em torno dos esquemas originais" (Durand, 1989, p. 44) a que ele vai chamar de estrutura. Estrutura implica um dinamismo transformador: formas dinâmicas sujeitas à transformação por modificação de um dos termos. Os regimes do imaginário são, portanto, o agrupamento de estruturas vizinhas. O regime diurno engloba as estruturas esquizomorfas, ligadas à dominante postural; já o regime noturno divide-se em estruturas sintéticas, ligadas à dominante copulativa, e em estruturas místicas, próprias da dominante digestiva. A definição de estrutura de Durand difere daquela de Lévi-Strauss, ainda muito formal. A estrutura não é uma forma geométrica de tipo mecanicista, é um conjunto de elementos heterogêneos, reunidos empiricamente numa permanência.

A escolha por se trabalhar o mito do ponto de vista da teoria formulada por Durand, nesta obra, não significa uma redução a um único enfoque, mas exatamente o contrário, representa o desejo de situar a reflexão numa concepção mais abrangente. Longe de ser redutivo, o comparatismo antropológico que se quer compreensível do fenômeno humano é uma amplificação; longe de se contentar em abstrair formas, ele concretiza estruturas. A universalidade não se reduz a esquemas formais, mas está ancorada na experiência concreta, individualizada – o próximo elucida o distante. Se por um lado, Durand admite que o mito por sua universalidade no espaço e no tempo humanos é um complexo de suas invariantes, por outro, ele se pergunta como essa invariante se modifica no curso do tempo humano e dos espaços circunstanciais (estruturas sociais, situações geográficas etc.).

É graças a maior ou menor convergência de trabalhos como os de Eliade, Lévi-Strauss, Dumézil, Corbin, situando o mito, como forma primeira, respectivamente, nas instâncias do Sagrado (inspiração mística), do Espírito (ordem simbólica transcendental), da Sociedade (ideológica), do Imaginal (hierofania imaginária), que Durand encontra sua definição operatória do mito e a coloca no centro da perspectiva antropológica contemporânea. Mais ainda, sua compreensão do imaginário mítico vai-se completando de uma obra para outra. Em *Figures mythiques et visages de l'oeuvre* (1992, p. 11-32), Durand fala de três dimensões do aparato simbólico que ele encontra depois de várias experimentações nesse campo. Às duas primeiras, amplamente estudadas em *As estruturas antropológicas do imaginário*, acrescenta uma terceira dimensão, responsável por sustentar a problemática do mito.

A primeira dimensão, que ele chama de dimensão mecânica, diz respeito ao conjunto de noções que definem o aparelho simbólico, um pouco como Freud entende o aparelho psíquico. Como já foi dito, três são as categorias possíveis e funcionáveis do aparelho simbólico. O esquema (*schème*), chamado metaforicamente de verbal, é o capital referencial de todos os gestos possíveis da espécie *homo sapiens*. Com Marcel Mauss, Durand pensa que a primeira linguagem, "o verbo", é expressão corporal. As imagens arquetípicas vêm em seguida e são imagens primeiras e universais da espécie, classificadas como *epítetas* e *substantivas*, quer se trate de qualidades sensíveis ou perceptivas como alto, baixo, quente, frio, ou de objetos percebidos e denominados substantivamente: luz, trevas, abismos, criança, lua, mãe, cruz, círculos. Por fim, as imagens arquetípicas especificam-se ainda sob a influência das incidências puramente exógenas: clima, tecnologia, área geográfica, fauna, estado cultural. É o que se pode chamar de símbolo *stricto-sensu*. Engajando-se cada vez mais nos particularismos culturais, nas situações e nos acontecimentos da crônica, o símbolo perde a sua plurivocidade e se torna sintema. Durand é claro em afirmar que o simbolismo só funciona se houver distanciamento sem corte, e plurivocidade sem arbitrariedade.

O arranjo interno do aparelho simbólico conduz a reflexões genéticas sobre a formação do símbolo. A segunda é, portanto, uma dimensão genética por estar ligada à compreensão do homem como animal simbólico (Cassirer), cuja atividade psíquica é sempre indireta, ou reflexiva. A razão do animal racional não é mais do que conseqüência desse mediatismo neuro-psicológico. Como argumenta Durand, o progresso da consciência não se confunde com o progresso tecnológico, mas se integra cada vez mais numa genética nascida do símbolo. Neste sentido, é importante enfatizar que é através da cultura que o imaginário aparece plenamente – a gênese do símbolo está nas construções imaginárias culturais, "desde a simples simbólica e mítica derivada, desde as literaturas e as construções utópicas, até o engajamento no tecido mesmo da mudança cultural" (DURAND, 1992, p. 20).

A primeira dimensão do aparelho simbólico integra-se à segunda, o vital e o cultural são objetivos perceptíveis e analisáveis no trajeto antropológico do símbolo ao mito. Em outras palavras, o trajeto antropológico pluraliza e singulariza as culturas, sem esquecer a natureza biológica do homem, plena de potencialidades de atualizações culturais. Não se pode chamar Durand de essencialista, nem tampouco de culturalista, uma vez que ele consegue conciliar os enfoques sobre o mito e atribuir-lhe um sentido total, principalmente ao apresentar a terceira dimensão simbólica que é a dimensão dinâmica. Para ele, o mito constitui a dinâmica do símbolo, não apenas porque o discurso mítico anima e mantém atuantes os símbolos, mas porque o mito põe em movimento os antagonismos e a dialética culturais que alimentam o simbólico. É o mito que de alguma forma distribui os papéis da história e permite decidir o que faz o momento histórico, a alma de uma época: "o mito é o módulo da história e não o inverso" (DURAND, 1992, p. 27). A dinâmica simbólica que constitui o mito e consagra a mitologia como mãe da história, esclarece *a posteriori* a genética e a mecânica do símbolo. Estas duas dimensões, amplamente estudadas em *As estruturas antropológicas do imaginário*, serão retomadas, de modo mais detalhado, no item seguinte.

AS FORÇAS EQUILIBRANTES DO IMAGINÁRIO

Após traçar uma morfologia classificadora das estruturas, Durand (1989, p. 260) tenta esboçar uma fisiologia da função da imaginação, portanto, uma filosofia do imaginário. Seguindo o projeto transcendental de Kant, aplicado à imaginação, elabora uma "fantástica transcendental", baseada na existência de uma realidade idêntica e universal do imaginário, que constitui o "espaço-fantástico", autêntica forma *a priori* de toda intuição de imagens. A produção imaginária é uma defesa contra o prospecto brutal da morte, em outras palavras, a função do imaginário provém de uma relação do homem com sua circunstância de ser mortal e o desejo de escapar a ela. Trata-se, portanto, de uma eufemização frente ao horrendo rosto da morte, da temporalidade, do destino.

Concebendo o imaginário como eufemização, Durand encontra ressonâncias nas obras de Henri Bergson, André Malraux e M. Griaule. Contrapõe-se, inicialmente, às teorias de Bergson, por acreditar que a memória não está ao lado do tempo, mas, como o imaginário, ergue-se contra as faces do tempo. Porém, constata que Bergson (1989, p. 276) apercebeu-se desta característica do imaginário, ao mostrar que a fabulação é uma forma defensiva da natureza contra a representação da inevitabilidade da morte. Em Malraux, vai buscar o conceito de que a arte plástica apresenta-se como um "antidestino", ou seja, como uma forma de transgressão à morte. Griaule, na sua obra sobre as máscaras dogons, mostrou o parentesco que liga o mito à arte, por menos sagrada que seja, e o movimento do espírito em resistência à dissolução profanante do devir e da morte. O mito representa o suporte dos rituais religiosos, invocando o funcionamento de uma ordem, da qual está excluída a morte. Nos rituais dos Dogons, tribo africana, as figurações míticas têm o único papel de domesticar o tempo e a morte.

No começo ontológico da aventura espiritual não é o devir fatal que se encontra, mas a sua negação, ou seja, a função fantástica, cujo sentido supremo é o eufemismo que se ergue contra o destino mortal. Ao se debruçar de maneira antropológica sobre o campo do imaginário, Durand acaba por atribuir ao imaginário, em qualquer de suas manifestações, o poder metafísico de se erguer contra a morte. A imaginação é concebida, desta forma, como um fator geral de equilíbrio de um regime no outro.

A questão da temporalidade e da morte é enfrentada pelo regime diurno com uma atitude diairética, que separa os aspectos positivos, projetando-os para além, no atemporal, ficando os negativos como a significação própria do devir e do destino. A instância negativa, a angústia da morte, vem representada pelos símbolos teriomorfos, nictomorfos e catamorfos, relacionados, respectivamente, à animalidade, às trevas, à queda e ao abismo. Durand apresenta, com vasta exemplificação, os temas negativos inspirados pelo simbolismo animal, teriomorfo, que representam o terror diante da morte devoradora: o cavalo, por exemplo, em várias mitologias, em rituais xamânicos e em tradições populares conserva uma significação nefasta e macabra. Da mesma forma, o simbolismo das trevas recolhe também as valorizações negativas, quando se refere às trevas nefastas que se opõem à luz. Os símbolos nictomorfos podem ser reconhecidos nas trevas infernais, mas também nas águas negras, na lua negra, sempre que o sentido simbólico de noite esteja ligado a sinistro, tenebroso. O terceiro esquema, terrificante diante da temporalidade, reside nas imagens dinâmicas da queda, símbolos catamorfos. O movimento brusco de nascer é, em si mesmo, uma primeira experiência da queda e do medo, que vai acompanhar todas as tentativas autocinéticas e locomotoras do ser humano. Em síntese, todo o sentido do regime diurno do imaginário é contra o semantismo da animalidade, das trevas e da queda, relacionados ao tempo mortal.

Por outro lado, a imaginação diurna adota uma atitude heróica, energia libidinal positiva, que aumenta o aspecto tenebroso, ogresco e maléfico da face de Cronos, endurecendo as antíteses simbólicas, através da figura ascensional e luminosa do herói com suas armas, a fim de combater a ameaça noturna. Durand caracteriza os esquemas ascensionais e diairéticos através de dois símbolos: o cetro e o gládio, relacionando sua classificação simbólica com a classificação quaternária dos jogos de cartas, especialmente do jogo do Tarô. O esquema ascensional representa o contraponto da queda: frente ao monstro devorador, aparece o herói disposto a lutar, com a espada na mão, até matá-lo.

Durand distingue, então, quatro estruturas de separação próprias do regime diurno. A primeira estrutura esquizomorfa ou heróica consiste no retrocesso autístico em relação à atitude reflexiva normal. Esta estrutura se manifesta no doente como a perda do contato com a realidade, levando ao extremo o poder de autonomia e de abstração do meio ambiente. A segunda estrutura, ligada a esse poder de abstração, é a *Spaltung*, prolongamento lógico e representativo da atitude autística e que se manifesta no furor analítico do esquizofrênico, que não vê um todo harmônico e conjuntado, mas coisas desconexas, independentes. Se no autismo a atitude é de "separar-se", na *Spaltung* é de "separar".

O geometrismo, a terceira estrutura derivada desta preocupação obsessiva de distinção, expressa-se na importância que adquire a simetria, a planificação e a lógica formal, tanto na representação como no comportamento. A quarta estrutura refere-se à representação do pensamento por antíteses. As imagens se apresentam por pares numa espécie de simetria invertida.

As atitudes da imaginação levam às estruturas gerais da representação. A imagem do gládio e suas coordenadas espetaculares e ascensionais anunciam as estruturas esquizomorfas que se expressam num destes modos: na vontade de distinção e análise; no geometrismo e na procura da simetria; e, por último, no pensamento por antítese. Embora essas estruturas tenham sido elaboradas a partir das representações simbólicas da esquizofrenia, o regime diurno nada tem de patológico, subsistindo de fato em representações e comportamentos considerados normais.

Diante das faces do tempo, a imaginação pode inverter os valores atribuídos aos termos da antítese e desenvolver uma outra atitude imaginativa que consiste em captar as forças vitais do devir, transmutando os aspectos tenebrosos do tempo em virtudes benéficas. As trevas se eufemizam em morte serena, abrindo as portas ao regime noturno da imagem. Durand divide o regime noturno em dois grupos de símbolos, sendo o primeiro regido pelas estruturas que ele denomina de místicas e que se encontram constantemente sob o signo da conversão e do eufemismo. O outro grupo está exemplificado pelas estruturas sintéticas que representam o esforço por conciliar o desejo de eternidade com as instituições do devir. Assim, o antídoto do tempo passa a ser procurado na quente intimidade das substâncias ou nas constantes rítmicas. Nos dois grupos

> há valorização do regime noturno das imagens, mas num dos casos a valorização é fundamental e inverte o conteúdo afectivo das imagens: é então que no seio da própria noite, o espírito procura a luz e a queda se eufemiza em descida e o abismo minimiza-se em taça, enquanto no outro caso, a noite não passa de propedêutica necessária ao dia, promessa indubitável da aurora (DURAND, 1989, p. 138).

O termo místico é utilizado por Durand no sentido em que se conjugam uma vontade de união e um gosto pela secreta intimidade. No universo configurado pelas estruturas místicas, não se busca ascender a um lugar elevado, mas procura-se penetrar nas profundidades. O abismo transformado em cavidade é um objetivo ao qual se desce com prazer. O herói ao ser devorado, como, por exemplo, Jonas, não morre, mas permanece com vida no ventre do monstro, sendo, depois, resgatado. O penetrar na cavidade representa uma regressão ao estado narcisista e, em última instância, um retorno ao seio materno. A morte perde, assim, as conotações aterradoras com que estava impregnada no regime diurno e transforma-se em símbolo do repouso primordial. Como antes Durand havia relacionado as estruturas esquizomorfas com a esquizofrenia, sem chegar a confundi-las, as estruturas místicas do regime noturno confinam com os sintomas da epilepsia e da melancolia.

O regime noturno místico, que se caracteriza pelos símbolos da inversão e da intimidade, divide-se em quatro estruturas básicas. A primeira vem marcada pela tendência ao redobramento dos símbolos, estabelecendo entre eles uma relação de continente e conteúdo, assim como de perseverança, persistência na repetição. A dupla negativa, antífrase, utilizada como processo para eufemizar, na sua essência, é um processo de redobramento – duas imagens ficam associadas em virtude de uma homologia. O encaixamento dos continentes isomorfos e a obsessão da intimidade, próprios do regime noturno da imagem, acabam sendo esta reiteração do ato de perceber, ou seja, repetição de uma interpretação dada, que conduz à viscosidade do tema.

A segunda estrutura representa, assim, um corolário da primeira e se caracteriza pela viscosidade e adesividade do estilo da representação noturna. Manifesta-se em diversos domínios, buscando estabelecer conexões, uniões ou enlaces entre figuras e objetos logicamente separados. A estrutura aglutinante significa, na verdade, o eufemismo levado ao extremo da antífrase. Enquanto as estruturas esquizomorfas se definem como estruturas da antítese, a vocação de reunir, de atenuar as diferenças, de sutilizar o negativo mediante a negação mesma, constitui o eufemismo levado ao extremo que se denomina antífrase. A viscosidade do regime noturno aparece freqüentemente nos verbos que a inspiram: prender, atar, soldar, ligar, aproximar, pendurar, abraçar entre outros.

A terceira estrutura mística reside no realismo sensorial das representações ou, ainda, na vivacidade das imagens. As duas estruturas já mencionadas possuem a tendência à introversão, esta, por sua vez, define-se pelo apego ao aspecto concreto, colorido e íntimo das coisas, o movimento vital dos seres. A representação funciona com imagens que não são cópias do objeto, mas sim dinamismos vividos na sua primitiva imediatez. Durand lembra a obra de Van Gogh que, na sua exasperação cromática, cria no espectador o sentimento de intenso movimento que anima todo o universo, até mesmo a mais estática natureza morta.

Por fim, a quarta estrutura consiste na tendência do regime noturno à miniaturização das imagens representadas. Há uma insistência no detalhe que se torna representativo do conjunto. As culturas de preponderância diurna fazem prevalecer a figura humana e têm tendência para agigantar os heróis e as suas proezas, enquanto as culturas que se constituem em torno de um misticismo e de um acordo cósmico privilegiam a iconografia naturalista, o gosto pela miniatura.

O outro grupo de símbolos que integra o regime noturno é caracterizado por possuir um dinamismo interior tendente à composição de relatos que procuram reconciliar a antinomia subjacente ao devir. Nas estruturas sintéticas, o contraste entre o aspecto trágico e o aspecto triunfante do devir fica integrado numa concepção dramática, na qual o dualismo diametral, diurno, é substituído pela mediação dos contrários. Agrupam-se as imagens em torno dos arquétipos do "denário" e do "pau", figuras do jogo do Tarô, numa clara referência ao movimento cíclico do destino e ao ímpeto ascendente do progresso temporal.

O regime noturno sintético divide-se em quatro estruturas, sendo a primeira definida por Durand como harmônica ou de harmonização dos contrários. Não consiste no repouso para a adaptação, mas sim numa energia móvel, na qual adaptação e assimilação se reúnem harmoniosamente. A estrutura de harmonização "organiza as imagens quer em grande universo musical quer em Universo simplesmente, apoiando-se na grande rítmica da astrobiologia, raiz de todos os sistemas cosmológicos" (DURAND, 1989, p. 242). A segunda estrutura, ligada à anterior, reside no caráter dialético ou contrastante da mentalidade sintética. A estrutura sintética não representa uma unificação, tal como se dá na mística, não visa também à confusão dos termos, mas procura uma coerência, salvaguardando as distinções, as oposições. A terceira estrutura resulta da aplicação das duas anteriores à totalidade dos fenômenos humanos e cósmicos, compreendidos agora como coerência nos contrastes. Trata-se da estrutura histórica que não procura esquecer o tempo, mas, mediante a descrição do passado, anula a fatalidade da cronologia. A síntese propiciada pela estrutura histórica pode ficar orientada tanto para o passado, eterno e imutável retorno do tipo hindu, como para o futuro, dinamização messiânica do tipo epopéia romana. A quarta estrutura se manifesta pela hipotipose futura, ou seja, o futuro é descrito com a intenção de ser domesticado pela imaginação. É uma estrutura progressista, na qual se inscrevem a epopéia romana, o judeo-cristianismo e o hegelianismo marxista, que garantem, respectivamente, uma existência histórica pela reconciliação, uma promessa de redenção messiânica e um fim revolucionário da história.

A imaginação assim concebida, como fator geral de equilíbrio antropológico, é o vetor da teoria geral que divide os regimes do imaginário em estruturas que norteiam os esquemas, os arquétipos e os símbolos. O dinamismo equilibrador, no entanto, mantém o antagonismo das imagens, reunindo-as num sistema e não numa síntese que, ao contato com a duração pragmática e os instantes psíquicos, organizam-se no tempo. Esse dinamismo antagonista das imagens vai possibilitar a compreensão das manifestações simbólicas de um povo, individuais ou coletivas, no decorrer da evolução das civilizações humanas.

Durand acredita que uma hermenêutica restritiva não pode dar conta do pluralismo dinâmico e da constância bipolar do imaginário. Tanto as que ele chama de hermenêuticas redutoras, quanto as instauradoras, pecam pela restrição do campo. Entre as primeiras incluem-se a psicanálise e a psicologia social, que, embora tenham o papel de redescobrir a importância das imagens, "reduzem a simbolização a um simbolizado sem mistério" (DURAND, 1988, p. 32). Para Freud, por exemplo, a imagem é sempre significativa de um bloqueio da libido. O símbolo é reduzido, em nome do princípio linear de causalidade dos incidentes psíquicos reprimidos no inconsciente, a uma pura representação associativa. Pode ocorrer também a redução do símbolo a seu estrito contexto social, semântico ou sintático, conforme o método utilizado. É o que ocorre com o estruturalismo de Lévi-Strauss ou o funcionalismo de Dumézil.

Apesar da contribuição da psicanálise e da sociologia para o imaginário, trata-se de hermenêuticas redutoras porque negam ao simbolizado a transcendência, em razão de uma redução do simbolizante explicitado.

Em relação às hermenêuticas instauradoras, Durand vai mencionar, em primeiro lugar, Cassirer, que teve o mérito de encaminhar a filosofia para o interesse do símbolo. O objeto da simbólica não é algo analisável, mas uma espécie de modelagem global, expressiva das coisas mortas e inertes, ou, na expressão de Cassirer, uma fisionomia. Essa impotência constitutiva, que condena o pensamento a jamais poder intuir objetivamente uma coisa, mas integrá-la imediatamente a um sentido, o filósofo vai chamar de pregnância simbólica. É, na verdade, a revelação do imenso poder do sentido, o que faz com que, para a consciência humana, nada seja simplesmente apresentado, mas tudo seja representado. Jung, por sua vez, redescobre e expõe o papel de mediador do arquétipo símbolo – exaltação arquetípica do símbolo, não mais reduzido a uma libido sexual, biológica e seus incidentes biográficos. Bachelard, que também na primeira metade do século XX trouxe uma contribuição decisiva à hermenêutica instauradora, chega a um resultado mais ou menos semelhante ao de Jung, vendo no símbolo e na imaginação a fonte da produtividade psíquica.

Mesmo declarando-se continuador da obra de Bachelard, portanto, ao lado da hermenêutica instauradora, Durand acredita que as hermenêuticas só adquirem valor se unidas umas às outras, quando uma se esclarece ou se completa na outra. Ao lançar seu projeto de integração e compreensão da totalidade do universo do discurso humano (não apenas o da poesia, mas também, por exemplo, o dos mitos, dos ritos, dos jogos, das neuroses) numa teoria geral do imaginário, promove uma generalização que implica a convergência de métodos, a convergência das hermenêuticas. É o que Ricoeur vai definir como a força legítima da dupla polaridade dos métodos de interpretação: a hermenêutica arqueológica, que mergulha no passado biográfico, social e filogenético, e a hermenêutica escatológica, que busca a revelação da ordem essencial. A primeira reduz o símbolo a um efeito, um sintoma, já a segunda amplia o símbolo para ter acesso ao supraconsciente vivido. Durand (1988, p. 97) defende o princípio de convergência das hermenêuticas, mas insiste no fato de que a hermenêutica escatológica prepondera sobre a arqueológica:

devolve ao símbolo "o seu sentido primeiro de mensageiro da transcendência no mundo da encarnação e da morte". A esperança do ser humano de vencer a morte prevalece sobre a desmistificação, ou seja, sobre a anulação dos valores da vida, diante da constatação do destino mortal; esperança que se contenta em ser mito. Trata-se do desejo de buscar na interpretação simbólica uma teofania, uma transcendência infinita erguida como valor supremo.

OS CONCEITOS DE MITOCRÍTICA E MITANÁLISE

Ao construir sua teoria da mitodologia, Durand se fundamenta no dinamismo interno das imagens, capaz de levá-las a se organizarem em narrativa, texto literário oral ou escrito, portador de um parentesco estreito com o mito. A mitodologia inaugura um novo método, onde o mito que existe latente ou manifesto em toda a narrativa, não circunscrito ao tempo e ao espaço, mas preso à sabedoria de culturas imemoriais e sempre presente na extensão visionária, é a razão desta crítica. Mito e literatura relacionam-se como criações da humanidade que atualizam, através de imagens, os arquétipos presentes no inconsciente coletivo. O mito exprime a condição humana e as relações sociais no grupo onde ele surge e configura-se em formas narrativas. As narrativas míticas, por sua vez, veiculam imagens simbólicas, calcadas em arquétipos universais, que reaparecem, periodicamente, nas criações artísticas individuais, entre elas, a literária. O símbolo e o mito, modernamente, provocaram um novo humanismo, envolvendo toda a cultura humana, na interdisciplinaridade da antropologia, da etnologia, da história das religiões, da sociologia, da psicopatologia, das estéticas e das literaturas. A mitodologia necessita pois, de caminhos distintos para enriquecer as possibilidades hermenêuticas dos textos: a mitocrítica e a mitanálise.

O termo mitocrítica foi forjado por Durand, por volta dos anos 70, seguindo o modelo de psicocrítica utilizado por Charles Mauron em 1949, para significar o uso de um método de crítica literária ou artística que centra o processo compreensivo no relato mítico inerente, como *Wesenschau* (intuição essencial), à significação de todo relato (DURAND, 1992, p. 341). O método de Mauron consiste na análise, por superposição, das obras de um autor determinado para colocar em relevo os temas redundantes, denominados por Mauron de obsessivos, sem conotações patológicas. Tal análise dirige-se para o descobrimento do mito pessoal do autor, de seu fantasma dominante que, como um campo de forças, recolhe os materiais e objetos tomados da experiência do mundo. Durand avança no sentido de mostrar que as grandes obras não falam de um homem e sua vida, mas do homem na sua universalidade que atravessa as diferenças culturais, históricas e sociais. A mitocrítica, perguntando-se por este fundo antropológico primordial, quer descobrir um mito, sempre impregnado de heranças culturais, em que se integram as obsessões e os complexos pessoais.

Durand resume as diversas críticas literárias em um triedro formado, em primeiro lugar, pelas antigas críticas que, desde o positivismo de Taine ao marxismo de Lukács, baseiam a explicação na "raça, meio e momento"; em segundo lugar, pela crítica psicológica e psicanalítica que reduz a explicação à biografia mais ou menos aparente do autor; e, por último, pela crítica que busca a explicação no texto mesmo e suas estruturas. A mitocrítica quer se constituir num método de crítica que seja uma síntese construtiva entre as diversas críticas literárias e artísticas, antigas e novas, que, muitas vezes, se enfrentam de modo estéril (DURAND, 1992, p. 341). Assim, persegue o ser mesmo da obra, mediante o confronto do universo mítico que forma a compreensão do leitor com o universo mítico que emerge da leitura de uma obra determinada. O centro de gravidade do método situa-se, pois, na confluência entre o que se lê e aquele que lê.

Metodologicamente, a abordagem da obra pode-se dar em três tempos que decompõem os estratos mitêmicos. Em primeiro lugar, os mitemas,[5] menor unidade do discurso miticamente significativo, articulam-se segundo os temas, incluindo os motivos redundantes que constituem as sincronicidades míticas da obra. Em segundo lugar, examinam-se as situações e as combinatórias de situações dos personagens e cenários. Finalmente, promove-se a localização das distintas lições do

5. O termo "mitema" é tomado a Lévi-Strauss (*Antropologia estrutural*, 1970). Assume, todavia, uma diferença de sentido na obra de Durand, para quem as grandes unidades que constituem os mitemas não são pacotes de relações sintáticas, mas de significações (DURAND, 1989, p. 243).

mito e as correlações entre uma lição de um mito com outros mitos de uma época ou de um espaço cultural bem determinado.

Na aplicação da mitocrítica, o que se percebe é que há um número limitado de mitos possíveis, tal como os definem as mitologias das grandes civilizações, que exigem reinvenções míticas constantes e repetidas no curso da história de uma mesma cultura. Pode-se perceber também que os gêneros literários e artísticos, os estilos, as modas respondem igualmente a esses fenômenos de intensificação e de ressurgências mitológicas. No coração do mito, como no da mitocrítica, situa-se o mitema. Esse átomo mítico é de natureza estrutural (arquetípico para Jung, *schématique* para Gilbert Durand) e seu conteúdo pode ser indiferentemente um motivo, ou um tema, ou um cenário mítico, um emblema, ou uma situação dramática. No mitema, o dinamismo "verbal" domina a substantividade. Mais ainda, uma vez que o mitema entra num sistema estatístico de freqüência que define o mito, observa-se uma dupla utilização possível deste mitema estrutural, segundo os recalcamentos, censuras de uma época ou de um meio dado. Um mitema pode se manifestar e semanticamente agir de dois modos diferentes: de maneira patente, pela repetição explícita de seu ou de seus conteúdos (situações, personagens, emblemas) homólogos; de maneira latente, pela repetição de seu esquema intencional implícito (DURAND, 1992, p. 345).

A mitocrítica, ao tentar evidenciar os mitos diretores e as suas transformações, em um autor ou em uma obra determinada, acaba por ampliar os limites do estritamente literário, para se abrir às questões sócio-histórico-culturais. É preciso, então, recorrer à mitanálise, palavra também cunhada por Durand (1972)[6] sobre o modelo de psicanálise, para definir um método de análise científico dos mitos que procura extrair não apenas o seu sentido psicológico, mas, sobretudo, o sociológico. O método proposto tenta circunscrever os grandes mitos diretores dos momentos históricos, dos tipos de grupos e das relações sociais. A mitanálise põe em relevo a idéia de que, em cada época, há um mito dominante que tende a se institucionalizar, servindo de modelo à totalidade do

6. Pierre Brunel dá a paternidade do termo "mitocrítica" a Durand, no entanto, o termo "mitanálise" ele atribui a Denis de Rougemont na obra *Les mythes de l'amour*, 1961 (BRUNEL, 1992, p. 38-40).

imaginário. Ao mesmo tempo, este mito triunfante suscita um contramito que se mantém latente. A passagem da mitocrítica à mitanálise corresponde ao momento em que, após o estudo completo do curso de um rio, torna-se necessário o estudo de todos os rios que formam uma bacia hidrográfica, no espírito mesmo da metáfora de Durand (*bassin semantique*).

A passagem parece simples, porque se baseia no princípio de que a mesma análise aplicada a um texto (mitocrítica) pode ser utilizada a um campo mais vasto de fatos sociais. E pode parecer ainda mais simples, ao considerar que há um ponto comum de encontro – o mito – cuja explosão e sucessivo uso constitui o fio condutor das pesquisas. Infelizmente, trata-se de uma simplicidade aparente, porque a múltipla e complexa rede das tensões sociais pode desviar e complicar, a todo instante, os objetivos da pesquisa. A mitanálise tem necessidade de se armar, diante deste objeto ambíguo, que é o social, de uma ampla sabedoria que possibilite uma comparação sistemática de toda uma vertente sociocultural, aliada a um conhecimento da teoria do imaginário, fruto de pacientes estudos e reflexões demoradas.

Ao abandonar o caminho seguro do texto literário, para enveredar pelo campo perigoso do contexto, torna-se mais complexa a tarefa de encontrar os vestígios do mito, que se manifesta, também, nas banalidades da vida insignificante de cada dia, de nenhum modo desprezíveis, porém, como manifestação da alma de um grupo, de um povo, de uma tribo: alma difícil de decifrar, *tigrée*,[7] no adjetivo usado por Durand. Só uma paciente pesquisa pode chegar ao mito, ou restabelecê-lo através da seqüência e redundância de seus mitemas, valorizando suas ressonâncias numa determinada sociedade e num momento histórico preciso. Após clarear os caminhos da mitodologia, pode-se afirmar que esta nova crítica vem contribuindo para uma mudança cultural, ao renovar a análise literária que se fundamenta não mais na relação imediata com a linguagem, como na primeira metade do século, mas na profundidade semântica do imaginário.

7. Durand, na introdução de *L'âme tigrée*, vale-se de uma epígrafe de Victor Hugo – "Esprit de jour, taché de nuit./ Ame tigrée" –, para iluminar o título e os propósitos do livro. Alma tigrada, mosqueada como a pele de tigre, é capaz de conter as luzes e as sombras inelutáveis: alma diurna e noturna, ao mesmo tempo.

A TEORIA DO IMAGINÁRIO E OS GÊNEROS LITERÁRIOS

A mitodologia não trata da formação e da natureza do mito, mas do método que deve ser usado para o descobrir e para determinar suas funções, destacando-se entre elas o poder de produzir uma linguagem peculiar – o *sermo mythicus* –, dirigida mais à imaginação do que à razão, opondo-se ao discurso dialético e à exposição lógica dos fatos. A essência do *sermo mythicus* encontra-se na sua insistente capacidade de persuadir, através de variações simbólicas sobre um tema, conhecidas como feixes ou constelações de imagens que se manifestam pela menor unidade semântica do discurso mítico – o mitema. Até o século passado, mal se distinguia a linguagem mítica em relação aos outros tipos de discurso, porque não se havia, ainda, notado a peculiar estrutura deste tipo de construção que faz da insistência e da redundância sua característica principal. A presença de repetições prenhes de símbolos possibilita à narração mítica diferenciar-se dos relatos históricos, éticos, políticos e científicos. Contudo, as características próprias que separam, nitidamente, o discurso mítico dos outros discursos não servem para determinar os gêneros literários, porque o *sermo mythicus* está presente em todos eles com sua estrutura inconfundível, tanto na prosa como no verso, na forma erudita e na forma vulgar. Continua, assim, também no campo da mitodologia, o desafio pela procura de definições e classificações dos gêneros literários quanto à sua natureza, permanência e relações.

Quando se tenta interpretar a imensa bibliografia acumulada através dos séculos sobre os gêneros literários, parece verdadeira a ironia jocosa que afirma: enquanto o poeta diz muito em poucas palavras, o crítico diz pouco em palavras demais (MONTEIRO, 1965, p. 113). Desde Aristóteles, a quem se quer erroneamente fazer remontar a primeira divisão tripartida dos gêneros (GENETTE, s.d., p. 21-23), críticos e teóricos da literatura deram-se ao trabalho de defini-los e redefini-los, formulando as mais variadas hipóteses quanto à origem, natureza, relações e dependências, divisões e subdivisões, numa seqüência de ataques e defesas, para formular novas e mais abrangentes classificações. A natureza e a cultura se entrelaçam inextricavelmente sobre a essência do gênero literário, de tal forma que o próprio estudo do homem e de sua cultura ainda deixam a questão em aberto na onda de nomenclaturas, as mais variadas, embora se tenha chegado, através do tempo, a um consenso mais ou menos generalizado de "um sentimento propriamente lírico, épico e dramático" (GENETTE, s.d., p. 82), uma atitude existencial humana.

Não cabe aqui a pretensão de sintetizar essas teorias e suas múltiplas vinculações e, muito menos, avaliá-las à luz das diferentes escolas literárias, mas, torna-se necessário afirmar que os debates, esse vaivém de teorias, abriram caminhos e novas perspectivas, como se pode verificar pela contínua produção de teses e ensaios acadêmicos que afirmam a presença e a persistência dos gêneros literários até nossos dias, nas principais correntes da literatura universal. A constatação é de relevância, tendo em vista que a corrente literária se manifesta nas obras, a partir da escolha do tema e, sobretudo, dos modos de realizá-los, e determina a própria forma da obra que se concretiza dentro do esquema das possibilidades dos gêneros literários. As escolas historicamente possuíam uma evolução definida, em geral o declínio de uma coincidia com o surgimento de outra; no entanto, a partir deste século, começaram a conviver por mais tempo, simultaneamente, numa preponderância indefinida. De maneira complexa, as correntes estéticas que surgem, às vezes contrastando-se e entrechocando-se, terminam por tangenciar-se, matizar-se e permear-se numa dinâmica nem sempre clara, dentro de um contexto novo, onde o sociológico, o político e o tecnológico estão em constante mutação. Isto implica uma outra avaliação da relevância dos gêneros na literatura contemporânea, porque, diante desse quadro de influências simultâneas e contrastantes das tendências literárias, sentiu-se a necessidade de dar funções amplas, livres e regeneradoras à tradicional divisão, para que pudesse abrigar o universo literário moderno.

Poderá parecer secundária a questão dos gêneros literários, quando está em jogo a própria questão da sobrevivência da literatura, incapaz de delimitar seu campo de ação, numa época insidiosa, em que o progresso colocou à disposição do homem inventos que subverteram os meios de comunicação. A literatura esteve sempre associada à pintura, ao cinema, à música, à filosofia, à ciência, enfim a todas as manifestações do espírito humano, mas é a primeira vez que deve desafiar a poderosa máquina dos meios de comunicação ou se aliar a ela. Ante o rápido avanço tecnológico, ditando rumos à cultura de massa em suas formas de espetáculo, surge, agora, na arte contemporânea, outra forma de originalidade, estabelecendo um novo sistema lingüístico.

Na arte da palavra, contudo, é impossível fazer o que preconizava Picasso para as artes plásticas – limpar o campo e começar do zero –, porque um sistema absolutamente novo tornaria impossível a comunicação, que deixa de ser o sistema da língua conhecida. Os processos de linguagem poética que marcaram o Futurismo, o Dadaísmo, o Surrealismo e o Concretismo foram levados às últimas conseqüências, quando o poeta não teve dúvidas em atomizar partes do discurso, fracionar palavras, inventar e usar termos plurilíngües, fazer jogos sonoros os mais variados, desintegrar sufixos, prefixos e radicais. Esses processos estruturais partiram do pressuposto de que a arte é realmente uma atividade produtora e de que o som, a letra impressa, a linha, a cor, a massa são partes do significante, são camadas materiais que devem ser atingidas e exploradas (WELLEK e WARREN, 1955, p. 179). Salvo raros extremismos passageiros e, apesar dos desvios e amplas experimentações, sobreviveram as normas básicas do sistema lingüístico e das teorias literárias e a arte sobreviverá à mídia. Nota-se, a partir dos dois últimos decênios, após experimentos formais exaustivos das correntes vanguardistas, a volta ao texto legível e a preferência pelos temas tradicionais, podendo-se concluir que não apenas a literatura sobreviveu, mas também se enriqueceu sob muitos aspectos e formas, absorvendo, regulando e dando nova vida aos velhos temas da humanidade, aprofundados por análises mais ligadas aos problemas modernos.

O desafio da máquina não é mais do que uma adaptação de modos e condições absolutamente diferentes de recepção de uma arte literária renovada; contudo, o homem já deu provas de dominar qualquer esboço desta, introduzindo nela o tradicional. Em última análise, o problema é algo mais profundo e complexo, trata-se da definição e da compreensão deste animal racional, com suas limitações e misérias, com seus mitos e sonhos que, embora sendo pó e nada, se julga orgulhosamente eterno – o homem sujeito e objeto da literatura. A complexidade de todos os aspectos relativos ao homem está na própria natureza deste ser que é capaz de produzir armas que põem em perigo sua existência, de destruir a natureza essencial à sua vida, mas também é capaz de heroísmo e ternura. O estudo da Biologia permite compreender as estruturas físicas do homem, na tentativa de um conhecimento completo da constituição do seu corpo como matéria, cabendo à filosofia e à psicologia o estudo da sua mente, através de sua vida cognoscitiva e psicológica. Mas é por meio das estruturas simbólicas que se completa o conhecimento do homem, porque elas são o caminho para pesquisar, no mais profundo do ser humano, sua consciência integrada na função simbólica. A antropologia simbólica repõe em seu pedestal a imaginação, através da qual o homem redescobre seu poder natural de mediação entre o eterno e o temporal, porque "o símbolo em seu dinamismo instaurativo à procura do sentido, constitui o modelo mesmo da mediação do Eterno no temporal" (DURAND, 1988, p. 110).

Nada mais lógico, portanto, do que basear a classificação dos gêneros literários, não mais exclusivamente na racionalidade produtora da lógica e do conhecimento subjetivo e objetivo do mundo, mas nas estruturas simbólicas que priorizam o imagético, nunca gratuito, anterior à própria razão, que guarda todos os mistérios do mundo no estuário do inconsciente coletivo. Durand propõe para o imaginário uma divisão bipartida em dois regimes: o diurno e o noturno. Os dois regimes, provenientes das três posições reflexológicas, produzem, por sua vez, três estruturas que podem ser consideradas uma verdadeira fisiologia das funções do imaginário, pois tais estruturas fixam, em outras palavras, os princípios gerais, estabelecendo os fundamentos para a identificação de cada regime.

A própria nomenclatura da classificação das imagens, tanto nos nomes fundamentais quanto no subtítulo explicativo, deixa perceber uma possível dupla função das estruturas, usando termos que estão próximos, tanto da antropologia do imaginário, quanto da teoria literária. Para o regime diurno, as estruturas são esquizomorfas ou heróicas; para o regime noturno, sintéticas ou dramáticas, e místicas ou antifrásicas. As estruturas esquizomorfas, que se caracterizam pela tendência à idealização e ao engrandecimento, têm por princípios a exclusão, a contradição e a identidade. Seus símbolos se materializam na espada e no cetro e configuram o herói que, evidentemente, leva ao gênero épico. As estruturas sintéticas definem-se pela tendência à dialética, à concordância e à organização. Têm por princípio fundamental a causalidade e, por símbolos, a árvore e a moeda que sugerem crescimento, movimento, destino, eterno recomeço e dramatização perpétua, o que leva ao gênero dramático. As estruturas místicas se identificam pela tendência ao redobramento, à perseverança, à miniaturização e ao realismo sensorial. Seus princípios são a analogia e a similitude, e seu símbolo uma taça que materializa a idéia de receber, conter e aprofundar, sugerindo o ser humano debruçado sobre si mesmo, íntimo e misterioso. Em outras palavras, tudo conduz à direção do gênero lírico.

A descrição das tendências fundamentais e dos princípios básicos elimina dúvidas e determina o caminho necessário para a correta identificação de cada estrutura que se materializa nos símbolos, elementos concretos e exemplares, representados pelas figuras do Tarô: espada, ouro, paus e copa. A linguagem emblemática, que dá aos símbolos o sentido de luta, eterno recomeço e interiorização, permite concluir que o depósito inato do imaginário se manifesta através do sentimento épico, dramático e lírico. Pelo caminho da teoria do imaginário, chegou-se à mesma conclusão de Staiger (1975, p. 17), ou seja, de que a essência dos gêneros literários conduz, automaticamente, à essência do homem. É, também, um pensamento aceito por Genette (s.d., p. 82), quando reconhece os gêneros literários como uma atitude existencial humana, manifestada por um sentimento lírico, épico e dramático. Esse consenso, mais ou menos generalizado, acima das mais variadas nomenclaturas, permitindo ao crítico um instrumento inicial de trabalho, justifica-se pela concordância entre a conclusão de Staiger e Genette (fundamentam-se, o primeiro, na essência e, o segundo, na natureza e na cultura do homem), e ainda pelo resultado da comparação entre as estruturas do imaginário e os gêneros literários.

Durand ensinou, metodologicamente, a abordagem de uma obra através da mitocrítica que, para ele, é uma síntese construtiva entre as diversas críticas literárias, uma espécie de antropologia poética. Seu trabalho, *Le décor mythique de la Chartreuse de Parme*, pode ser considerado um exemplo típico de mitocrítica, porque estuda uma única obra de um único autor com a finalidade de fazer palpitar as imagens e os mitos viventes no romance de Stendhal, como ele mesmo declara no prefácio. Ao teorizar sobre o gênero romanesco, como um momento que marca a passagem do épico para o lírico, relaciona o primeiro ao regime diurno e o segundo, ao regime noturno místico. Seu objetivo principal, no entanto, foi tratar do romanesco, como uma passagem de um regime para o outro, não se aprofundando na relação dos gêneros com os regimes do imaginário.

Neste trabalho não se entende o gênero literário apenas como hipótese de trabalho em razão de uma mitocrítica, mas se pretende reconhecer o gênero literário através do mito ou da forma como o mito aparece na literatura de um período determinado. Ao penetrar na obra e, portanto, na alma de um autor, não se procura apenas descobrir os mitos em função de um novo enfoque metodológico; deseja-se, porém, interpretá-los como determinantes da essência do gênero no contexto do imaginário do autor. Reconhecer os gêneros literários na sua manifestação mais simples pode parecer empreendimento fácil. Quando o artista escuta o eco ressoante do imaginário que sai do profundo de sua alma e o anota, transformando o sentimento lírico em palavras escritas, afigura-se evidente que o lírico se transforme em Lírica. Mas a transformação de um sentimento impalpável e fluido se concretiza em letras, sinais e palavras, na superfície branca do papel, materializando-se, ao correr do tempo, numa obra não apenas fruto de inspiração, mas de artesanato que exige preparação cultural aliada a habilidades e tendências específicas. Por isto, nem sempre é possível, à primeira vista, determinar o gênero de qualquer obra literária, produto de uma longa série de escutas e anotações, como, por exemplo, uma autobiografia inspirada, ao mesmo tempo, por sentimentos líricos, dramáticos e épicos, impossível de uma classificação estanque, podendo-se, apenas, determinar a predominância de um deles.

Os estudos da diversidade dos gêneros literários têm demonstrado ser a variação no interior do mesmo gênero, às vezes, maior do que a variação dos gêneros entre si. Os aspectos determinantes do gênero de uma obra são poucos em relação ao número total de aspectos que as obras apresentam de comum entre si; mal comparando, seria como classificar os homens apenas pela cor da pele. Os gens que determinam as características físicas como um todo, classificando o homem independente de sua cor, são insignificantes em relação ao número total de genes no DNA. No entanto, embora no DNA esteja a verdadeira identidade genética do homem, única e individual, ainda não serve para classificar os seres humanos, apenas consegue determinar a paternidade e mostrar semelhanças acentuadas entre os vários grupos. O gênero de uma obra poderia ser determinado, segundo Genette, como se o tema e o modo fossem, respectivamente, a abscissa e a ordenada no espaço. Como infinito é o número de pontos no espaço que as coordenadas definem, também os modos e temas se cruzam em infinidade de pontos diferentes no gênero (GENETTE, s.d., p. 8). Não existem, na prática, obras que possam ser classificadas isoladamente dentro da divisão tripartida, por causa da multiplicidade dos esquemas com suas divisões em gêneros e subgêneros, modos e submodos, temas e tipos, numa hierarquia ambígua.

Na comparação geométrica, o termo infinito de pontos do encontro – do modo e do tema – pode parecer hiperbólico. O modo é, no sentido racional, norma, regra lógica, portanto, limitada, mas, no sentido misterioso, traz a idéia da metamorfose hermética, constante e infinita. À razão não é permitido ver além do lógico possível, a imaginação pode ver até no infinito. E, quanto aos temas, será possível limitá-los? Os temas de ontem e de hoje não serão os mesmos de amanhã, cada dia incorpora os temas dos dias passados e acrescenta os seus, sem esquecer que um único tema flutua no espaço potencialmente infinito de interpretações possíveis. Apesar da pulverização de temas e de modos, cada obra literária, produto do espírito humano, é essencialmente única, singular e irrepetível em sua totalidade; contudo, toda obra se compõe de partes diferentes, partes semelhantes e até partes iguais em relação ao que já foi escrito. Uma obra de pura inspiração pessoal, sem ligações com o passado, seria um fato extraordinário. Por outro lado, torna-se inconcebível imaginar que se possa produzir um texto numa língua individual, porque sendo a língua genérica, ela deve ser conhecida por uma comunidade. O texto, portanto, produto de uma língua já conhecida, representa a combinação de fatos e idéias preexistentes, embora comporte a transformação desta combinatória através dos dados da natureza e da cultura.

Cabe ao crítico descobrir os numerosos pontos de contato que se encontram nas obras literárias e, analisando diferenças, semelhanças e igualdades, determinar-lhes o gênero. No cumprimento desta empreitada, críticos e teóricos ainda estão à procura de uma solução. Este final melancólico de um balancete relativo à teoria dos gêneros recorda a conclusão de Todorov (1974, p. 27) ao tratar do mesmo assunto:

> estas reflexões céticas não nos devem deter; elas nos obrigam simplesmente a tomar consciência de limites que não podemos ultrapassar. O trabalho

> de conhecimento visa a uma verdade aproximativa, não a uma verdade absoluta. Se a ciência descritiva pretendesse dizer a verdade, contradiria sua razão de ser. (...) A imperfeição é, paradoxalmente, uma garantia de sobrevivência.

Ao repropor, aqui, uma classificação tradicional, reavivada pelas estruturas antropológicas do imaginário, nada mais se quer do que fundamentar, no imutável substrato humano, feito de mitos intemporais, o arcabouço da mutável racionalidade do homem. No fim do século e do milênio, época marcada por um individualismo irracional que procura a surpresa e o impacto, ainda se buscam, no inconsciente do homem, como de um ser primitivo, seus mitos, capazes de conviver em alternância com séculos ou milênios de racionalismo. O lírico, o épico e o dramático participam, simultaneamente, dessa vertiginosa pluralidade da vida moderna. Seus planos forçam os limites e se cruzam, porque, obrigados a focalizar os mesmos aspectos da vida, acabam por utilizar os mesmos mitos para exorcizar o perigo de uma desestruturação do homem, cercado de inventos que facilitam a existência, angustiado pelas interrogações sem resposta do seu espírito. Os três gêneros literários, cujo ponto de encontro se dá na invenção mitopoética, mantêm, contudo, sua identidade, ao se manifestar na construção de constelações de imagens, arquétipos e símbolos formadores do mito, que se organiza de maneiras diferentes, na lírica, no épico e no dramático. Não se trata de aprofundar o estudo de um único gênero, mas de realizar um estudo comparativo e global dos gêneros lírico, épico e dramático no enfoque da hermenêutica simbólica e, mais ainda, centrar estes estudos na Literatura Brasileira da segunda metade do século XX. De um lado, a teoria em sua abstração; do outro, os textos literários. Acredita-se que as deduções teóricas das estruturas do imaginário simbólico encontrem confirmação nas páginas dos autores escolhidos para análise.

Os caminhos do viajante

A escolha de autores que marcaram presença na literatura do Brasil, na segunda metade do século XX, pode ser comparada à dificuldade de retirar água para análise num estuário onde desembocam rios calmos e agitados, profundos e rasos, alguns misturando suas águas e outros rompendo firmes, sem desvios até o oceano, com a mesma água de todo o percurso. Poetas, romancistas e dramaturgos fazem parte da seleção. Tais rótulos aos escritores não dispensam, *a priori*, o exame do gênero à procura dos filtros, através dos quais se manifesta o símbolo na originalidade de cada obra, originalidade que não está no tema, considerado abstratamente, mas no acento, na tonalidade de sentimento e, de forma definida, está no escritor que é agitado pelo tema e o manifesta com sua inconfundível voz secreta. Contudo, fica a dúvida quanto à possibilidade de poder usufruir acordes de uma sinfonia, apenas selecionando frases musicais de poucos instrumentos. A nota musical, como a palavra, permanece abstrata se não fizer parte de um tecido melódico e harmonioso. Mas é suficiente ouvir umas frases musicais persistentes e repetidas, como o *leitmotiv*, para o encantamento de uma sinfonia inteira.

A lista de alguns autores, além de uma escolha preferencial, prende-se a critérios fundamentais: o reconhecimento da importância de autores consagrados que marcaram a Literatura Brasileira, em cada gênero, no período selecionado, e a presença da inovação literária na obra inconclusa daqueles que ainda continuam produzindo, no final deste século. A escolha dos autores e do período pretende servir, ainda, ao propósito de compreender a tensão sociológica que modela os arquétipos em símbolos ou, então, de que modo o trajeto antropológico do mito pluraliza e singulariza as culturas. De um lado, Carlos Drummond de Andrade, João Guimarães Rosa e Nelson Rodrigues são referências obrigatórias na lírica, na épica e no drama do século XX, na Literatura Brasileira. De outro, Gilberto Mendonça Teles, Antônio José de Moura e Afonso Felix de Sousa, autores premiados e reconhecidos pela crítica, possuem o elo da identidade goiana, o que permite refletir sobre a articulação entre o arquétipo universal e o símbolo particular.

Acredita-se, como Todorov (1974, p. 25), que um tal estudo dos gêneros deve satisfazer a duas ordens de exigências: "práticas e teóricas, empíricas e abstratas". Assim, os gêneros, deduzidos da teoria, serão verificados nos textos. Não se trata, portanto, de um estudo aprofundado da obra de cada um dos selecionados, o que seria uma tarefa inviável nos limites desta obra cujo objetivo central é compreender os gêneros literários a partir de uma antropologia do imaginário. Não se busca, tampouco, acrescentar outras interpretações a uma fortuna crítica já tão extensa em alguns dos casos, embora a análise literária, realizada sob o enfoque da hermenêutica simbólica, deva apontar novos caminhos para a Crítica do Imaginário. O que se pretende, de fato, é realizar uma mitocrítica não da obra literária em si, mas de cada gênero separadamente. Por fim, num esboço de mitanálise, como etapa indispensável à reflexão sobre gêneros literários e imaginário, deseja-se abarcar a orientação mítica de um momento histórico e cultural mais amplo.

No Brasil, país de imaginário rico, espera-se encontrar, em cada autor, referências ou manifestações míticas que se confirmem entre si, reproduzindo um mito coletivo. Este princípio pode parecer simples por estender ao sincretismo brasileiro, já admitido na religião e na raça, uma função interpretativa dentro da literatura, com o poder de conciliar os contrastes e os opostos. Se existe a possibilidade de documentar a origem, as causas, os processos das conquistas do espírito humano, esta deve ser procurada, em primeiro lugar, entre os poetas, reveladores de uma verdade secreta e profunda, homens de palavras medidas e cifradas que traduzem seu tempo como visionários realistas. Interpretar, por exemplo, Carlos Drummond de Andrade e Gilberto Mendonça Teles, para extrair deles os mitos pessoais e uni-los num mito coletivo, é exercer o direito ao sincretismo literário, hipótese de trabalho que conduz a uma mitodologia, baseada na hermenêutica instauradora, aberta aos gêneros literários e ao universo imaginário pessoal. O lirismo concentrado, a aparente incomunicabilidade, a obsedante busca metalingüística e o engajamento em tempo de neutralidade impossível são traços comuns que unem os dois poetas. Poesia, esquiva e sempre em guarda, não é tanto um triunfo da linguagem quanto um triunfo sobre a linguagem e representa a lírica moderna que parte do conhecimento da condição humana para externar seu dia-a-dia de amor e sofrimento. Os dados da imaginação e da razão forçam o artista e o levam a uma resposta, a uma denúncia; a revolta acha, na poesia e na metalinguagem, sua âncora de salvamento, refúgio num mundo sem esconderijos físicos ou psicológicos.

A palavra, que havia resistido às convulsões dos últimos movimentos modernistas, Futurismo, Dadaísmo, vindos de fora, e desvairismo nacional, é recolocada no pedestal: as palavras "não nascem amarradas" elas saltam, se beijam, se dissolvem, são puras, largas, indevassáveis, por mais que a procura se transforme em angústia, porque cada palavra "tem mil faces secretas, sob a face neutra". Drummond, que se expressa em seus primeiros poemas em termos puramente racionais, transforma sua língua coloquial numa evolução constante. O poeta em luta com as palavras procura-as, tentando persuadi-las e conquistá-las, mas elas "ermas de melodia e conceito se refugiam na noite", embora ele reconheça que "lutar com palavras é a luta mais vã", porque "sob a pele das palavras há cifras e códigos". Resume, por isto, os motivos de seu canto ao redor da própria alma, os guarda como num cofre do qual os profanos são obrigados a encontrar o segredo. O símbolo decifrado vai levar ao "claro enigma", mito, epifania do mistério.

A evolução poética de Gilberto Mendonça Teles, que parte de modelos parnasianos e simbolistas, cheios de melodia – "ternas melodias de longínquas plagas" –, transforma-se "numa reificação esotérica em que a preocupação com a própria linguagem das coisas emerge de sua crescente exigência criadora", no dizer de Alceu Amoroso Lima, solidificando-se em estruturas de autenticidade pessoal. Utiliza, com muita arte, o tormento do poeta e do crítico. Quando o crítico persegue a adequação da palavra poética na penetração profunda de uma obra, o poeta entra em crise, a pesquisa do crítico se transforma em sofrimento pessoal, no momento de transformar a poética em poesia e a poesia em poética. *Saciologia Goiana* mostrou um novo poeta, que mistura poesia e folclore, revela uma renovação de temas e de vocabulário, onde flutuam, nos ecos da poesia medieval, clássica e moderna, mitos, estórias, crendices, rios, muitos rios, e o povo de Goiás, personificados num mito popular do saci que salta de nossa geografia "numa perna só,/ com seu lápis preto/ fazendo soneto de vento e cipó!" Do claro enigma de Drummond, da poesia "eternidade do momento", chega-se à "cobra enrolada no próprio mito", de Gilberto. Cobra circular, dragão do princípio que morde a própria cauda é o símbolo da poesia contemplada no foco da mitodologia. O autogenerado uróboro representa criação eterna, princípio e fim, mistério e milagre.

Na poesia, o mito configura-se nas imagens simbólicas, de forma que a interpretação do poema não se dá, predominantemente, no eixo da contigüidade (sintagmático) como na narrativa, mas no eixo da seleção (paradigmático). Assim, cabe identificar na poesia de Drummond e de

Gilberto a constelação de imagens, o conjunto de mitemas, delineando a sintaxe simbólica para chegar à atribuição de sentido. Para realizar uma mitocrítica do lírico, compreendendo a estrutura do imaginário no gênero, basta recorrer a poemas variados, ou até a alguns versos, colhidos no conjunto da obra dos poetas. O objetivo do estudo é perceber os feixes de imagens capazes de mostrar a configuração do mito no lírico e não realizar a análise de um livro, ou uma fase específica dos poetas selecionados. Por isso, mesmo nos momentos voltados à análise, a formulação teórica será o eixo principal desse livro.

Para a elaboração de uma mitocrítica do épico, foram selecionadas as obras: de Guimarães Rosa, *Tutaméia*, mais especificamente o conto, "Esses Lopes"; de Antônio Moura, o romance *Sete léguas de paraíso*. O tamanho reduzido dos contos de *Tutaméia*, último livro de Guimarães Rosa, longe de constituir um convite à ligeireza, representa o máximo da concentração, exigindo do leitor uma leitura paciente e uma reflexão cuidadosa. O gênio do ficcionista, inegavelmente o maior e o mais ousado da Literatura Brasileira neste século, aparece inteiro em qualquer das quarenta "estórias" curtas que compõem o livro. Na forma épica mais extensa de *Grande sertão: veredas*, ou na forma mais epigramática de "Esses Lopes", Guimarães Rosa mostra sua inventividade, na construção de um universo mitopoético. Seja pelo tema, seja pela linguagem ninguém o superou no campo do imaginário. Em seus contos e romances, o deslizamento do épico para o lírico se processa com naturalidade e de maneira surpreendente. Desde o aparecimento de seus primeiros contos, sua luta contra a imobilidade da linguagem conseguiu, usando todos os recursos permitidos sem desfigurar a língua, transformar a prosa em linguagem mítica.

No romance *Sete léguas de paraíso*, Antônio José de Moura, a partir de vasto material coletado sobre Santa Dica, reconstrói o movimento messiânico, ocorrido em Goiás, por volta de 1923. Benedita Cipriano da Silva, Santa Dica, reúne o povo eleito na República dos Anjos, afrontando não só a igreja, como as forças políticas da época. Mas, ao realizar uma obra de arte, o escritor faz a consciência simbólica atingir seu mais alto grau, revelando a alma de um povo – o mito vem antes da história, servindo para atestá-la e legitimá-la. O romance consegue resgatar o episódio regional de Santa Dica e, ao mesmo tempo, inseri-lo num imaginário mítico recorrente na história da humanidade. Os arquétipos do messianismo e do milenarismo mantêm sua universalidade, passando, porém, no trajeto antropológico do mito, à atualização singular de uma cultura – aspectos que serão buscados em *Sete léguas de paraíso*. O mito é retomado, enquanto organização textual, na trajetória dos protagonistas, permeada de provas que exigem um enfrentamento heróico.

No drama ocorre também a trajetória do protagonista que leva ao desvelamento da verdade como delineamento dos conteúdos sombrios da alma humana, de modo que todo herói dramático, conforme Staiger, está sujeito à vivência do trágico, entendido como o conflito irreconciliável entre o Eu e a Ordem. No teatro participante e de costumes, reconhecidamente, o autor mais em evidência do período é Nelson Rodrigues por sua visão obsessiva dos complexos da sociedade burguesa – manifestações de estados da alma que se perdem no inconsciente do homem e que propiciam um terreno farto para o estudo do imaginário. *Anjo negro*, de Nelson Rodrigues, considerada uma tragédia mítica, vai servir às reflexões sobre a mitocrítica do dramático. Cabe investigar o renascimento da tragédia no século XX e, especialmente, a dinâmica do mito na peça do dramaturgo brasileiro, polêmico, certamente, mas que, com o conjunto de seus textos dramáticos, deu novo significado ao gênero.

Outro texto selecionado para integrar o estudo do dramático e sua relação com uma antropologia do imaginário é *Rio das Almas*, de Afonso Felix de Sousa. Poeta goiano com várias obras líricas publicadas e premiadas, envereda também pelo território do dramático. A escolha de *Rio das Almas* serve ao propósito de encontrar a teoria no texto – o gênero no imaginário construído na peça. A análise quer, ainda, apontar a passagem do universal ao particular, do arquétipo ao símbolo, própria do trajeto antropológico do mito. E, por fim, um texto em que o dramático é tocado pelo lírico, serve para mostrar que um mundo de inegável mutação, corresponde a uma nova concepção de gênero em que os diferentes planos forçam os limites e se cruzam.

Desde o início vem-se insistindo na escolha do caminho antropológico do imaginário como possibilidade de ampliar os sentidos do texto literário e estabelecer o diálogo com outras disciplinas das Ciências Humanas. O que se quer buscar é uma hermenêutica instauradora do texto literário. A hipótese central que move esta análise é a de que mito e literatura relacionam-se como criações da humanidade que atualizam, através de imagens, os arquétipos presentes no inconsciente coletivo. O mito exprime a condição humana e as relações sociais no grupo onde ele surge e configura-se em formas narrativas. As narrativas míticas, por sua vez, veiculam imagens simbólicas, calcadas em arquétipos universais, que reaparecem, periodicamente, nas criações artísticas individuais, entre elas, a literária.

A intenção de associar a crítica do imaginário ao estudo dos gêneros, para compreendê-los na sua especificidade, é a principal meta deste trabalho e nossa verdadeira descoberta.

2

POR UMA MITOCRÍTICA DO LÍRICO

> Todo conhecimento da intimidade das coisas é imediatamente um poema.
>
> Gaston Bachelard

ELOS DA SIMILITUDE: LÍRICO E MÍSTICO

Parece indiscutível que os seres humanos pensem com base em juízos de semelhança. Como afirma Umberto Eco (1995, p. 32-33), o homem possui, introjetado, um princípio de que "sob certo ponto de vista toda coisa tem relações de analogia, continuidade e semelhança com toda e qualquer outra". Há uma vasta literatura sobre esta simpatia universal, procurando compreender as *signaturae rerum*, ou seja, os aspectos formais das coisas que remetem, por critérios de semelhanças, aos aspectos formais de outras coisas, como também percebera Baudelaire no soneto "Correspondências".[1]

O processo analógico universal, na concepção de René Alleau, provém de uma fonte longínqua e profunda, puramente experimental, comum a todos os seres vivos. O sentido de qualquer experiência ou conceito, em razão de um excedente experimental e conceptual, não se esgota na lógica da identidade, mas permanece aberto à lógica da analogia que, por isto, representa a "chave da simbólica geral" (ALLEAU, 1976, p. 13). Se a lógica da analogia move a compreensão do universo e se o processo analógico está na base do simbolismo, é preciso indagar de que modo a analogia e a similitude constituem-se nos princípios estruturais

1. Baudelaire "desenvolve a teoria sinestésica e aceita a teoria da linguagem universal em que as analogias correspondem a revelações metafísicas, identificando-se portanto com os símbolos, elementos concretos através dos quais as coisas materiais se ligam às espirituais" (TELES, 1987, p. 38).

do regime noturno místico e, no paralelo estabelecido, em categorias modais do gênero lírico.

Sob a designação de semelhança, Michel Foucault apresenta quatro modos diferentes de configuração da similitude: a *convenientia*, a *aemulatio*, a analogia e a *sympathia*. A primeira forma de similitude refere-se à ligação por vizinhança, que deixa de ser algo exterior às coisas, mas o sinal de um parentesco, ainda que obscuro. A força da conveniência, movimento como o das influências, das paixões, que aproxima as coisas semelhantes e assimila as próximas, possibilita ao mundo formar uma cadeia consigo mesmo. As similitudes ajustam-se e, de círculo em círculo, os anéis vão-se ligando uns aos outros. A segunda manifestação da similitude é a *aemulatio*, uma espécie de conveniência liberta das leis do lugar, agindo a distância. Os anéis da emulação formam também uma cadeia, mas sob a forma de círculos concêntricos e refletidos como numa duplicação especular.

A terceira forma de similitude, a analogia, sobrepõe-se às duas primeiras, uma vez que fala de ajustamentos, de nexos, e de juntura, mas também assegura o confronto das semelhanças no espaço. Trata das relações mais sutis das semelhanças e não daquelas visíveis e maciças das próprias coisas. A analogia, situada num espaço de irradiação, envolve, por todos os lados, o homem que, por sua vez, transmite as semelhanças que recebe do mundo. O homem é, portanto, o ponto de apoio a partir do qual as analogias proliferam.

A quarta forma de semelhança se dá pelo jogo das simpatias que operam livremente nas profundidades do mundo. A simpatia possui o poder de assimilar, de tornar as coisas idênticas umas às outras, de as fazer perder a identidade primeira, portanto, de transformá-las. As aproximações da conveniência, os ecos da emulação, os nexos da analogia são sustentados, mantidos e duplicados pela relação de simpatia e de antipatia que pode aproximar ou distanciar as coisas do mundo. Os caminhos da similitude, nas suas quatro formas, são o modo de mostrar como o mundo se dobra sobre si mesmo, se duplica, se reflete ou se encadeia: saber possível através do levantamento das marcas da semelhança e da sua decifração (FOUCAULT, s.d., p. 34-51).

Não é sem razão que Durand considera a analogia e a similitude como os princípios que sustentam as estruturas místicas do regime noturno. Os movimentos de dobrar-se sobre si mesmo, duplicar-se, refletir-se, encadear-se são próprios desse regime do imaginário que procura penetrar na intimidade quente do mundo, eufemizando os contrastes. Assim, os gestos de atar, ligar, prender, aproximar, constitutivos do regime noturno místico, dizem respeito à experiência da multiplicidade de significados dos seres, entre os quais a analogia pressente e explora semelhanças de relações. Em outras palavras, a vocação de ligar, de atenuar as diferenças, inspirada pela estrutura gliscromorfa do regime noturno, ou seja, do elo e da viscosidade, é possível por meio do processo da similitude, em geral, e da analogia, em particular, que procura estabelecer ligações com objetos ou figuras logicamente separadas. A estrutura aglutinante conduz ao eufemismo, à inversão dos valores, fazendo o negativo reconstituir-se em positivo.

A sintaxe do redobramento leva a um outro aspecto do regime noturno místico: as infinitas manipulações de encaixamento das similitudes. A descida à intimidade dos objetos e dos seres, as fusões infinitas e o encaixamento dos continentes isomorfos estão relacionados à viscosidade em que não importam as distinções, mas sim as variações sobre um único tema. Essa estrutura da perseverança, própria do regime noturno místico, dá forma ao jogo verbal no qual continentes e conteúdos se confundem numa espécie de integração ao infinito do sentido de encaixamento. A ligação buscada na profundidade vai estar presa ao aspecto concreto, colorido e íntimo das coisas, o realismo sensorial. Pelo jogo dos encaixamentos sucessivos, o valor é sempre assimilado ao último conteúdo, ao menor, ao mais concentrado, de modo que a similitude encontra a sua mais expressiva intensidade na miniaturização, também outro aspecto do místico.

A poesia, para penetrar na alma do mundo, dobra-se, duplica-se, encadeia-se, como no regime noturno místico, pelos caminhos da similitude e da analogia. Através do processo analógico, o discurso poético se adentra no imaginário primordial, buscando a simultaneidade da imagem no modo sintático de dizer a experiência. A poesia procura reduzir o intervalo aberto entre a palavra e a coisa, sendo a analogia "responsável pelo peso da matéria que dão ao poema as metáforas e as demais figuras" (Bosi, 1977, p. 29). Portanto, o procedimento retórico reproduz a flexibilidade do pensamento mágico estabelecido pelas relações de simpatia. A retórica, contudo, entendida como domínio intermediário, lugar de todas as ambigüidades, não se pode esvaziar do semantismo de seu sentido figurado, para se tornar, apenas, expressão do discurso. A metáfora, na definição de Ricoeur (1976, p. 80-81), é o procedimento lingüístico dentro do qual se deposita o poder simbólico. Ela traz para a linguagem a semântica do símbolo, ou seja, a infinita correspondência universal dos seres.

Na raiz da figuração simbólica, Durand coloca o esquema, a que ele chama metaforicamente de verbal porque exprime a ação, ou seja, o primeiro movimento para a representação figurativa que se vai buscar diretamente no inconsciente reflexo do corpo vivo. Para apreender os verdadeiros fundamentos do lírico, é preciso atá-lo a essa fonte originária das significações, entendendo como objeto da lírica não a consciência reflexiva de uma emoção, mas, sobretudo, a pura significação nascente, como argumenta o crítico José Guilherme Merquior (1996, p. 200-202).

Esse movimento de significações, para o qual não interessam as situações objetivas, diferencia o lírico dos outros gêneros literários que, embora sejam também significação, não o são em estado puro, como processo interno. É no mais íntimo que o ego vai buscar o nascimento ou a gênese de uma significação, com a força da linguagem primeira, do verbo. O lírico é a emoção do pensamento que compreende e significa um novo sentido, em palavras ainda quentes do mistério da ação interior, despojadas de outras camadas materiais. No lírico, a consciência quer realizar o duplo movimento de revelar o mundo, revelando-se a si própria como reveladora do mundo.

A questão do lírico assim entendida pode, de certa forma, vincular-se ao modo como Käte Hamburger trata a relação dos gêneros literários com o sistema de enunciação da linguagem. A diferença do modo como se experimenta um poema ou um texto ficcional, narrativo ou dramático, reside no fato de que o lírico é o enunciado de um sujeito da enunciação. O eu-lírico é definido, como um sujeito, no sentido pessoal do conceito, e também como sujeito da enunciação, podendo abarcar, deste modo, as manifestações mais modernas da poesia. O lugar do lírico na criação literária está no sistema de enunciação da linguagem, na relação lírica sujeito-objeto. As enunciações, ou conexões de sentido, são atraídas do pólo-objeto para o âmbito do pólo-sujeito – a ordem entre os enunciados é comandada pelo sentido que o eu-lírico quer imprimir-lhes. Os enunciados do poema são retirados do pólo-objeto e organizados entre si, desaparecendo, porém, enquanto objetos para ressuscitar nas impressões evocadas pelas palavras que expressam a força vivencial do sujeito da enunciação lírica, do eu-lírico que pode existir somente como um real e nunca como um fictício. Enquanto os gêneros ficcionais, narrativo ou dramático, constituem uma variedade de meios de apresentação, o lírico pouco se diversifica. O poema lírico é experimentado unicamente como campo vivencial do sujeito-de-enunciação, isso porque o enunciado não visa ao pólo-objeto, "mas atrai seu objeto para a esfera vivencial do sujeito e o transforma" (Hamburger, 1975, p. 208).

Estabelecer uma ligação entre a teoria dos gêneros literários, formulada por Käte Hamburger, mediante um enfoque lingüístico da teoria do discurso, e a teoria do imaginário simbólico que se vem postulando, poderia parecer contraditório. No entanto, a relação sujeito-objeto do enunciado lírico torna-se possível pela mediação da analogia, que se constitui numa ponte para chegar ao sentido verbalizado na coisa. Mais especificamente, a concepção de sujeito-de-enunciação lírico pode ser colocada em paralelo com o realismo sensorial das representações ou vivacidade das imagens – característica do regime noturno místico. O realismo sensorial das estruturas místicas "não acaricia as coisas do exterior, não as descreve, mas, reabilitando a animação, penetra nas coisas, anima-as" (Durand, 1989, p. 189). O sensorial prende-se, assim, ao concreto e se deixa levar pela atitude de sentir muito perto os seres e as coisas. Percebe-se a riqueza dessa estrutura com a própria essência da imaginação que, acima de tudo, é representação no esquema dinâmico do gesto. A relação vivencial do sujeito com o objeto procura esta raiz da figuração simbólica, produzindo imagens que não são cópias do objeto, mas dinamismos vividos na imediatez primitiva.

As formas extremas da poesia moderna representam a estrutura lírica sujeito-objeto levada às últimas conseqüências. A lírica, despojada de aderências materiais, ao buscar a relação imediata entre sujeito-de-enunciação e objeto, torna-se, por excelência, concentrada – forma rigidamente contida, pura significação. A contenção e a agudeza que compõem a interioridade do discurso lírico é, também, uma constante nas imagens do regime noturno místico. O processo de miniaturização ressalta a intensidade expressiva dos assuntos, concentrando-os e não permitindo que se dissolvam na digressão.[2] O poema lírico "opõe à tentação centrífuga da narração a força compressora de uma *pura interpretação*, consciente de si como tal, e deliberada a construir uma forma energicamente contida" (MERQUIOR, 1996, p. 202). Isto não significa que o lírico faça a exigência de um poema de tamanho reduzido, não é a forma que se impõe à natureza. A força de compreender e interpretar a relação sujeito-objeto faz com que a lírica moderna procure a forma mais concentrada do poema.

Voltando ao princípio básico das estruturas místicas e do gênero lírico, a analogia, é preciso lembrar o seu poder de atribuir ao mundo um ritmo universal que se faz presente no redobramento indefinido das imagens, nos encaixamentos sucessivos, nos acordes da repetição que dão conta da redundância mítica. No lírico e no místico, as ligações e as fusões infinitas são organizadas pela atitude repetidora da consciência, capaz de transformar o ruído do mundo em melodia, reduzindo a distinção entre a palavra e a coisa e buscando o indizível do momento simultâneo da imagem. A repetição, entendida amplamente como recorrência e redundância (redobramento, encaixamento, enumeração, isotopismos semânticos, ritmo e rima), diferencia-se no lírico, em relação aos outros gêneros ou mesmo à linguagem comum, por não atender a situações objetivas, construção de ações, personagens, tempo, espaço, mas por revelar o mundo como emoção, um puro movimento de significações. Nesse processo interno, a repetição interessa como auto-geração de um sentido novo e não apenas como acréscimo de detalhes e digressões que ampliam e reforçam o campo dos temas ficcionais, narrativos ou dramáticos.

No gênero lírico a redundância essencial do *sermo mythicus* parece atingir sua maior intensidade. O sentido polimorfo do mito pode ser recuperado em vários níveis: no nível semiológico e sintático, como

2. A ikebana, por exemplo, em alguns ramos de flores ou num jardim minúsculo, concentra e resume a totalidade do universo. A concentração absoluta é também o princípio que dá vida ao haicai.

quer Lévi-Strauss, o sentido do mito é recolhido na diacronia da narrativa e na sincronia que assinala as repetições dos temas importantes. O isotopismo semântico, por sua vez, fornece a orientação essencial das constelações, dos feixes de imagens, sendo o isotopismo o verdadeiro sintoma do mito que permite diagnosticar-lhe a estrutura do imaginário (DURAND, 1989, p. 255). O duplo caráter – discursivo e redundante – que todo mito comporta, contribui para elucidar o modo como ele se configura em cada gênero literário. A manifestação do mito, no lírico, não se dá pela via diacrônica da fabulação, mas aparece nas repetições obsessivas dos temas e manifesta-se, principalmente, pelos isotopismos semânticos.

Um poema lírico, como toda grande obra, quanto à categoria temática, pode reunir imagens de qualquer das três estruturas do imaginário. No entanto, a categoria modal, o modo de ser do lírico é, em essência, místico, devido, principalmente, à analogia e seus desdobramentos. A história da poesia moderna,[3] como resume Octávio Paz (1984, p. 92), "é uma surpreendente confirmação do princípio analógico: cada obra é a negação, a transfiguração das outras". A analogia para os poetas modernos é uma operação, uma combinatória que, graças ao jogo das semelhanças, não anula as diferenças, mas estabelece uma relação entre termos distintos, tornando-os toleráveis. Em outras palavras, a analogia não promove a unidade do mundo, mas sua pluralidade, mostrando o homem não como identidade, mas como dispersão perpétua. Os poetas modernos, além de se expressarem pela analogia, concebem, no dizer do poeta mexicano, uma poética da analogia que consiste em perceber a criação literária como uma tradução: "escrever o poema é decifrar o universo só para cifrá-lo novamente" (PAZ, 1984, p. 98). Essa poética da analogia confirma o que diz Hugo Friedriech sobre a lírica moderna – traços da origem arcaica, mística e oculta contrastam com uma aguda intelectualidade (1981, p. 16).

3. No Manifesto Futurista, movimento de vanguarda do início do século que influenciou a poesia moderna, Marinetti atribui importância fundamental à analogia: "Para dar os movimentos sucessivos de um objeto é preciso dar a cadeia das analogias que ele evoca, cada uma condensada, concentrada em uma palavra essencial" (TELES, 1987, p. 90).

O CLARO ENIGMA DO LÍRICO

A obra poética de Carlos Drummond de Andrade, verdadeira "pedra no meio do caminho" ("No meio do caminho", *AP*,[4] p. 15), desafia os críticos. De todos os poetas modernistas, foi a ele que se atiraram mais pedras. O próprio poeta se reconhece "não dos maiores, porém, dos mais expostos à galhofa" ("Canto ao homem do povo", *RP*, p. 178), mas, sem dúvida, ninguém deslumbrou e continua deslumbrando tanto a crítica especializada como o público em geral, que lhe perpetuou expressões, hoje clichês comuns em todo o Brasil. Artigos, conferências, ensaios têm procurado explicar, decifrar, exaltar ou desfigurar a obra deste poeta "transparente e opaco" (LIMA, 1968, p. 133). Apesar de toda essa devassa, sua poesia continua a ser uma provocação à argúcia e à perícia dos críticos e um desafio à imaginação dos faiscadores do imaginário, que também querem desvendar "as cifras e os códigos" que se escondem "sob a pele das palavras" ("A flor e a náusea", *RP*, p. 97). A poesia drummondiana sabe bem que

> razão e inteligência, longe de estarem separadas do mito por um processo de maturação progressiva, não passam de pontos de vista mais abstratos e muitas vezes mais especificados pelo contexto social da grande corrente de pensamento fantástico que veicula os arquétipos (DURAND, 1989, p. 267).

O mito e o logos

Durante mais de sessenta e seis anos, o poeta Drummond e a poesia amaram-se e atormentaram-se. O enigma da palavra, matéria-prima da

4. Ao longo da exposição, a referência às obras selecionadas de Drummond aparecerá sob a forma de abreviatura: *Alguma poesia (AP)*, 1930; *Brejo das almas (BA)*, 1933; *Sentimento do mundo (SM)*, 1940; *José (JO)*, 1942; *A rosa do povo (RP)*, 1945; *Novos poemas (NP)*, 1948; *Claro enigma (CE)*, 1951; *Viola de bolso (VB)*, 1952; *Fazendeiro do ar (FA)*, 1954; *A vida passada a limpo (VP)*, 1959; *Lição de coisas (LC)*, 1962; *A falta que ama (AF)*, 1968; *Boitempo (BT)*, 1968; *As impurezas do branco (IB)*, 1973. As páginas citadas são da publicação *Poesia e prosa*, de Carlos Drummond de Andrade, Rio de Janeiro: Nova Aguilar, 1992.

poesia, é, ao mesmo tempo, sua grande paixão e seu maior tormento. Sua visão do mundo e do eu impregnada de pessimismo corrosivo, de negativismo amargo, de inquietudes difusas, de um humorismo cáustico, reflete-se na poesia dentro do espaço contínuo e cotidiano, em que os temas são motivados pelo fluxo de reminiscências ou recolhidos nos fragmentos da vida.

A faceta mais extraordinária do poeta é a genialidade com que foi escolhendo, através de mais de seis décadas, novos temas, imprimindo-lhes a marca da sua personalidade e a preocupação, quase angústia, pela palavra, porque, na ânsia de penetrar em seu âmago misterioso, "erra o mistério/ em torno do seu núcleo" ("Canto órfico", *FA*, p. 261). A palavra pura, depurada ou purificada de toda escória convencional de comunicação, capaz de colher o estado puro das coisas, jamais poderá ser alcançada, pois "entre beijo e boca,/ tudo se evapora" ("O lutador", *JO*, p. 84), "ermas de melodia e conceito /elas se refugiam na noite, as palavras " ("Procura da poesia", *RP*, p. 97). A palavra é a obsessão do poeta, é uma poética da palavra em poesia, não como justificativa, antes como êxito poético, conquista de sua metalinguagem, porque não é uma construção poética *post rem*, mas *in re*.

Na ânsia secreta da procura e no difícil e, às vezes, deludente encontro da palavra está a angústia do poeta: "Ainda úmidas e impregnadas de sono,/ rolam num rio difícil e se transformam em desprezo" ("Procura da poesia", *RP*, p. 97). Este é o tormento de quem não encontra conforto e solução para a crise do poeta nem mesmo na palavra que, não obstante, é tudo o que lhe é possível. No entanto, sua luta pela comunicabilidade consegue transmitir a essência poética das coisas e dos seres, sem reduzir e desfigurar a significação de seu laboratório lingüístico, por meio de seu artesanato poético. Riqueza e multiplicidade de formas mobilizam sua criação artística, plasmando tudo num harmonioso poder de quem conhece os segredos da arte. Ao penetrar no seu laboratório lingüístico, vê-se como se chocam e como também tendem a se procurar materiais decisivamente contrastantes: a intensidade do canto e o andante da narração; os registros ásperos e os tenros; a tendência à construção e a tendência ao fragmento; o léxico popular e aquele erudito; o verso longo e o curto. Tudo isto, muito a descoberto e em toda a sua obra.

A aventura poética de Drummond se conclui, em última análise, no campo fértil e, portanto, multipolar, mas radicalmente unitário, da consciência. É no mais profundo da consciência, domínio do imaginário, que o poeta mergulha para evocar sua verdade interior, revelada, através de imagens – os arquétipos presentes no inconsciente: "Trouxeste a chave?" ("Procura da poesia, *RP*, p. 97), pergunta o poeta.

Para penetrar em seu tríplice laboratório – temático, estrutural e lingüístico – não basta ter a chave, talvez seja preciso escavar um túnel ou lançar uma ponte. Sua poesia é esquiva; até os poetas se armam e um poeta desarmado é mesmo um ser à mercê de fáceis inspirações, dóceis às modas, aos compromissos, à tradição, ao lugar comum, por isso o poeta corta as pontes, tranca as portas, para que seu poema não seja "pasto dos vulgares" ("Remissão", *CE*, p. 200). Sua obra, contudo, é rica de indicadores que sinalizam o caminho, o poeta escondeu a chave, mas não fechou a porta a sete chaves, antes, ele está sempre presente para orientar, através de toda uma doutrinação metalingüística, concentrada em poemas como "Considerações da poesia" (*RP*, p. 94), "Procura da poesia" (*RP*, p. 95), "Noite na repartição" (*RP*, p. 133), "O elefante" (*RP*, p. 129), e disseminada ao longo de toda a sua obra em símbolos, parábolas e comparações: "Se meu verso não deu certo foi seu ouvido que entortou./ Eu não disse ao senhor que não sou senão poeta?" ("Explicação", *AP*, p. 34).

Em "O elefante" (*RP*, p. 129), o poeta exemplifica, numa alegoria, como se cria um poema – fabrica-o, com várias peças de madeira e o enche de algodão, paina e doçura e o solta no meio dos homens ("eu e meu elefante/ em que amo disfarçar-me"). A cola se dissolve e o elefante, afinal, exausto "jorra sobre o tapete,/ qual mito desmontado". Poesia e mito aliam-se na fabricação do elefante, e numa relação analógica, na construção do poema de Drummond. Seu pensamento simbólico e seus mitos possuem uma lógica coerente e sistemática acima de qualquer raciocínio lógico que proíbe ao homem a quebra da norma racional, além da qual só há alienação.

O imaginário, na poesia de Drummond, apresenta-se, então, como verdadeiro doador de sentido. A chave fornecida pela lógica não permite penetrar no sentimento poético. Enquanto o crítico vê, lembra, compara, descobre cânones artísticos, o poeta obedece a uma evidência de sentimento, para ele premente como a evidência empírica:

> Em copo de uísque
> lesmas baratas
> acres lembranças
> enjôo de vida
> ("Assalto", *RP*, p. 119)

Há lembranças pegajosas, fixas, pregadas na memória como lesmas; há lembranças que aparecem e desaparecem velozes como as baratas acossadas por nosso medo. A analogia estabelece uma relação entre termos aparentemente distintos e os funde, movimento do regime noturno místico. Visto assim, à luz do imaginário simbólico, o conteúdo do copo – lesmas, baratas, acres lembranças, enjôo da vida – deixa de ser irracional e múltiplo para se tornar uno e lógico.

Quando Drummond escreve: "a lua irônica/diurética" ("Casamento do céu e do inferno", *AP*, p. 5), "cor do galo" ("Dissolução", *CE*, p. 200) ou "terno de vidro" ("José", *JO*, p. 89), ninguém, nem ele mesmo, poderia saber através de que símbolos a lua romântica dos namorados se transforma em irônica e diurética, o amanhecer róseo em cor do galo e seu desejo de transparência em terno de vidro. O que pode parecer incoerente, o poeta, ao tirá-lo do seu imaginário, do seu infinito ressoante, da corrente de sua psique, o transforma numa verdade. Afirmar um plural à verdade não é, apenas, subverter a lógica, mas preencher a transparência do logos com a densidade e complexidade do mito (DURAND, 1980, p. 182).

A chave que doa sentidos lógicos e coerentes ao pensamento simbólico pode ser encontrada, como por acaso, em versos de "Noite na repartição" (*RP*, p. 133), em que o poeta ironiza o trabalho burocrático – reino do papel e da papelada e exalta a importância do mesmo papel como veículo da palavra: "beijo-te, amo-te, detesto-te, preciso de ti, papel, papel, papel! (...) /Não grites, não suspires, não te mates: escreve". No mundo dos papéis e das palavras, pessoas, animais e objetos, todos falam dentro da repartição. Cabe, como se vê no poema, aos álcoois proferir a sentença contraditória que sintetiza a poética de Drummond:

Somos o cristal, o mito, a estrela,
em nós o mundo recomeça,
as contradições beijam-se a boca,
o espesso conduz ao sutil.
Somos a essência, o logos, o poema.

O cristal, o mito e a estrela constituem, em conjunto, o mundo do imaginário; a essência, o logos, o poema fazem parte do mundo da razão. O cristal, que é símbolo da pureza primitiva, da imemorialidade, da imediatez originária está em relação à essência que é manifestação metafísica do próprio ser, ruptura em relação a um todo, separação em seres diferentes. O par seguinte coloca em paralelo o mito – pensamento simbólico que tem raízes no inconsciente, com o logos – pensamento racional que emerge de um sonho mítico. A estrela, que finaliza a enumeração, representa uma fulguração, distante, inacessível, enquanto o poema é uma realização, presente, concreta, fruível. Unindo ordenadamente os símbolos do primeiro verso – cristal, mito, estrela – com os conceitos do último – essência, logos, poema –, o poeta revela a fonte de sua inspiração: o sensível e o racional, que formam as duas faces da mesma moeda. O poeta introduz, na linguagem das coisas sensíveis, uma experiência sobrenatural, ao evocar uma realidade além dos sentidos.

Os versos de Drummond, retirados do poema "Noite na repartição", reforçam o pensamento de que o imaginário aparece em primeiro lugar, é nele que o mundo recomeça, a criação poética inicia-se pelo movimento da inspiração: o cristal, o mito, a estrela são símbolos concretizados na essência, no logos, no poema – a inspiração e o artefato. Não se trata de enfatizar um estado de privilégio e superioridade do imaginário sobre o racional, mas de estabelecer um direito de integração ou, pelo menos, de antecedência dos arquétipos, símbolos e mitos sobre o significado próprio e suas sintaxes. O imaginário, na concepção de Durand, é a matriz do pensamento racionalizado. Com clareza, o poeta procura estabelecer os limites da intuição e da razão, extraindo, porém, da moeda de dupla face que constitui o imaginário, o efeito totalizador intensificado pela união eufemizante dos contrastes – característica das estruturas místicas do imaginário: "as contradições beijam-se a boca,/ o espesso conduz ao sutil".

Em *Claro enigma*, o próprio título é a reafirmação de sua fé poética, com duas faces distintas da clareza lógica e do enigma misterioso que, no entanto, fundem-se num sentido único. O último poema, em prosa, de *Novos poemas* é uma alegoria exatamente sobre o enigma que conclui pela impotência tanto da inteligência quanto da sensibilidade para decifrar a "Coisa sombria" que "tende a paralisar o mundo" ("Enigma", *NP*, p. 197). Em "Dissolução" (*CE*, p. 200), o primeiro de *Claro enigma*, o poeta decreta a ineficácia da razão e o desprezo da sensibilidade. Diante da morte da mãe,[5] as questões políticas e literárias pelas quais o poeta debateu-se, perderam o sentido. A morte, "vazio de quanto amávamos", permanece o grande enigma do ser humano, restando o imaginário como único poder de enfrentar o devir fatal. A vida perdeu o sentido e o poeta não encontrou, nem quer procurar uma saída: tudo converge para a dissolução "e nem destaco minha pele/ da confluente escuridão". A noite penetra nele sem que oponha resistência, está cansado de esperar e lutar, aceita a escuridão de braços cruzados, passivamente, vazio da paixão que o fez combatente da guerra na esperança de uma paz justa e vazio até do desespero de ver a paz destroçada. Fecha-se, assim, a página da paixão política de *A rosa do povo:*

> Esta rosa é definitiva,
> ainda que pobre.
> Imaginação, falsa demente,
> já te desprezo. E tu, palavra.
> No mundo, perene trânsito,
> calamo-nos.
> E sem alma, corpo, és suave.

Fecha-se, também, sua criação poética, sua moeda de dupla face, despreza a imaginação, "falsa demente", e mata a palavra, tragicamente, numa alusão a César e Brutus. Num mundo vazio, sem lutas, sem esperanças, sem poesia, só resta o silêncio, a suavidade da morte no vazio total da razão e do espírito. O poema que termina com a suave dissolução

5. Como afirma Gilberto Mendonça Teles (1997), a produção drummondiana que vai de 46 a 48 está marcada pelo sentimento de perda da mãe, o que pode ser compreendido pelas cartas que o poeta escreveu durante esse período.

– separação do espírito da matéria – é uma catarse através da qual o espírito se liberta da angústia pela poesia, único meio possível que é dado ao poeta para sobreviver.

A renúncia ao engajamento, por parte do poeta, que havia cantado – "contra o frio, a fome, a noite, contra a morte, a criatura combate,/ e vence" ("Carta a Stalingrado", *RP*, p. 159) –, foi definitiva. O período pós-guerra, mais do que desencanto, provocou nele profundo enjôo, agravado no Brasil por regime de silêncio. Mas a renúncia do poeta à poesia é briga de amantes, "briga perdoa perdoa briga" ("Toada de amor", *AP*, p. 7). As últimas palavras do "Elefante" (*RP*, p. 129) representam um propósito reiterado: "Amanhã recomeço"; "mal rompe a manhã" até a noite, a luta "prossegue nas ruas do sono", como se lê em "O lutador" (*JO*, p. 84). Não renuncia, tampouco, ao imaginário mítico, antes "volto aos mitos pretéritos/ e outros acrescento", como declara ainda em "Campos de flores", de *Claro enigma*. Volta ao mito de Orfeu: "a vagar taciturno entre o talvez e o se" ("Legado", *CE*, p. 201); ao mito de Hermes: "a rosa trismegista, aberta ao mundo" ("Canto órfico", *FA*, p. 273); ao mito de Ganimedes: "esse que é forma pura e é suspiro/ de terrenas delícias" ("Rapto", *CE*, p. 217). A estes, outros mitos acrescenta: "sou eu, o poeta precário/ que fez de Fulana um mito" ("Mito", *RP*, 124); e fez de "José" (*JO*, p. 88), o mito do homem, qualquer homem, "uma fábula sem/ signo que a desmonte" ("Especulações em torno da palavra homem", *VP*, p. 276).

A leitura de "Dissolução" fornece duplo motivo de reflexão para uma crítica do imaginário, fundamentada no dinamismo interno das imagens. Em primeiro lugar, porque no título geral da coletânea há uma definição poética do próprio símbolo – o símbolo é o claro enigma, é a "epifania de um mistério" (DURAND, 1988, p. 15). Em segundo lugar, pela importância dada à imaginação que o poeta declara desprezar, mas que a define, reconhecendo-lhe as prerrogativas de sua natureza no mundo dos homens, sempre divididos entre ela e a razão. A imaginação desprezada, mas presente, permite interpretar os elementos contraditórios, formados por claro enigma, falsa demente, perene trânsito: o que é claro não é enigma, a imaginação não pode ser, ao mesmo tempo, demente e não demente (falsa), o que é transitório não pode ser perene. As três contradições não têm sentido quando analisadas à luz da razão, que não admite nada fora dos princípios da lógica formal. À imaginação, porém, é permitido encontrar ligações e similitudes que transformam as bipolaridades num único conceito: "o claro enigma" é o mito revelado através do símbolo; "a falsa demente" é o resgate da imaginação pelo adjetivo falso, que destrói o epíteto de louca da casa, que se deu por muito tempo à imaginação e a recoloca, com todas as prerrogativas devidas, no lugar que lhe compete na criação poética; o perene trânsito é a própria vida transitória para o indivíduo, perene para a humanidade sempre renovada. A criação poética de Drummond move-se para um momento de fusão que transforma em unidade a aventura dos opostos sobre os quais se fundamenta.

À primeira palavra do poema "Dissolução", o poeta confia seu drama de homem, é o signo indicativo do estado de alma entre o dia e a noite, entre a luz e as trevas, entre a morte e a vida, mas que é, ao mesmo tempo, dia e noite, luz e trevas, morte e vida:

> Escurece, e não me seduz
> tatear sequer uma lâmpada.
> Pois que aprouve ao dia findar,
> aceito a noite.

"Escurece" dá ao todo o tom de elegia, presente na obra de Drummond, elegia que não é apenas lamento, mas que, na constante tentativa de fundir os opostos, acaba por se transformar em instrumento de soluções nunca finais e libertadoras, sempre vacilantes e provisórias. Em "Dissolução", o poeta nega o dia e aceita a noite, e com a noite, a dúvida e a tristeza. Vem a completa aceitação da noite, afasta-se do espírito agressivo e mergulha no recolhimento – a descida no seu eu profundo, alcançando a própria dissolução, a morte, que configura o regime noturno místico das estruturas antropológicas do imaginário.

A redundância lírica

A questão, sempre aberta, relativa à existência e à natureza de uma linguagem puramente poética enriqueceu-se, nas últimas décadas, em função das discussões precedentes, através dos contributos das novas teorias da Lingüística, da Semiótica e da Teoria Literária. O discurso poético foi, freqüentemente, definido pela distinção da linguagem em referencial e emotiva, denotativa e conotativa, monossignificativa e plurissignificativa, unívoca e ambígua, metonímica e metafórica. Se na teoria parece simples, na prática verifica-se não existir linguagem puramente referencial do mesmo modo que não se pode excluir da emotiva o aspecto de referência. Se nem mesmo a linguagem científica merece o qualificativo de absolutamente unívoca, a linguagem poética, por sua vez, não poderá aspirar ao título de absolutamente multívoca. Os dois aspectos opostos podem coexistir na mesma mensagem de acordo com o estado de espírito do autor ou com o do leitor.

Apesar das divergências de nomenclatura, existe uma unanimidade quanto à função poética da linguagem que se caracteriza, primária e essencialmente, pelo fato de a mensagem criar, de modo imaginário, a sua própria realidade. Segundo Vico, aos estágios iniciais da humanidade corresponde uma visão poética, isto é, mítica e criadora. Antes de conhecer as causas racionais dos fatos o homem as imagina, as cria pela força da imaginação e as considera, em seguida, como realidades exteriores a ele. Uma vez reconhecida a necessidade da imaginação, para que a linguagem cumpra sua função simbólica de sentido poético, é preciso reconhecer que a mitodologia oferece caminhos para a análise literária, porque se fundamenta no dinamismo interno dos mitos.

A menor unidade significativa do discurso mítico, o mitema, pode se apresentar como tema, motivo, cenário ou situação. Há duas formas distintas de manifestação de um mitema: uma patente e a outra latente. A primeira é a repetição explícita, presente na leitura da obra; a segunda é a repetição implícita, escondida na mente do poeta, gerada no profundo, como um sonho, e manifestada através de um filtro secreto. A análise mitodológica se cruza aqui com a análise lingüística e a forma patente poderia ser comparada ao sentido denotativo, e a latente, ao conotativo. Contudo, na comparação não se pode deixar de levar em conta as diferenças existentes entre o mitema latente e a linguagem conotativa, no que diz respeito à metáfora e ao símbolo. A mitodologia dá, a todas as manifestações da palavra, uma origem comum que é um mitema, cenário mítico pronto a receber um dado conhecido, patente, ou um desconhecido, latente. A imaginação funciona no mitema patente como memória e no latente como *medium*, mediador entre o símbolo e a sua epifania. A imaginação transcende e ordena as atividades da consciência, propiciando, através do símbolo, o acesso vertical ao sentido, acima de qualquer raciocínio lógico.

A Lingüística ensina que cabe à metáfora a mesma função do símbolo, com a vantagem de que a metáfora cumpre melhor sua finalidade, ao transformar em linguagem o que está implícito no símbolo. Paul Ricoeur (1976, p. 80) reconhece a existência da questão ao constatar que, "por um lado, há mais na metáfora do que no símbolo, por outro, há mais no símbolo do que na metáfora", para concluir que

> as metáforas são precisamente a superfície lingüística dos símbolos e devem o seu poder de relacionar a superfície semântica com a superfície pré-semântica nas profundidades da experiência humana à estrutura bidimensional do símbolo (RICOEUR, 1976, p. 81).

Os símbolos constituem com sua dupla face, semântica e não-semântica (psicológica e religiosa), um reservatório de sentidos de potencial metafórico. A questão não comporta nem vencedores nem vencidos, porque a linguagem nunca constitui apenas o estrato superficial da nossa experiência simbólica. Esse estrato profundo apenas se torna acessível a nós, à medida que se manifesta no nível lingüístico e literário, "uma vez que as metáforas mais insistentes se pegam ao entrelaçamento da infra-estrutura simbólica e da super-estrutura metafórica" (RICOEUR, p. 1976, p. 77).

Na linguagem poética de Drummond, que planta "suas árvores no homem e quer vê-las cobertas/ de folhas, de signos, de obscuros sentimentos", somente as folhas representam a cobertura lógica de uma planta, enquanto os signos e os obscuros sentimentos são produtos da imaginação criadora. Mas isto só na aparência, porque nem mesmo as folhas são produto lógico de uma árvore plantada no homem. As metáforas usadas pelo poeta foram arrancadas ao reservatório do símbolo que dá a todas elas coesão e lógica, como se fossem reais. No universo simbólico, visão sagrada do cosmo, existe sempre correspondência entre a criação primitiva e as atividades humanas, união entre a natureza e o homem, entre o solo arado e a fecundidade humana, entre a semente de uma árvore e o sêmen do homem. O sêmen produz o homem, uma semente produz uma árvore e, por meio de uma transposição simbólica, nasce a metáfora de plantar uma árvore no homem, capaz de produzir frutos metafóricos: folhas, signos e obscuros sentimentos que, por sua vez, fazem parte de um código, cujo segredo deve ser encontrado.

Um mitema é uma promessa de sentido a ser encontrado na magia vocabular, promessa que estimula o leitor à descoberta de uma abertura nos misteriosos signos do poeta, quase sempre opaco, circunspecto e "tatuado de sonhos" ("A palavra e a terra", *LC*, p. 302). O poema "Confidências de itabirano" (*SM*, p. 57) é lembrado aqui para mostrar o funcionamento dos mitemas latentes e patentes na poética drummondiana, porque se trata de um poema vazado em linguagem direta, objetiva, quase coloquial, sem as metáforas fulgurantes de outras composições mais fechadas e profundas. Itabira, mitema patente, informação geográfica relativa a uma cidade de Minas Gerais, transformar-se-á em mitema latente no contexto do poema, formando um mito pela ênfase com que o poeta reveste os arquétipos simbólicos.

Não é a primeira vez e não será a última que Itabira é lembrada nos poemas do "auritabirano", como Drummond se denomina no poema "A palavra e a terra" (*LC*, p. 300). Em "Lanterna mágica", de *Alguma poesia*, partindo de Belo Horizonte, passeando "pelos jardins *Versailles*", passando por Sabará, "casas encardidas onde há velhas nas jinelas" e alcançando Caetê de "casas torcidas", chega a Itabira, "cidade toda de ferro", numa paisagem bem mineira, até na fala. Já nos versos que abrem "Viagem na família" (*JO*, p. 91), Itabira se interioriza na recordação do pai: "no deserto de Itabira/ a sombra de meu pai/ tomou-me pela mão". No poema, "A mesa" (*CE*, p. 237), se aprofunda na recordação da família reunida, comendo "tutu" e "torresmo": "aí, grande jantar mineiro", onde a "comida era pretexto". No poema, "Confidênicas do itabirano" (*SM*, p. 57), o processo de mitização se realiza na simplicidade de um quadro na parede:

> Alguns anos vivi em Itabira.
> Principalmente nasci em Itabira.
> Por isso sou triste, orgulhoso: de ferro.
> Noventa por cento de ferro nas calçadas.

Oitenta por cento de ferro nas almas.
E esse alheamento do que na vida é porosidade e comunicação.

A vontade de amar, que me paralisa o trabalho,
vem de Itabira, de suas noites brancas, sem mulheres e sem
horizontes.
E o hábito de sofrer, que tanto me diverte,
é doce herança itabirana.
De Itabira trouxe prendas diversas que ora te ofereço:
este São Benedito do velho santeiro Alfredo Duval;
esta pedra de ferro, futuro aço do Brasil;
este couro de anta, estendido no sofá da sala de visitas;
este orgulho, esta cabeça baixa...

Tive ouro, tive gado, tive fazendas.
Hoje sou funcionário público
Itabira é apenas uma fotografia na parede.
Mas como dói!

Itabira, que aparece no primeiro verso, nada mais é que um acontecimento na vida do poeta. Já na repetição da cidade, antecedida pelo advérbio "principalmente", inicia-se a caminhada de uma metamorfose e penetra-se, na vertical, à procura do que está, ainda, escondido no depósito mítico do poeta. A paisagem natural levou-o à descoberta do caráter da gente itabirana, ferro na rua e nas almas. Em seguida, uma seqüência de objetos e atributos físicos e psíquicos – "e esse alheamento", "a vontade de amar", "e o hábito de sofrer", "esta pedra de ferro", "este São Benedito", "este couro de anta" – formam uma enumeração que transmite um sentimento de integração do poeta ao ambiente natural e ao temperamento de seu povo."Este orgulho, esta cabeça baixa", uma postura da alma e outra do corpo, opostas mas coerentes, definem o itabirano que se chama Carlos Drummond de Andrade, natureza fechada, avesso às manifestações efusivas, "sou triste, orgulhoso: de ferro".

A repetição do mitema Itabira e itabirano seis vezes, e a seqüência enumerativa de símbolos que se referem ao mesmo mitema, produzem a redundância própria das estruturas do regime noturno místico e revelam, na última estrofe, a plenitude simbólica que a lírica soube criar. O último mitema, o sétimo, "Itabira é apenas uma fotografia na parede", contém toda a carga de um mitema latente, uma vez que, de simples referência inicial, se transformou em símbolo, Itabira aparece, agora, em sentido metafórico. A repetição do verbo "ter" no passado enfatiza suas posses, ouro, gado, fazendas – "aonde nunca fui" – como dirá mais tarde, em "Memória" (*LC*, 304), e torna mais vil sua condição real – "hoje sou funcionário público". Itabira surge, no imaginário do poeta, como a frustração de uma vida feliz na terra natal, livre, aventurosa, sem preocupações, trocada por uma vida reclusa, sem aventuras, sem perspectivas, em terra estranha. A fotografia na parede mostra o passado que poderia ter sido e o presente que é; o passado no Éden, o presente no Inferno; Itabira, sonho; Rio, realidade. O penúltimo verso cria a atmosfera do nunca mais, do relógio do tempo, impedindo qualquer sonho, felicidade perdida para sempre, tédio de quem perde tudo, menos o eco de seu passado: e como dói esta memória da possível felicidade perdida.

Na poesia moderna, sente-se uma nostalgia das origens perdidas, da infância incorrupta do homem, eco das clássicas descrições dos *Saturnia Regna*, dos Campos Elíseos, e do Éden. Nem é necessário ser poeta para guardar no esconderijo da memória um paraíso nostálgico, localizado na infância. Esse paraíso, lugar comum do mito universal da infância, deixa de ser mito em poesia, se não for recriado de uma forma nova, no momento em que se enfrentam a lembrança da terra natal e a consciência de estar longe, numa cidade sem Éden. Itabira, fotografia na parede, está ainda mais presente, quando a distância, no Rio de Janeiro, se torna o espelho de uma existência condenada a se corroer no tédio. No ato da criação, o poeta reduz tudo o que ele foi, ou sonhou em ser, todo o peso da existência atual, a poucos versos.

O artista arranca as palavras da obscura nebulosa do código e, por processo intencional, inventa a própria realidade, que não se identifica com a realidade empírica, já existente. À Itabira ao natural, histórica e geográfica, noventa por cento de ferro nas calçadas, pode-se contrapor uma outra Itabira, tanto mais verdadeira quanto mais é vista e pensada com o olhar da saudade, com o amor do exilado. A cidade é revivida na memória, numa imagem que a exalta, a liberta do peso de suas montanhas de ferro e que a afasta das particularidades negativas de suas noites sem mulheres, enfim, que a mostra como um sonho que incorpora não só as coisas, mas também as pessoas. Esta Itabira presentificada é verdadeira, porque se nutre da verdade da poesia – a palavra poética que, com uma carga simbólica, cria a sua realidade. O poeta apreende a múltipla realidade existente no cosmo e a seleciona em forma de síntese, que será projetada para fora do mundo simbólico do artista; na síntese está a deformação, ou melhor, a transfiguração da realidade. Neste sentido, a arte nos informa uma verdade mais real do que aquela realmente acontecida e uma paisagem mais verdadeira do que a real – Itabira mito. O itabirano se evidencia não pelo extremado amor à terra natal, mas pelo modo essencial do seu sentir. Itabira é o mito recriado, de forma própria e inconfundível, pelo imaginário pessoal do autor.

O mito da infância do homem, que se confunde com o mito da infância da humanidade, o Éden, símbolo dos primeiros anos da vida, permite, ainda, uma análise "folheada"[6] (LÉVI-STRAUSS, 1970, p. 252), em relação aos estratos que podem ser recortados na espessura do mesmo mito. A interpretação folheada se assemelha a uma escavação em terreno aluvionado, de camadas superpostas, cada uma oferecendo um novo substrato na estrutura do mito, permitindo e incentivando uma pesquisa cada vez mais em profundidade. Itabira está num contexto do qual não é permitido separá-la para não perder sua identidade; não é uma ilha, faz parte de uma ilha maior, cercada de estados brasileiros por todos os lados. Minas Gerais emerge constantemente na poesia de Drummond numa atmosfera quase surrealista de paisagem montanhosa, de cidades e vilas, com os nomes próprios de uma geografia de saudade, de mineirismos jeitosos e desconfiados, "esse estar e não estar", "esse não estar já sendo" ("Canto negro", *CE*, p. 228). Os sinos das velhas igrejas de Minas, alegres ou roucos, "cantam" ("Igreja", *AP*, p. 15), "tangem" ("O vôo sobre as igrejas", *BA*, p. 43), "dobram" ("São João Del-Rei", *AP*, p. 11), "tocam" ("Fraga e sombra", *CE*, p. 216) e o acompanham por toda a parte, acendendo a imaginação e exasperando a saudade do mineiro, sobretudo, no tumulto "da cidade, onde voz e buzina se confundem".

Mesmo quando o poeta se propõe revelar o drama humano, como em "A máquina do mundo" (*CE*, p. 242), cuja ação se passa no mais

6. Para o autor, o mito possui uma estrutura folheada.

íntimo de sua essência e que, portanto, não necessita de cenário exterior, Minas é o ambiente escolhido para dar à visão interior o suporte de uma paisagem natural capaz de traduzir a profundidade de um acontecimento sofrido na mente, como se vê neste fragmento: "E como eu palmilhasse vagamente/ uma estrada de Minas, pedregosa,/ e no fecho da tarde um sino rouco". O poeta localiza, numa estrada pedregosa de Minas, a visão da máquina do mundo, visão que Camões já reservara para Gama na Ilha dos Amores e que Dante já entrevira no próprio paraíso. Minas não é, para ele, uma nebulosa região de desejo e de refúgio, vista no passado. Ela se caracteriza em imagens evidentes, em autêntica fidelidade dos olhos e em situações precisas, mesmo como relato do sofrimento de uma meditação. Em "José" (*JO*, p. 88), o poeta, à procura de uma solução para os problemas do homem, tenta voltar para Minas – "quer ir para Minas/ Minas não há mais" –, porém a volta à infância é impossível; neste caso, nem Minas é solução.

Minas transformou-se, de modo viscoso, na essência do próprio ser e ele não é capaz de separar o eu lírico do espírito de Minas: "quem me fez assim foi minha gente e minha terra" ("Explicação", *AP*, p. 33). Poder contar com uma origem conhecida e bem conceituada sempre foi motivo de prestígio quase mágico para os povos e para as pessoas porque representa uma espécie de participação mítica nos feitos dos antepassados: "Espírito de Minas, me visita,/ (...) Conserva em mim ao menos a metade/ do que fui de nascença e a vida esgarça". Esta "Prece de mineiro no Rio" (*VP*, p. 279) não só exalta as virtudes características do mineiro como afirma seu orgulho pela origem, pela terra e pela gente. O que surpreende na patética invocação é o novo enfoque que o poeta empresta ao reconhecido espírito mineiro, "circunspecto/ talvez, mas encerrando uma partícula/ de fogo embriagador", que leva a gestos heróicos perceptíveis na afirmação: "a ser doidos nos inclinas". Ao lado de sua ironia e humorismo, de suas tentativas de compreensão social e de sua inquietude de homem e de poeta, há de permanecer esta orgulhosa afirmação de sua mineiridade: circunspecto, mas portador de um fogo embriagador.

O mito da origem satisfaz as nostalgias secretas do homem arrancado a seu meio, que, sabendo-se limitado, sente, contudo, atrás de si a força de uma tradição de nobreza definida pelo heroísmo dos desbravadores, dos bandeirantes, dos inconfidentes e pela prudente e ousada liderança em toda sua história. O desejo da volta às origens se traduz em sentimento de amor à província natal pela paisagem familiar, pelas tradições e pelo passado comum. A ligação entre o homem e o lugar onde nasceu representa uma experiência mística que Mircea Eliade (1989, p. 141) chama de autoctonia – sentimento "de que se foi gerado pela terra da mesma forma que ela faz nascer, com uma fecundidade inesgotável, rochedos, ribeiros, árvores e flores". Esse sentimento místico de estrutura cósmica, que faz do homem um todo com sua terra e sua gente, ultrapassa a solidariedade familiar e ancestral e obscurece até a consciência de pertencer à espécie humana.

De Itabira, "toda em abstrato concreto" ("Canção imobiliária", *VB*, p. 974), a Minas, "a pátria imaginária" ("Prece de mineiro no Rio", *VP*, p. 279), chega-se à família, outro tema preferido por Drummond. Em "Família" (*AP*, p. 24), o poeta consegue dar a idéia do fluir plácido da vida familiar, com uma longa enumeração de pessoas, animais e objetos, terminando, significativamente, com "a mulher que trata de tudo/ e a felicidade":

> Três meninos e duas meninas,
> sendo uma ainda de colo.
> A cozinheira preta, a copeira mulata,
> o papagaio, o gato, o cachorro,
> as galinhas gordas no palmo da horta
> e a mulher que trata de tudo.
>
> A espreguiçadeira, a cama, a gangorra,
> o cigarro, o trabalho, a reza,
> a goiabada na sobremesa de domingo,
> o palito nos dentes contentes,
> o gramofone rouco toda noite
> e a mulher que trata de tudo.
>
> O agiota, o leiteiro, o turco,
> o médico uma vez por mês,
> o bilhete todas as semanas
> branco! mas a esperança sempre verde.
> A mulher que trata de tudo
> e a felicidade.

A palavra final do poema é um pleonasmo, a felicidade brota espontânea da longa enumeração ordenada e, predominantemente assindética, onde cada elemento tem sua individualidade mais evidenciada pelo uso do artigo definido, onde o volume e o equilíbrio na seqüência das palavras respiram calma, paz, ordem, enfim, a felicidade. O pai, o senhor de tudo, acima das pessoas, dos animais e das coisas está presente na espreguiçadeira, fumando o cigarro, depois do trabalho. Os objetos e as pessoas em si não possuem nenhuma similitude, mas na dinâmica simbólica que movimenta o poema, a enumeração realiza o gesto de ligar, de aproximar, conferindo as marcas de semelhança ao mundo familiar reduplicado.

Em "Onde há pouco falávamos" (*RP*, p. 170), a enumeração de objetos concretos, misturados com "gosto", "silêncio", "traços", "jeito de olhar", "antipatia", dá à definição de família um outro sentido, um pouco opressivo e depressivo, por provocar sentimentos obscuros de dúvidas e segredos, temores e subentendidos, embora esta descida nas almas torne a família mais íntima:

> Uma família, como explicar? Pessoas, animais,
> objetos, modo de dobrar o linho, gosto
> de usar este raio de sol e não aquele, certo copo e não outro,
> a coleção de retratos, também alguns livros,
> cartas, costumes, jeito de olhar, feitio de cabeça,
> antipatias e inclinações infalíveis; uma família.

Nem a primeira, tampouco a segunda são o retrato da família mineira do poeta, com o pai, patriarca, e a mãe, mediadora, presenças vivas de cunho bíblico. O poema, "Viagem na família" (*JO*, p. 91), é uma autêntica medida humana da necessidade de redenção que o poeta procurou dentro de si e dos eventos familiares, numa viagem ao passado. Neste apaixonado regresso, interroga a consciência, nas etapas do itinerário itabirano, confessa seu arrependimento e reconcilia-se com o pai – complexo de culpa e desejo de perdão. O filho que não soube comunicar-se com o pai na "pequena área do quarto", agora desaba numa confissão completa, "fala, fala, fala, fala", sobre os conflitos de toda uma vida diante do pai que "porém nada dizia", refrão repetido doze vezes. Este silêncio só o calor de um abraço final vai derreter em "pungente amor". A conclusão do poeta, entre saudoso e aliviado – "só hoje nos conhecemos" –, exprime não apenas afeto filial, mas respeito profundo de quem se sente pequeno diante do pai, rijo, como convinha à tradição, avesso às manifestações afetivas. Este o sentido que o poeta extrai de sua viagem de imersão e emersão nos estratos do mito paterno: dignidade do pai que concentra as memórias familiares "que fluem no rio do sangue":

> Só hoje nos conhecemos!
> Óculos, memórias, retratos
> fluem no rio do sangue.
> As águas já não permitem
> distinguir seu rosto longe,
> para lá de setenta anos...
> Senti que me perdoava
> porém nada dizia.
>
> As águas cobrem o bigode,
> a família, Itabira, tudo.

O poema que mais bem define o mito familiar se encontra na imaginária reconstrução de um jantar mineiro ao redor de "A mesa" (*CE*, p. 237), na casa paterna, com a presença de toda família – pai, mãe, irmãos, netos, bisnetos e até "a irmã que foi mais cedo que os outros". Entre garfadas de farofa, peru e leitoa, goles da "boa cachacinha" e cerveja, respira-se a harmonia familiar, valorizada pelo perdão dos pais – "perdoar é rito de pais" –, e pelo entrosamento entre irmãos tão diferentes, criando uma atmosfera de sonho e realidade onde, até os netos e bisnetos, sempre buliçosos ou chorões, transformam-se em anjos. O poema, que parece falar de recordações do cotidiano, transfigura-se sob o impulso de símbolos e constelações de imagens em mito, quando se refere ao pai, patriarca, representante divino do poder, e à mãe que, à mesa, transforma-se na mediadora da felicidade geral:

> Quem preparou? Que inconteste
> vocação de sacrifício
> pôs a mesa, teve os filhos?
> quem se apagou? Quem pagou

a pena deste trabalho?
(...)
Como pode nossa festa
ser de um só que não de dois?
Os dois ora estais reunidos
numa aliança bem maior
que o simples elo da terra.

As figuras do pai e da mãe, focalizadas com simplicidade nas suas virtudes humanas e mineiras, vão cedendo lugar a uma realidade maior que é a herança transmitida aos filhos. O mito de um grupo familiar, dominado por tradições ancestrais, "que vem do tempo da monarquia, da escravidão, da tirania familiar", fundido na casa, na cidade, na província, o mito de um passado comum, integrando seres diferentes numa unidade, representa as raízes de uma planta que mantém, mesmo no mundo fracionado, o ser humano uno, estável e fixo à terra – eterno retorno às origens, equilíbrio do homem maduro. Em dois sonetos clássicos rimados, "Encontro" (*CE*, p. 237) e "Cartas" (*LC*, p. 332), Drummond pede coragem ao pai: "Oh meu pai arquiteto e fazendeiro!" e deseja ouvir da mãe: "Deus te abençoe", não à hora de dormir, mas ao despertar, quando "sinto que estou vivo, e que não sonho".

Em "Viagem na família", o refrão "porém nada dizia", mitema patente, vai-se carregando de símbolos a cada recordação e pergunta que exigia resposta:

No deserto de Itabira
a sombra de meu pai
tomou-me pela mão.
Tanto tempo perdido.
Porém nada dizia.

O décimo silêncio da sombra que se desprendia, e "porém ficava calada", já é o mito do pai taciturno que "guardava talvez o amor/ em tripla cerca de espinhos", mas que agora perdoa e abraça. A redundância que se manifesta nas repetições insistentes, elucida o modo como o mito se configura no lírico. Outra série de interrogações ininterruptas e de acumulações obsessivas – "que branca, mas que branca mais que branca/

tarja de cabelos brancos" – levam à identificação dos símbolos da mãe, no poema "A mesa". A primeira pergunta é apenas um pedido de informação: "quem preparou?". A ceia pode ter sido preparada até pela empregada, mas a seqüência rápida das outras interrogações, em forma de clara adivinhação, comove e mergulha o leitor no clímax da emotividade, envolvido pelo mito da mãe que "é toda a luz e é branca". A linguagem mítica, da qual se nutre a poesia drummondiana, encontra-se no plano estilístico e no plano estético da repetição, que tem a função própria, no dizer de Lévi-Strauss (1970, p. 252), "de tornar manifesta a estrutura do mito".

A teoria dos mitemas patentes e latentes, caminho para descoberta do mito, serve, nestes exemplos, para identificar a linguagem mítica, o *sermo mythicus*, já definido. Os mitos de Itabira, de Minas, da família, do pai, da mãe foram identificados nos poemas de Drummond, graças à análise dos símbolos e das constelações de imagens. Os poemas analisados, modelos de linguagem mítica, enquadram-se, por sua vez, nas características atribuídas ao regime noturno místico. Ao lado da sintaxe do redobramento e dos isotopismos semânticos dos feixes de imagens, a penetração nas almas, a escavação nos sentimentos, o redobramento de um passado sempre presente, a penumbra de "um dia que se faz noite" ("Viagem na família", *JO*, p. 91), na tentativa de possuir o íntimo, profundo, mistério da vida e sobretudo, através deste poder antifrásico que transforma, eufemizando, sentidos opostos num novo sentido unitário, enfim, todas estas especificidades permitem afirmar que os poemas são do gênero lírico e revelam a gênese da linguagem poética drummondiana.

O espaço sagrado

O místico, subdivisão do regime noturno das estruturas antropológicas do imaginário, apresenta-se dentro da categoria do jogo de Tarô como a copa – taça profunda e redonda que sugere ao mesmo tempo penetração e segurança. O espaço circular oferece proteção porque lembra o fruto, o ovo, o ventre materno, signos, por excelência, de intimidade e conforto, e traz, ao mesmo tempo, embutida dentro dele, a idéia de separação, mistério e dependência de um centro único, morada de um ser superior. Deus está no centro do Éden que, sendo jardim, é simbolicamente espaço redondo como a tenda. Pode-se lembrar, também, da Mandala, termo que em tibetano significa centro, e está ligada aos símbolos da casa que é um microcosmo completo, lugar sagrado. A taça, por sua forma redonda, atrai para este espaço circular o próprio simbolismo do centro, simbolismo misterioso e ligado ao misticismo religioso.

Místico, aliás, em seu sentido corrente, é próprio da religião, enquanto enfatiza uma vontade de união com Deus e, ao mesmo tempo, se fecha para defender o segredo desta intimidade. Os místicos participam, pois, de uma dupla essência de união e segredo, intimidade e privilégio, próprio dos eleitos e dos salvos, enfim dos fanáticos. Etimologicamente, fanático (do latim *fanus*, templo), significa o que está dentro do templo, enquanto os profanos, a grande maioria, está fora do recinto do templo, portanto, fora do círculo sagrado, longe dos escolhidos que se encontram na casa da divindade. O que sacraliza um lugar, dentro do arquétipo do ovo ou do útero materno, é o fato de que o fechamento une e separa ao mesmo tempo, protege uma forma, diferenciando-a da multiplicidade de outras formas. O homem, por sua vez, que encontrou um recinto sagrado, onde se sente seguro, tenta recriar, onde estiver, o mesmo espaço reservado, multiplica os centros místicos sobre a terra, revestindo-os sempre de símbolos e emblemas iguais e repetindo os mesmos ritos, com os mesmo gestos e com as mesmas palavras.

A repetição do lugar sagrado pode até se modificar devido a circunstâncias externas, mas a repetição das mesmas palavras é essencial para o ritual místico, o valor mágico da palavra é que opera o prodígio. De maneira simples e musical, com ritmos e estribilhos a ajudar a memória, o homem aprendeu as fórmulas sagradas dos esconjuros e dos louvores, das súplicas e dos atributos divinos, bem como a sua própria história, a de sua família, a de seu povo, a de sua genealogia, mesmo antes de aparecer no mundo a escrita. Helmut Hatzfeld (1955, p. 318) afirma que a repetição e a enumeração têm origem na antiga estilística sagrada. Os ritos são forças poderosas na criação artística, através da repetição que intensifica o ritmo e a carga lírica, e da enumeração que acumula as partes, para suprir, em quantidade, o que não foi possível dizer em intensidade. O Único, o Todo, o Indivisível, o Infinito, o Sem Definição, só pode ser louvado, paradoxalmente, através das partes e dos atributos. Na *Bíblia*, encontram-se repetições e enumerações, feitas com simplicidade, embora revestindo formas diversas: no Gênese, longas listas genealógicas; nos Salmos, pedidos e súplicas dos homens; e, por toda parte, a repetição dos predicados de Deus e suas virtudes; a enumeração das coisas e das criaturas, como suporte da glória de Jeová. No Evangelho, Cristo não encontra nada mais claro para se autodefinir que a enumeração metafórica dos seus atributos: "Eu sou o caminho, a verdade e a vida".

Drummond pode ser considerado alheio à inquietação religiosa, embora não lhe faltem temas tipicamente cristãos.[7] Do estilo religioso, porém, aproveita a forma que ele conhece muito bem: "sim, é verdade, há os poetas bíblicos. Mas, quando chega a hora mosaica, prefiro ler diretamente a Bíblia" ("Apontamentos literários", p. 1422). De estilo repetitivo, tipicamente bíblico, pode ser citado "Chamado geral" (*BT*, p. 444) – "Onças, veados, capivaras, (...) jacus, jacutingas, siriemas, araras, papagaios, tuins (...) Vinde feras e vinde pássaros, restaurar em sua terra este habitante/ sem raízes" –, que lembra o Salmo 148 e reporta a São Francisco de Assis, porque todas as coisas, criaturas de Deus, aparecem unidas no vínculo da fraternidade, e a invocação não se dirige a cada uma delas, mas a todas, enquanto participantes da harmonia do universo.[8]

Aos múltiplos sintagmas, ora abstratos, ora concretos, que formam uma melodia ao redor da mesma palavra, "horta de repolhos, horta de jiló,/ horta de leitura, horta de pecado,/ horta de evasão, horta de remorso", o poeta dá o nome de "Litania da horta" (*BT*, p. 496). Outro exemplo de ladainha deprecatória é o poema "A Bomba" (*LC*, p. 336). Cinqüenta e sete vezes a mesma palavra, sozinha, suspensa no alto do hemistíquio, ameaça permanente sobre os homens, a bomba é definida pelo que ela é, pelo que ela faz e deixa de fazer. Seu nome se prolonga numa continuidade acústica que lembra abominação e terror, ao qual os

7. "O que fizeram do Natal" (*AP*, p. 14), "Romaria" (*AP*, p. 34), " Os animais do presépio" (*CE*, p. 203), "Vi nascer um Deus" (*LC*, p. 334), "Acontecimento" (*AF*, p. 353), entre outros.

8. "Louvai o Senhor, da face da terra;/ dragões e todos os oceanos,/ (...) montanhas e todas as colinas,/ árvores frutíferas e todos os cedros;/ feras e todos os animais domésticos, répteis e pássaros a voar" (Versos 7-10 do Salmo 148).

homens teriam que responder cinqüenta e sete vezes: livrai-nos, Senhor. No final, "o homem" substitui "a bomba", para liqüidá-la:

> A bomba
> é uma flor de pânico apavorando os floricultores
> (...)
> A bomba
> não destruirá a vida
>
> O homem
> (tenho esperança) liquidará a bomba.

A repetição e a enumeração são recursos estilísticos do poeta bem visíveis em toda a obra e que já foram analisados sob vários aspectos por críticos e ensaístas de renome.[9] Enfatiza-se, todavia, que estes dois recursos estilísticos estão ligados aos arquétipos do espaço sagrado que possui o poder de ser multiplicado indefinidamente, aspecto que liga a taça profunda, circular e todo seu simbolismo à grande constelação do regime noturno místico. O número, não como parte de uma repetição enumerativa, mas sozinho, pitagórico, possui ele também a magia do símbolo, a força de um arcano poder capaz de subjugar o homem. Não certamente por acaso, o primeiro poema do primeiro livro de Drummond, "Poema de sete faces" (*AP*, p. 4), carrega no título o número sete, número cujo valor exato, matemático, nada tem a ver com seu sentido cabalístico, já usado na *Bíblia* com valor indeterminado, como nestes versos do poeta: "amor em que me amaram, me feriram / sete vezes por dia, em sete dias / de sete vidas de ouro" ("Elegia", *FA*, p. 259).

Sete é o número das iniciações esotéricas, sete são os dias da semana, sete são as notas musicais e sete as cores do arco-íris; a lira de Orfeu tem sete cordas, sete anos Tannhäuser permanece prisioneiro de Vênus, sete anos de pastor serve Jacó e mais sete serviria; sete são os arcanjos do Apocalipse, sete os anjos da Caldéia, sete os sefirotes da

---

9. Lima, Luiz Costa. *Lira e antilira*; Martins, Hélcio. *A rima na poesia de Carlos Drummond de Andrade*; Houaiss, Antônio. *Seis poetas e um problema*; Teles, Gilberto Mendonça. *Drummond* – a estilística da repetição; Merquior, José Guilherme. *Verso Universo em Drummond*; Sant'Ana, Afonso Romano de. *Carlos Drummond de Andrade:* análise da obra, entre outros.

Cabala; sete são as linhas da Umbanda e sete as da Quimbanda, divididas em sete regiões e cada região em sete falanges. Sete são também as faces da poesia de Drummond porque se nutre da linguagem místico-religiosa, cuja seiva emana das raízes profundas da magia e do mito, e se transforma em intuição mística, que resulta na criação de uma poesia feita de explosões isoladas, sucessivas e repetitivas. Graças a esse esoterismo mais puro da numerologia, as possibilidades da interpretação, quase infinitas, sempre em busca de uma verdade desconhecida, desaparecem diante de um número mágico, que fornece uma visão instantânea, não discursiva, de uma verdade, por mística iluminação.

Além da sintaxe do redobramento que se pode perceber através das enumerações e repetições na poesia de Drummond, ligadas ao arquétipo do espaço sagrado, outra característica do imaginário noturno místico consiste na eufemização, reduzindo os efeitos negativos dos arquétipos e, ao mesmo tempo, tornando-os polivalentes para a projeção do imaginário. Ao lado da taça, a caverna, a tenda e a casa, símbolos sucessivos da morada, passam também a absorver toda a gama de significações relativas à segurança, ao conforto e a todas as volúpias secretas da intimidade. O ato de eufemizar acompanha o expandir-se em círculos concêntricos, como as ondas que se formam ao redor de um arquétipo: a matéria se humaniza no ventre materno, as trevas amenizam-se em noite, os túmulos se transformam em berço e a casa em barco, morada sobre as águas, e a própria morte se transfigura na travessia da vida:

> Com todos os dentes, feliz,
> lá de um mundo sem sul nem norte,
> de teu inesgotável país,
> ris. Alegria ou puro esporte?
> (...)
> Se de nosso nada posssuímos
> salvo o apaixonado transporte
> – vida é paixão –, contigo rimos,
> expectantes, em frente à Porta!
>
> ("Aniversário", *CE*, p. 222)

A eufemização dos conteúdos do imaginário acoplada à viscosidade, variações insistentes e pegajosas sobre o mesmo tema, fazem parte do regime noturno místico, e se manifestam através de uma linguagem que encontra paralelo sobretudo na literatura barroca. Os contrastes de vida e morte, amor e morte são fontes de inspiração contínuas dos poetas barrocos, que amam as tendências opostas, divididos sempre entre o sentimento e o intelecto, o popular e o culto, a esperança e o desespero. Os processos lingüísticos e estilísticos, sobretudo a enumeração, sofrem no Barroco as conseqüências de duas forças antagônicas: de um lado, a obsessão do novo, do inédito, do grandioso, do enfeitado, como se as palavras, movidas por uma força centrífuga, quisessem emancipar-se; do outro, a vontade de dominar o torvelinho das palavras soltas para recompor o todo, através de uma força centrípeta.

O gosto pelo fragmentarismo, pelas tensões contrárias, as eternas indagações sobre o homem e seu fim são pontos de contato entre o Barroco e Drummond, esquivo, arisco, seco, de extrema densidade intelectual, mas de "alma barroca" ("Elegia", *FA*, p. 259), como ele mesmo se define. E não poderia ser de outro modo porque o imaginário mineiro é essencialmente barroco – as marcas da cultura são um fator dominante nas representações simbólicas do homem: "Só os mineiros sabem. E não dizem/ nem a si mesmos o irrevelável segredo/ chamado Minas" ("A palavra Minas", *IB*, p. 433). Lourival Gomes Machado (1991, p. 165-167), em seu estudo, *Barroco mineiro*, assegura "a autenticidade e profundeza do sentimento barroco de Minas", que muito mais do que um estilo, ou movimento artístico, historicamente definido, representa "uma *forma mentis* capaz de atender aos seus desejos de simbolização". Pode-se perceber uma correspondência entre o que o pesquisador chama de *forma mentis* e o mito, entendido mesmo, na sua origem, como disposição mental, por Jolles (1976, p. 88). O Barroco europeu encontrou em Minas o imaginário propício à sua assimilação e transformação. A atmosfera barroca está por todos os lados, nas igrejas, nas obras de arte sacra, nas cidades do ouro, nas casas, nas lembranças; o espírito barroco está na psicologia coletiva, exposto na linguagem vaga, que junta os opostos, no jeito mineiro que não afirma nem nega: "Minas sub-reptícia/(...) do pensar oculto/ do dizer ambíguo" ("Canto mineral", *IB*, p. 432).

Drummond não faz da enumeração um lugar luxuriante e oco. A tensão das enumerações barrocas é evidente, mas uma palavra, um verso, "um tudo", "um nada", parecem reduzir os elementos à ordem. Este gosto de sujeitar e unificar o discorde, próprio do Barroco, colhe-se com nitidez da leitura de seus poemas. Belo exemplo se encontra no poema "A máquina do mundo" (*CE*, p. 242), onde uma extensa série enumerativa, constituída de trinta e sete elementos, resolve-se em "tudo" que marca o clímax da visão: "tudo se apresentou neste relance". As palavras da série, ao mesmo tempo que determinam os objetos múltiplos de seu desejo de conhecer, enriquecem-se como um rio ao receber seus afluentes, intensificam-se reciprocamente, seja na sua significação, como também em suas conseqüências emocionais. "O solene/ sentimento da morte, que floresce/ no caule da existência mais gloriosa", últimos versos da longa enumeração antes do "tudo" unificador, é motivo de meditação que une Drummond aos poetas barrocos.

A morte, como expressão suprema de efemeridade, constitui um tema dominante no Barroco. A morte é uma presença obsessiva e teatral, está escondida em tudo o que vive, em tudo o que é frescor e beleza, e o artista barroco sente o amargo deleite de descrever os corpos carcomidos pelos vermes. A morte, para Drummond, não é apenas, no dizer de Luiz Costa Lima (1968, p. 220), a figura "da traça que rói o universo", mas a figura barroca de "o riso sem boca" e "a sombra da cama calcárea" ("Os últimos dias", *RP*, p. 172). Os símbolos da noite, do sono, da paz, do frio, do cavalo galopante, da sombra, do nada, da mala pronta, como sinônimos da morte, ele os aproveita todos: "A mala pronta, o corpo desprendido,/ resta a alegria de estar só e mudo" ("Conclusão", *FA*, p. 251). Gôngora (1951, p. 447), ao meditar sobre a fragilidade da beleza e o vazio que espera tudo o que é humano, termina um célebre soneto com o verso: "*en tierra, en humo, en polvo, en sombra, en nada*". Drummond, no poema "Carta" (*CE*, p. 236), gradua uma outra seqüência com a mesma força:

> Quando só há lembranças,
> ainda menos, pó,
> menos ainda, nada,
> nada de nada em tudo.

O "nada de nada", de Drummond, é o superlativo da inexistência que a palavra "tudo" torna ainda mais vazio. O nada a que Gôngora reduz o todo, é, no fundo, um convite à vida, ao *carpe diem*, algo como "se a morte é o fim de tudo, vamos aproveitar a vida", enquanto que o desconhecimento proposital do além, vida lendária para Drummond, dá a seus versos uma opacidade total. No Barroco, a morte é descritiva e espalhafatosa; já a morte drummondiana é fria e definitiva, mas ambos aceitam a morte como uma contingência da vida. Em "Morte no avião" (*RP*, p. 138), repete como estribilho – "Tenho pressa. Vou morrer" –, para terminar, sem trauma, "caio verticalmente e me transformo em notícia". Aceitação natural, sem luta e sem medo, da morte, como se fosse ela apenas retorno a um tempo-sem-tempo, ao estado primordial:

> A morte não
> existe para os mortos.
>
> Os mortos não
> têm medo da morte desabrochada.
>
> Os mortos
> conquistam a vida, não
> a lendária, mas
> a propriamente dita
> a que perdemos
> ao nascer.
>
> A sem nome
> sem limite
> sem rumo
>
> ("Vida depois da vida", *IB*, p. 403)

A filosofia materialista está aqui resumida na sua essência. Lucrécio, na esteira de Epicuro, sentenciava: "nós não temos consciência de nada após a morte, como não tivemos consciência de nada antes de nascer" (LUCRETIUS, 1958, versos 830-831). Para os epicuristas também não existe o nada, porque tudo é matéria neste mundo e morrer significa, apenas, retornar aos elementos naturais. A singular volúpia de Drummond, esse "completo estar vivo no sem fim/ de possíveis/ acoplados", é a própria felicidade de tornar a dissolver-se na natureza. A volta ao ventre da mãe-terra, nesta perpétua metamorfose, configura a volta ao espaço sagrado, protetor, que promete segurança de imortalidade. *O homem revoltado*, obra utópica e niilista de Albert Camus (1996, p. 49), coloca Epicuro e Lucrécio entre os homens revoltados, ao lado de Caim: "a primeira revolta coincide com o primeiro crime".

Drummond não é um revoltado que pretenda destruir Deus ou os deuses para libertar os homens do medo da morte, como os epicuristas. Ele apenas pergunta e se pergunta; suas indagações metafísicas o levam à procura de soluções, que nem sempre seu cepticismo corrosivo julga aceitáveis. Em seus poemas, ouvem-se vozes de esperança ou sente-se a euforia de viver: "clara manhã, obrigado,/ o essencial é viver!" ("Passagem da noite", *RP*, p. 108), "pois a hora mais bela/ surge da mais triste" ("Uma hora e mais outra", *RP*, p. 109). A sua descrença é superada pelo reconhecimento de que há uma força maior na espécie que se impõe – é preciso continuar, caminhar: "você marcha, José", embora solitário e marcado. Reconhece, também, a força do amor: "trago uma palavra quase de amor/ quero que vos junteis e compreendais a vida" ("Noite na repartição", *RP*, p. 133). No poema sobre a morte de Luther King, a caminhada da desesperança parece chegar ao fim, no reconhecimento do valor da vida em seu eterno recomeço, e do amor como raiz da própria vida:

> A raiz do homem
> vai tentar de novo
> o ato de amar.
> Vai recomeçar,
> vai continuar.
> continuar".[10]

O homem, na caducidade de sua natureza física, sente-se investido de uma luz superior que deve passar a gerações futuras, símbolo do Trismegisto, sempre renovado, jovem e velho, *Puer Aeternus*.

---

10. Este poema, não incluído no conjunto da obra analisado, foi publicado no *Suplemento Literário do Estado de Minas Gerais*, n. 151, 19 jul. 1969.

A rosa trismegista

Como o adjetivo "hermético", etimologicamente, deriva de Hermes, seria um contra-senso atribuir o dom da incomunicabilidade justamente ao deus grego que, entre seus numerosos predicados, possuía o de mensageiro celeste e, portanto, a própria divindade protetora da comunicação. A significação do adjetivo leva ao Hermes grego acoplado à divindade egípcia Thot, mais conhecido por Hermes Trismegisto, cuja doutrina se encontra no *Corpus Hermeticum*, de tão larga ressonância no século XVI, que se propõe a explicar a matéria, o cosmo e o homem, reservando, porém, este conhecimento para os iniciados. Como os iniciados são aqueles que possuem um segredo, o termo "hermético" passou a significar "fechado", para aqueles que não têm a chave ou o número de ouro de sua interpretação. A faculdade de intuição mística, de iluminação esotérica aparece a Hermes Trismegisto num sonho constituído de sete esferas ligadas a sete planetas, símbolo dos sete princípios constitutivos dos sete estados diferentes da matéria e do espírito, mediante os quais, o homem, peregrinando, alcança a plena evolução. Trismegisto, que é a síntese da razão e da inspiração, do logos e do mito, da história e da lenda, merece o título de regenerador da poesia (BRUNEL, 1988, p. 759).

Em seu poema "Canto órfico" (*FA*, p. 261), Drummond pede a Orfeu: "dá-nos teu número/ de ouro", o número mágico e arcano, capaz, ao mesmo tempo, de transformar a opacidade da matéria em ouro e restituir à palavra a força de encantar até os poderes do Hades. Cessou a harmonia do universo, desprovido do divino e do místico; a dança, a música e o canto abandonaram os homens. No mundo desintegrado de hoje, o poeta suplica a Orfeu para que revele seu número de ouro, mensageiro de regeneração:

> Orfeu, que te chamamos, baixa ao tempo
> e escuta:
> só de ousar-se teu nome, já respira
> a rosa trismegista, aberta ao mundo.

À visão, capaz de penetrar a escrita numa linguagem codificada, obscura para os que não têm a chave, luminosa para os que possuem o número do segredo, Drummond dá o nome de "rosa trismegista". Umberto Eco (1995, p. 91), autor de *O nome da rosa*, reconheceu, em *Os limites da interpretação*, a dificuldade de controlar a infinita série de conotações que aquela palavra desencadeia. Rosa é uma das palavras chaves na simbologia drummondiana. Representa, por exemplo, amor e esperança: "amor eu disse e floriu uma rosa". Já no poema "A mesa" (*CE*, p. 237), ao lembrar da irmã, tece uma delicada seqüência com o nome da flor:

> Seu nome sabe a Camélia
> e sendo uma rosa – Amélia
> flor muito mais delicada
> que qualquer das rosas – rosa
> viveu bem mais que o nome
> porém, no íntimo claustrava
> a rosa esparsa.

O poeta entrega ao nome "rosa" as esperanças de seu breve, mas corajoso momento da luta social – *A rosa do povo*. Para a rosa do "*Rosa rosae*" (*BT*, p. 513), repetido como numa verdadeira declinação, dirigem-se "todas as rimas" e "os perfumes todos". Dante (1963, Canto 31), precisando encontrar símbolos físicos para suas verdades teológicas, comparou a Igreja triunfante na contemplação do Altíssimo com a complexa simetria de uma "cândida rosa". Drummond, utilizando o arquétipo da multiplicidade das formas e das cores numa única flor – una é a rosa na variada composição de pétalas, corolas, hastes, espinhos, cores e perfumes –, dá o nome de "rosa trismegista, aberta ao mundo", à visão do universo que se identifica numa convergência com a vida do indivíduo, o macrocosmo se reproduz no microcosmo, a cosmogênese dita as regras da geração humana. Na base desta doutrina está o símbolo que permite orficamente transpor o que é do cosmo para o indivíduo, o que é da matéria para o espírito (RAMAT, 1969, p. 1).

A rosa trismegista renova a função poética através de metáforas que passam do real ao imaginário, do imaginário ao real e não são caóticas exatamente porque são extraídas de um cosmo único, celeste e terreno, que já foi abismo e caos, mas é dirigido por leis eternas, onde tudo se baseia na analogia entre a vida divina, cósmica e humana e a perfeita harmonia entre os corpos e as formas. A Alquimia se propõe, partindo da matéria-prima, chegar a um estado mais elevado de elaboração, o ouro filosofal, e a retorta do alquimista representa este caminho do cosmo em constante processo de metamorfose, jamais definitiva. A rosa trismegista, ao renovar a linguagem poética-mística, transmite ao mundo também a linguagem da Alquimia, tão ambígua que não é fácil saber se ela fala da busca de novos metais ou se está à procura de um segredo sempre prometido e nunca definitivo.

A ousadia de metáforas que tendem a unir, orficamente, o mundo da matéria e o do espírito é a responsável pelo epíteto de herméticos atribuído aos poetas que protegem um tesouro cuja descoberta se abre em riqueza e fruição. A poesia é o espelho do caos formado pelas palavras, pelos *slogans*, pelas coisas, pelas frases feitas que redemoinham ao redor do homem, terreno e celestial ao mesmo tempo. Afigura-se paradoxal que a poesia moderna, numa atitude de reação, procure ser a expressão do cotidiano, surpreendendo as coisas nos seus aspectos mais comuns e, ao mesmo tempo, desfigure o mundo em que o homem se encontra. O poeta transforma-se em criador absoluto que não imita ou interpreta a natureza e a vida, com palavras comuns, mas procura inventar uma realidade inexistente, com metáforas fora da realidade.

A lírica de Drummond se reveste desta ambigüidade que, à primeira vista, parece ser a causa do nem sempre fácil acesso à sua interpretação, porque, ao lado de metáforas claras, encontram-se as que parecem difíceis, ligadas ao psíquico, independentes do reconhecimento intelectual e anteriores a ele, gnósticas, como se convém a um eleito da rosa trismegista. Essas metáforas serão, porém, sempre nítidas e coerentes, nunca ocasionais e gratuitas. Quando o poeta diz – " Floresta de dedos,/ monte de música e valsas e murmúrios/ e sandálias de outro mundo em chãos nublados" ("Onde há pouco falávamos", *RP*, p. 170) –, as metáforas tradicionais baseiam-se na semelhança física ou espiritual e, sobretudo, no valor com que as duas imagens, a real e a evocada, se oferecem ao imaginário. O código empregado apóia-se na experiência externa: a floresta com sua infinidade de árvores, é como mão imensa de inumeráveis dedos, a montanha, além da idéia de volume descomunal, traz consigo a idéia de subir e descer, como o movimento da música, e o chão nublado é o próprio céu, onde sandálias de outro mundo passeiam pelas nuvens como se fora chão. Tudo claro, a metáfora aqui é apenas um ornato da linguagem, um artefato estético, fator de motivação que, aliás, se ajusta ao tema tratado que lembra o tempo antigo e a vida romântica de uma sala com piano.

Nem sempre a ponte entre o concreto e o abstrato é evidente: "Há ossos, há pudins (de gelatina e cereja e chocolate e nuvens)/ nas dobras do teu casaco" (*RP*, p. 178). O casaco é de Charles Chaplin, homem do povo, e só podia ser do mágico que transforma "em macarrão/ o humilde cordão" de seus sapatos. A palavra abstrata, nuvens, é concreta como os ossos e os pudins porque se trata, também, de um alimento espiritual: sonho, esperança vaga e transparente, fácil de se transformar ou se dissolver, mas necessária à vida como o alimento material. Charles Chaplin, ele mesmo, se transforma simbolicamente em "frango de ouro/ e chama, comida real, para o dia geral, que tarda". As metáforas podem parecer desconexas, rompem o fio lógico do discurso, mas adquirem no contexto de símbolos dinâmicos uma fermentação de sugestões: o frango transforma-se em alimento místico, sacia a fome do corpo e a fome da alma, acende a chama da esperança de pão, justiça e liberdade para todos e a revolta contra a loucura instalada na lei e no egoísmo. A caça, para decifrar o símbolo metafórico, pode se transformar numa caça ao ouro de tolo: o sentido recua com a mesma rapidez com que se procura agarrá-lo, e fica sempre a dúvida de ter conseguido decifrar o código.

No poema "O mito" (*RP*, p. 122), seria inútil procurar, de mitema em mitema, a formação de um mito literário. "Fulana", apesar do título, não possui as características míticas porque ela não se estrutura em seu caráter de símbolo exemplar, nem possui força metafísica e clareza necessária para servir de modelo. O mito só é reconhecido quando permanece vivo, na memória, em sua forma original ou mesmo deturpada, porque faz parte da sua essência esta transformação em objeto de antropologia, enquanto resíduo, que passa a fazer parte de um "comportamento mitológico" (ELIADE, 1972, p. 165). Sob este aspecto, "José" pode ser lido como mito literário criado por Drummond, o mito do homem perplexo, torturado, à procura de soluções para sua angústia: "E agora, José?" – pergunta sem resposta e, ao mesmo tempo, resposta para todas as perguntas sem resposta. As soluções apontadas para resolver os problemas existenciais de "José" esbarram no indecifrável destino humano. "E agora, José?", esta pergunta é sinônimo de um mito já incorporado pelo grande público.

"Fulana" não teve a mesma sorte de "José", porque sua narrativa deixou de ser exemplar no momento em que Drummond optou pela irreverência e pelo sarcasmo. Usasse ele o *sermo mythicus*, as imagens se teriam organizado com naturalidade na versão moderna do mito do apaixonado infeliz à conquista do amor impossível e da mulher ideal. No reino do amor e da paixão não é difícil reencontrar os mitos e os símbolos, embora degradados e camuflados na época moderna (ELIADE, 1989, p. 18), porque estão a descoberto em suas diversas manifestações. "Fulana" faz parte do imaginário moderno, representa a moça liberta da escravidão original do corpo. Desde Eva, cada época elege seus modelos que a literatura perpetua em mito. A mulher da segunda metade do século XX quer ser ela mesma, não Helena de Tróia, Cornélia dos Gracos, Beatriz de Dante, Laura de Petrarca, Julieta de Romeu ou Marília de Dirceu, mas Fulana sem dono. A enumeração de seus encantos físicos (branca, intacta, neutra, rara), de seus atributos naturais (sadia, esportiva, exibicionista), de suas atitudes exuberantes (dança, beija, cruza as pernas, fuma de piteira), revelam a estrutura de uma nova mulher – prática, determinada, mecânica:

> Fulana é toda dinâmica,
> tem um motor na barriga.
> Suas unhas são elétricas,
> seus beijos refrigerados,
>
> desinfetados, gravados
> em máquina multilite.

O poeta sintetiza com ironia o relacionamento de Fulana com os homens: "Fulana é vida, ama as flores,/ as artérias e as debêntures". A vida é, para ela, romance, sexo e dinheiro. Os símbolos utilizados para retratar o novo tipo de amante dão um toque realista às palavras pela posição e pelo volume: "as flores" (dissílabo), "as artérias" (trissílabo), "as debêntures" (polissílabo). O dinheiro representa exatamente o dobro das flores. O apaixonado infeliz, porém, desvairado pela mulher do sonho irrealizável, pensa nela com "unha, plasma,/ fúria, gilete, desânimo".

Nesta lista de objetos materiais e palavras abstratas que leva da excitação ao desânimo, a metáfora cortante – "gilete" – paira como ameaça de suicídio, fúria materializada, ímpeto assassino ou súbito corte do romance. De fato, o poeta acaba por destruir Fulana com violência física e verbal, por estar tão longe de sua idealização da mulher nutrida nos devaneios da tradição literária do passado. Repudiando o arquétipo da mulher moderna e, ao mesmo tempo, libertando-se da divina estupidez dos amantes de todos os tempos, o poeta cria o arquétipo do futuro – a mulher social. A nova mulher revestida de sentimentos humanos, nem deusa, nem máquina, poderá ser chamada de "amiga" num mundo "de contradições extintas", sem halo de poesia e de sentimentalismo.

Um mito etno-religioso, anônimo e coletivo que remonta aos tempos fabulosos dos primórdios, elaborado oralmente, através de gerações, em narrativa instauradora, um mito *stricto sensu* inspira Drummond na tentativa de decifrar a origem de uma tendência de comportamento, estranha e sempre presente na humanidade. Júpiter, apaixonado pelo mais belo dos mortais, Ganimedes, desce à terra em forma de águia e o rapta – daí o título do poema – fazendo dele seu amante e copeiro em substituição a Hebe, deusa símbolo da juventude. O relato mitológico é resumido em três versos carregados de arquétipos e símbolos profundos: a águia fende o espaço e o tempo primordiais, numa irrupção improvisa do sagrado no mundo dos homens, para arrebatar "esse que é forma pura":

> Se uma águia fende os ares e arrebata
> esse que é forma pura e que é suspiro
> de terrenas delícias combinadas;
> e se essa forma pura, degradando-se,
> mais perfeita se eleva, pois atinge
> a tortura do embate, no arremate
> de uma exaustão suavíssima, tributo
> com que se paga o vôo mais cortante;
> se, por amor de uma ave, ei-la recusa
> o pasto natural aberto aos homens,
> e pela via hermética e defesa
> vai demandando o cândido alimento
> que a alma faminta implora até o extremo;

se esses raptos terríveis se repetem
já nos campos e já pelas noturnas
portas de pérola dúbia das boates;
e se há no beijo estéril um soluço
esquivo e refolhado, cinza em núpcias,
e tudo é triste sob o céu flamante
(que o pecado cristão, ora jungido
ao mistério pagão, mais o alanceia).

Embora o poema "Rapto" (*CE*, p. 217) comece com a conjunção "se" condicional, observa-se que os verbos "fende" e "arrebata" estão no indicativo, modo da realidade e não da dúvida ou da hipótese. O tempo é o presente, o mito não é a representação de um fato que aconteceu e cujos efeitos possam estar presentes; o mito, por ser fora do espaço real e fora do tempo histórico, está incorporado à consciência, mística sempre presente, como uma verdade teológica. Seguem-se ao primeiro "se" mais outros quatro, como premissas lógicas para se chegar a uma conclusão inevitável: os cinco "se" não representam o simples enunciado de fatos hipotéticos sobre os quais se tenta questionar para descobrir a verdade. O poeta crê no rapto celeste, na elevação da forma pura após a degradação e na recusa ao pasto natural aberto aos homens; assiste à repetição do mesmo rapto nos campos e nas boates e testemunha a tristeza final do beijo estéril. A seqüência de fatos reais para o poeta, precedida de "se", constitui as premissas sob a forma de condições necessárias à conclusão lógica, única aceitável, sem discussão:

baixemos nossos olhos ao desígnio
da natureza ambígua e reticente;
ela tece, dobrando-lhe o amargor,
outra forma de amar no acerbo amor.

Após vinte e cinco decassílabos brancos, o poema se encerra com dois versos rimantes que servem para gravar na memória uma sentença, uma verdade indiscutível, proverbial: baixem-se resignados os olhos humanos ante o plano da natureza com suas leis eternas e imutáveis.

Através de símbolos e metáforas, a linguagem poética criou a atmosfera ambígua própria para o nascimento do mito do andrógino, ao qual se ligam basicamente as indagações sobre a diferença de sexo e a existência do amor humano. Os poetas não são os únicos a perfurar o poço para saciar a sede: a Filosofia, a Psicologia e a fatalidade ajudam os pobres homens a escavar mais fundo. O que sucede neste campo é consubstancial com a condição humana, como expressão de angústia perante o tempo. O homem talvez esteja à procura de sua unidade inicial e acha possível reencontrá-la, através do amor humano, primeira etapa para o amor celeste. Nesta caminhada, o andrógino se torna arquétipo simbólico transcendente. Os deuses primitivos são andróginos porque possuem esta unidade, plenitude total do ser divino; Adão, por ter sido criado perfeito, a *Bíblia* sugere sua androgenia. Seria lógico que a tentativa de voltar às origens fosse procurada através do espírito e não através da carne, visto que se trata de uma conquista divina. A tendência natural à unidade andrógina, desvinculada do mito primitivo e da misteriosa eficácia da procura da união original, transformou-se num amor físico como fim a si mesmo, através da entrega indiscriminada dos corpos. O que deveria ser evolução para uma nova essência mais perfeita, transformou-se numa nova forma de amar, mais amarga que a precedente: "tudo é triste sob o céu flamante". O desejo de redimensionar a diversidade dos seres à homogeneidade do Ser, tentativa de reconstruir a união andrógina, capaz de resolver os contrastes entre o espírito e a matéria, fracassou no momento em que os homens elegeram a união apenas no mundo material.

No movimento direcional ao encontro da fusão gradual das duas naturezas, perdeu-se a imagem do andrógino primitivo e originou-se um novo andrógino portador de uma imagem menos romântica e mais psicológica. Segundo Jung, o "animus" e a "anima" são a soma, respectivamente, das potencialidades feminilizantes e masculinizantes. Qualquer indivíduo é um andrógino psicofisiológico porque a "anima" habita o corpo masculino e o "animus" habita o corpo feminino. Essa troca não muda a essência da constituição física nem do homem nem da mulher, mas significa acréscimo, evolução e traumas. A união do andrógino é uma forma extrema deste tipo de amor em que se compraz a "anima" do macho e o "animus" da fêmea, união física que se processa motivada quase sempre por fatores de ordem fisiológica.

Drummond considera que a metamorfose do andrógino primitivo em homem efeminado ou mulher masculinizada representa, de fato, uma degradação, porém, "a forma pura degradando-se mais perfeita se eleva". Ao revestir o andrógino de uma nova imagem, o eleva como símbolo de uma natureza mais aperfeiçoada, porque, agora, degradado, se tornou capaz de resolver os contrastes da natureza, a duplicidade do sexo, no plano material, o que não havia conseguido antes no plano espiritual. A dualidade sexual, inata e difusa em cada indivíduo à procura instintiva de sua unidade, pode se resolver, no dizer do poeta, em "outra forma de amar". Dois seres de sexo diferente que procuram fundir as almas no amor físico, na doação recíproca dos corpos, ou deleitando-se, apenas, com a ilusão ou esperança da posse, como no amor platônico, estão dentro da normalidade nas manifestações do amor. O homossexual tenta reencontrar nele mesmo a unidade perdida. Não é permitido simplificar o que por sua natureza é ambíguo e reticente, como a própria natureza. As pessoas não são escravas de seus instintos, afivelam sua máscara cultural em suas manifestações comportamentais. O mistério pagão e o pecado cristão determinam em grande parte nossa herança cultural sobre a qual repousam os valores morais da civilização ocidental ou mediterrânea. A sabedoria grega, bifronte, ao mesmo tempo de Aristóteles e dos mistérios eleusianos (Eco, 1995, p. 23), e a religião cristã, com sua teologia moral haurida nas Escrituras, ambas incapazes de resolver o problema, unem-se para tornar mais doloroso o drama do homem.

O gênio de Drummond foi procurar na velha mitologia grega o mito de Ganimedes como a referência mais antiga de uma situação inexplicável, mistério diante do qual o homem se curva. Os gregos transformaram este misterioso "desígnio" da natureza em mito, os cristãos em pecado. Como ensina Mircea Eliade (1989, p. 15), "sendo real e sagrado, o mito torna-se exemplar e, por conseguinte, passível de se repetir". Por outro lado, comer o fruto proibido é a própria essência do pecado original; a proibição está na base do primeiro pecado e serve de paradigma para todos os outros. No momento em que o homem se nutre de um alimento não natural, e mesmo assim consegue o prazer que almeja, o mito pagão e o pecado cristão se cruzam e, pela primeira vez, aceitação mítica e proibição religiosa servem de estímulo e tentação.

Neste poema, "Rapto", Drummond parte de um mito arcaico e tece uma elaborada seqüência de mágicas referências que levam à afirmação: o arcano desígnio da natureza, ambíguo e reticente, transforma-se em pecado contra a mesma natureza, obra de Deus, portanto, perfeita. Neste misterioso dilema, se condensa o mito recriado através de imagens sucessivas que se vão acumulando com a avalanche de orações subordinadas, separadas apenas por ponto e vírgula, que somente param após dezoito versos, quando encontram, finalmente, a oração principal: "Baixemos nossos olhos ao desígnio/ da natureza ambígua e reticente". Há um parentesco entre o mito e o mito literário identificado na lógica do imaginário, na firmeza da organização estrutural, no impacto social e no horizonte metafísico ou religioso da existência, elementos que se avolumam ao longo do poema e se condensam no dilema final, prenhe de mistério: "ela tece, dobrando-lhe o amargor/ outra forma de amar no acerbo amor".

A seqüência das cinco conjunções hipotéticas acaba criando uma atmosfera de movimento circular, redobrando-se sobre si mesma, como uma avalanche que, em cada volta, adquire mais volume e força e que, no final, determina seu aspecto, seu verdadeiro significado. Além do redobramento, encontra-se no poema um evidente realismo sensorial, eufemizado por antífrases como "pasto" e "cândido alimento", reflexos da dominante digestiva. Para conseguir o "cândido alimento", a "forma pura" do mito pagão recusa "o pasto natural aberto aos homens" e aceita "a via hermética e defesa". As metáforas gustativas usadas pelo poeta se baseiam na profunda ligação biológica entre a nutrição e a sexualidade, uma vez que o líqüido seminal ejaculado é o cândido alimento que lembra leite, e o pasto significa a comida que sacia também o apetite sexual, fome de carne humana. O mito de Ganimedes não é narrado em forma de relato heróico, embora a imagem da águia que fende os ares para arrebatar sua presa, fazendo prever um embate, idealização de uma façanha, permitiria enquadrar o "Rapto" nas estruturas do regime diurno, próprias do gênero épico. A águia, porém, não desencadeia uma ação heróica. O poema é mais uma meditação na qual o andrógino – homossexual –, símbolo da dominante copulativa, figura como centro e presença constante, portanto, tornando-se arquétipo, substantivo das estruturas sintéticas ou disseminatórias do regime noturno, o que permitiria classificá-lo dentro do gênero dramático.

Não apenas nas grandes obras de arte literária, mas até num breve poema, encontram-se elementos que permitem reconhecer a utilização de recursos de todas as estruturas e, por conseguinte, de todos os gêneros. No caso presente, não há o desenvolvimento do mito em forma que faça prevalecer o modelo heróico do imaginário, aventuras múltiplas e final apoteótico, nem a figura do andrógino serve para determinar o gênero dramático, porque ela aparece sob a forma de eufemização, como "forma pura" e "suspiro de terrenas delícias", própria da poesia lírica constituída de antífrases que disfarçam a realidade. As bipolaridades encontradas no poema são sinalizações seguras para a classificação do gênero literário, exatamente porque elas existem tanto no regime diurno, épico, quanto no noturno sintético e místico, dramático e lírico. Os contrastes deste poema não podem ser atribuídos ao regime diurno – porque não se contradizem polemicamente, permanecendo contrastantes durante o desenvolver da narrativa mítica –, nem tampouco ao regime noturno dramático – porque não procuram a coincidência dos opostos como um somatório dos dois sentidos. A eufemização permite que o sentido passe de um pólo a outro, sem, contudo, carregar consigo a idéia de separação, de ruptura, de contraste, liberando o pensamento da rija tirania da antítese. Numa metamorfose constante, a imagem transforma-se em seu oposto sem perder seu sentido primitivo, operação possível através do imaginário místico. Num esquema de inversão, a vida e a morte, analisadas à luz do regime noturno místico, são apenas antífrases, porque a morte não se opõe à vida, a morte é o berço das esperanças da vida, sono de crisálida, como comprovam todos os rituais da morte que se resumem na certeza da sobrevivência. Em o "Rapto", as palavras vida e morte foram substituídas pelo poeta, metaforicamente, por "cinza em núpcias", imagens de túmulo e casa – "o túmulo é a morada nupcial eufemizada" (DURAND, 1989, p. 166). Núpcias sugerem profunda intimidade em recinto fechado, cinza significa absorção total no ventre da mãe terra, duas uniões que prometem uma nova floração. A Fênix, ressurgindo das cinzas, significa, no ocidente cristão, o triunfo da vida eterna sobre a morte. A cinza, o pó, símbolo da efemeridade e do nada, transforma-se em símbolo da vida.

A lírica, partindo de um mito que focaliza o homossexual, se interioriza na meditação e no reconhecimento de um poder superior. A interiorização do tema obriga o homem a se recolher no círculo do mistério da natureza e o força a penetrar no profundo sentido de sua impotência. O redobramento máximo de sua humanidade o faz renunciar ao combate, à discussão do desígnio e aceitar totalmente o silêncio da natureza "ambígua e reticente", em sua dupla forma: como destino e como manifestação de amargor dobrado. A aceitação é, ao mesmo tempo, revolta do homem que se interroga diante da estranha esfinge do pecado cristão e do mistério pagão: a civilização ocidental, que se alicerça em Atenas e Jerusalém, ou decifra o enigma ou será devorada. Jerusalém, a tradição abraâmica e cristã, traduz-se em termos de Éden, queda, pecado, rebelião, vale de lágrimas, na esperança e na certeza de redenção, cujos frutos se colhem no tempo e além do tempo humano – toda uma linguagem de fé que se fundamenta no pecado e no perdão, na carne e na encarnação. Como esclarece Durand, "para os grandes místicos a linguagem da carne recobre a semântica da salvação, é o mesmo verbo que exprime o pecado e a redenção" (DURAND, 1989, p. 188). Atenas, a civilização grega, lógica e esotérica, legitima os atos humanos por um modelo mítico, "assim fizeram os deuses; assim fazem os homens" (ELIADE, 1992, p. 29), e adota a idéia de uma metamorfose contínua que se fixa em Hermes, como seu mito ambíguo, de plenitude e fecundidade da razão, além dos sentidos. Mito e logos, faces da mesma moeda, por caminhos diversos, aspiram à imortalidade, única preocupação do homem em todas as épocas, inclusive na moderna.

A CONTRALUZ DA FUSÃO LÍRICA

No panorama poético contemporâneo, a presença de Gilberto Mendonça Teles,[11] com seus quarenta anos de poesia, está marcada pela novidade de uma ininterrupta reflexão teórica que leva o poeta a transformar, em contínuos campos experimentais, sua atividade criadora própria de quem aceita o desafio de superar constantemente limites, além dos quais encontra nova fonte de inspiração. É preciso recorrer à origem

11. Ao longo da exposição, a referência às obras selecionadas de Gilberto Mendonça Teles aparecerá sob a forma de abreviatura: *Plural de nuvens* (*PN*), 1984; *& Cone de sombras* (*&CS*), 1984; *Saciologia goiana* (*SG*), 1982; *Arte de armar* (*AA*), 1977; *Sintaxe invisível* (*SI*), 1967; *Pássaro de pedra* (*PP*), 1962. A numeração de páginas corresponde à edição de seus poemas reunidos, intitulada *Hora aberta*, 1986.

goiana do poeta para poder entender o significado desta procura incessante, impulso para o além e atração mítica do limite. A vida humana move-se entre os limites do ser e do não-ser, da vida e da morte, da história individual e da coletiva, da disponibilidade e do esfacelamento da lei. Nos limites, se decide também a sorte do poeta e da poesia, limite entre o indizível e o que se consegue dizer: além da palavra, o silêncio; além do sentido, o não-senso; além da soma dos dons da inteligência e da sensibilidade, o ato de pura criação. O homem está sempre à procura de uma lei absoluta e definitiva, o poeta procura a palavra essencial, razão primeira de sua existência.

Os limites do sonho e do silêncio

O limite, de qualquer natureza, representa um arquétipo denso de contradições que, ao mesmo tempo, atrai e repele. Para os povos primitivos, o limite representava o início da cidade e do mundo; Rômulo traçou com o arado o sulco dos limites de proteção de sua cidade. O mesmo valor simbólico atribuído aos sulcos, fossos e muralhas para defender o espaço mágico-religioso da cidade foi transferido, numa reprodução mecânica, também para os limites naturais: mares, montes, acidentes geográficos e rios. A localização de um único e mesmo arquétipo, repetível sem restrições, em variantes cada vez mais diversificadas, não consegue banalizar ou diminuir o simbolismo do limite que faz parte "da nostalgia das formas transcendentes, neste caso, do espaço sagrado" (ELIADE, 1993, p. 311).

Goiás, antes de ceder a área que formou o Distrito Federal e ser cortado ao meio para criar o novo Estado do Tocantins, possuía a forma aproximada de um triângulo. Três bacias distintas, alimentadas por numerosos afluentes do Planalto Central, fixavam, grosso modo, os limites do território goiano: a Oeste, o Araguaia; a Leste, o Tocantins, que se encontram, no extremo Norte, em forma de bico de papagaio, para prosseguir juntos até o estuário do rio Amazonas; ao Sul, o rio Paranaíba, cujas águas engrossam o Paraná e terminam no Mar del Plata. Este triângulo, limitado pelos três rios, podia ser visto, com um pouco de imaginação, como uma imensa ilha fluvial, encravada bem no coração do Brasil. No poema "Goiânia", Gilberto projeta este triângulo na cidade de Goiânia, com as avenidas do centro que têm nome dos três rios, sendo o vértice o Palácio das Esmeraldas: "Uma planta arquipoética/ sobre o triângulo dos rios/ que se levantam do mapa e projetam no espaço mítico da cidade" (Teles, 2001, p. 134).

Geograficamente, hoje, o Estado de Goiás não lembra mais nem a figura de um triângulo, tampouco a forma de uma Mesopotâmia bíblica, contudo, os limites tradicionais já fazem parte de sua história e são responsáveis pela formação do imaginário dos habitantes desta região. O goiano percebe, com desconfiança, o contraste entre seu ânimo fechado e a natureza, a seu redor, aberta e clara de sol, e mais, se fecha em si, como que se ilhando de tudo que vem de fora. Quem nasce em Goiás tem seu destino traçado pela hidrografia. A respeito dos índios Carajás, a tribo goiana que mais consegue manter suas tradições, vivendo desde tempos imemoriais à margem do rio Araguaia (Berocan), hoje rio-símbolo de Goiás, afirma Mircea Eliade (1993, p. 156), "lembram-se, ainda, dos tempos míticos quando se encontravam na água". O Berocan é para eles, ainda hoje, rito, culto e mito; a vida indígena tende, continuamente, a regressar ao rio, como a arquétipo original.[12] O contato com a água regenera, aumenta a fecundidade dos seres e da própria natureza, porque a água é a própria essência da vida física e espiritual, pelos seus poderes mágicos de renascimento. Este elemento, ligado ao imaginário goiano, é recorrente na poesia de Gilberto, tal como se vê nesta estrofe, apenas um exemplo entre tantos:

> Águas paradas, águas profundas, águas da serra,
> água benta dos dilúvios, águas mortas dos desertos,
> águas passadas e corredeiras cujos murmúrios
> ainda comovem alguns moinhos do meu futuro,
>
> ("Sete resmungos", *PN*, p. 17)

12. No seu mito fundamental, os carajás eram peixes (aruanãs), imortais, e viviam no fundo das águas. Um dia, um carajá desobedeceu à interdição, passou por um buraco no fundo das águas e saiu nas praias branquíssimas do Araguaia. Encantou-se e voltou para contar aos outros carajás que também se apaixonaram por elas. Foram pedir, então, a Kananciué que lhes permitisse deixar o fundo das águas para viver nas praias do rio. O criador permitiu, mas tiveram de perder a imortalidade, por amor ao Araguaia.

Por detrás das crenças e dos mitos que se fixam nos elementos do cosmo, há sempre esta idéia fundamental – todas as formas de vida, portanto, tudo o que é real, se concentra numa substância cósmica da qual derivam, por descendência direta, ou participação simbólica. A *Bíblia* (GÊNESIS 2:10,14), ao idealizar o paraíso terrestre, o torna mais aprazível, irrigando-o com águas abundantes: "De Éden nascia um rio que irrigava o jardim e de lá se dividia em quatro braços".

O poeta dos goianos, Gilberto Mendonça Teles, resume, em "Hidrografia", poema de *Saciologia goiana*, os mitos originais de sua gente: "Os rios de Goiás, além de rios/ de verdade, têm peixes, bichos, lendas". O Paranaíba é o rio que separa Goiás do Sul do país e nele se concentra toda a simbologia sagrada que o limite carrega no seu sentido primitivo. O além Paranaíba é, justamente, o espaço fora do Éden primitivo. Transpor o Paranaíba é o início de uma viagem onde se misturam o medo do desconhecido e, ao mesmo tempo, o fascínio da aventura: "no Paranaíba/ o sentido da brecha, da viagem/ o princípio do além". O Araguaia é o limite Oeste, o Faroeste, a volta à idade primitiva, à vida selvagem, à comunhão com a natureza, à despreocupação do índio pescador, ao paraíso natural de suas areias brancas e cardumes, onde o goiano, constantemente ou a cada "temporada", procura reencontrar sua pureza perdida. Apesar das devastações e do turismo, ainda se pode fazer coro à voz do poeta: "é pelo Araguaia que, banzeiro,/ meu corpo se distende e se reprime:/ vontade de sonhar o dia inteiro" (*SG*, p. 188). O Paranaíba isola Goiás do progresso real e imaginário, porta única para a evasão, a aventura do além, a viagem para o paraíso artificial, fabricado pelo homem. Dois mitos constantes na alma humana são a fuga e o retorno: o frêmito da aventura e o desejo de ver a vida fluir como as águas mansas de um rio, na própria casa. Passar o Paranaíba é como saltar o Rubicão. Neste autêntico desafio, o goiano se sente projetado para um tempo mítico, transforma-se no ancestral que empregava meses na longa viagem para o litoral desconhecido e desejado, numa repetição de um fato real, gesto arquetípico, que "suspende a duração, apaga o tempo profano e participa no tempo mítico" (ELIADE, 1992, p. 39).

Por esta porta, para não se transformar em ilha, evadiu, há muitos anos, o poeta, o crítico, o professor goiano Gilberto Mendonça Teles, sem deixar de ser goiano na persistência do sentimento de união com as águas que desintegram a terra e a fazem germinar, fontes e oráculos ao mesmo tempo: "ainda existe em Goiás a adolescência / telúrica dos rios". Na fuga, que prevê os retornos, o poeta dá preferência à saudade, à lembrança porque não suporta a presença. Gilberto encontrou-se, bem cedo, mergulhado no drama de sua terra e enfrentou-o, em primeiro lugar, com a fuga, a insularidade da alma transformou-se em fuga física, isto é, renúncia à sua ilha como província, abrindo uma ferida aguda de um amor irreversível:

> No meu navio redondo
> trago escondida uma ilha.
> Nela de noite me escondo
> para sonhar maravilha
>
> ("Viagem", *PN*, p. 63)

Este afastamento representa um protesto contra o círculo fechado de tradições e preconceitos, dominado por donatários do saber e feudatários intelectuais. A fuga da província não é sinônimo de covardia é, antes, a resistência de uma consciência oprimida e até da própria província oprimida social, política e, sobretudo, culturalmente. A ameaça de uma estagnação de vida e de realidades que o cercam afastam-no para longe, embora, antes dos trinta anos de idade, seus méritos literários já sejam reconhecidos: torna-se membro da Academia Goiana de Letras, professor nas duas universidades, a Católica, da qual fora aluno e a Federal, que acabava de ser criada. Sente, porém, que está se transformando em ilha e que o espaço da ilha se fecha cada dia mais; chega, então, a hora de partir, beber em outras fontes, abrir outras portas:

> A minha vida foi sempre assim
> me fechavam uma porta
>   eu abria outra
> me fechavam uma porta
>   eu abria outra
> me fechavam uma porta
>   eu abria outra
> A minha vida foi sempre assim
> só abrindo portas que não têm fim.
>
> ("As portas de ouro que se vão abrindo", *&CS*, p. 131)

Uruguai, Portugal, Espanha constituem etapas para um novo saber e novas experiências de vida para este irrequieto devorador de livros, que escreve seus poemas nas horas roubadas às investigações teóricas, e que pesquisa, como analista competente, as obras dos outros. Dentro deste clima de atividade intelectual intensa, em 1969 torna-se Doutor em Letras e Livre-Docente pela PUC do Rio Grande do Sul, primeiro entre os goianos, em Literatura Brasileira. Não foram os AI-1 e AI-5 que lhe determinaram a abertura de uma nova porta. As portas que ele abre se referem à sua vida intelectual. A verdadeira vida para um poeta é a vida de seu espírito; a poesia e o amor são os supremos valores para este poeta do amor e da linguagem. Sua mudança definitiva para o Rio de Janeiro não se deve ao castigo imposto pelo regime militar, não foi apenas mudança de endereço, de rua e de cidade. Foi mudança de endereço da inspiração. Rio de Janeiro, sua morada atual, põe-se, no itinerário de Gilberto Mendonça Teles, como outra porta que se abre para um ideal mais amplo a percorrer – dos rios da terra natal à foz de todos os rios. O mar se transforma, assim, em nova nascente da própria história. Continua poeta, professor, crítico e conferencista pelo Brasil afora e até no exterior, em atividade febril.

Os dados, brevemente lembrados, da biografia de Gilberto contam não tanto como curiosidade das peripécias de um homem, mas, sobretudo, como elementos que constroem uma espécie de teia sobre a qual se fixa sua poesia: imagens-símbolos, lugares e situações arquetípicas de uma condição existencial, não somente e não simplesmente do indivíduo. Imersas no pulsar caótico da existência, as mudanças de lugares e de fatos fornecem o mínimo de representações reais, insuficientes para mover a inspiração do poeta. A fonte da inspiração está na polivalência dos sentidos e dos enigmas, através dos quais a essência da poesia emana do mais profundo – paixão semelhante à vertigem.

A poesia é uma maneira de agir da linguagem e, quando um poeta fala de portas que se fecham, não quer significar dificuldades práticas de ordem existencial. A história da vida de um poeta não pode ser outra coisa senão a história de sua poesia. A poesia é mais o que ainda não foi dito do que seu próprio passado; cada poema desfaz e refaz, por ele, a idéia que se tinha da poesia e que vinha de outros poemas. A vida do poeta é sua própria linguagem; cada poema, longo ou curto, é apenas um percurso; por isso toda obra poética é inacabada, e escrever se transforma numa eterna procura: "Só abrindo portas que não tem fim".

Alvorada, Estrela-d'alva, Planície foram os primeiros degraus de um longo caminho de pesquisas e de mutações, embora ainda paguem um alto tributo a leituras parnasianas e românticas, tanto que o poeta submete os poemas a um corte em *Hora aberta* (poemas reunidos). Desde o começo, se evidenciava que o poeta soubera traçar um caminho e entrar nele com confiança. Em "Sonho", um dos poucos poemas conservados do primeiro livro, *Alvorada*, o futuro autor da *Retórica do silêncio* utiliza o substantivo "silêncio", com o sentido profundo que vai conservar até os últimos poemas: "Resta o insólito/ de teu silêncio, ó zona de poesia/ esperança batida sem carbono" ("Reunião", *&CS*, p. 137). O crítico Tristão de Athayde utiliza um adjetivo que aparece emblemático, desde o começo, quando se propõe definir a evolução poética de Mendonça Teles que, partindo de seu "subjetivismo azul" inicial, evolui até "a reificação esotérica" (ATHAÍDE, 1978): "Ainda há força no azul do seu mistério" ("Signo", *PN*, p. 20).

O silêncio, qualidade germinal que dá forças para criar imagens, move o poeta desde a obscura semente da palavra, escondida no ventre da mãe-terra, até o poema já pronto, para a contemplação e a fruição. O azul, por sua vez, é a lírica metáfora do amor, da vida e da morte. A junção de imagens em "seu silêncio azul" ("Momento", *SI*, p. 398), constante movimento poético, é sugestiva do germinar das flores que, silenciosamente, cumprem seu ciclo de beleza efêmera e seu perpétuo renascer. O próprio infinito está ligado ao azul e ao silêncio. Os espaços intermináveis, além do limite azul alcançado pela vista, sugerem à imaginação silêncios sobre-humanos, onde passado e futuro se fundem num presente de eternidade. O valor destas duas palavras leva à profundidade da taça para desvendar o silêncio do segredo místico recorrente na lírica de Gilberto Mendonça Teles, feita de paixão pela palavra e pela mulher:[13]

---

13. Em *O poema do poema*, Darcy França Denófrio analisa, na poesia de Gilberto Mendonça Teles, estes dois momentos mais significativos: o espaço metalingüístico e o espaço erótico.

Ainda há força
no azul do seu mistério, no seu canto
no eixo de sua aérea encruzilhada.

Ainda, a sua origem, seu mais íntimo
silêncio: o veludoso ardor nas pétalas
("Signo", *PN*, p. 20)

A partir de *Pássaro de pedra*, a forma se apura e começa a incessante busca metalingüística, um dos traços característicos dos mais evidentes em Gilberto Mendonça Teles, a poética de um poeta, não apenas justificativa de sua poesia, mas êxito poético, conquista da própria poesia. A palavra transformada em símbolo passa a significar a pureza mais absoluta do canto, livre de toda escória, reduzida a um signo de instantânea plenitude expressiva, como lampejo que seduz o poeta: "E cada qual me abrasa com seu lume,/ sopra nos meus ouvidos seu mistério,/ seu discurso de música e silêncio" ("Presença", *PP*, p. 448). Abrasar já é de *per si* um verbo doloroso que significa a angústia do poeta, ressonância dessa "*ma lampe qui sai mon agonie*", no dizer de Mallarmé. A poesia transfunde um sentimento de angústia pela impossibilidade de "passar pelo corpo da palavra, sem passar pela palavra do corpo" (SARAIVA, 1989). A paixão e a poesia sofrem do mesmo bem e do mesmo mal. A febre que move a procura da palavra certa, "as palavras ariscas que se escondem/ nas locas do silêncio" ("Ars longa", *PN*, p. 13), é da mesma natureza da que desperta a busca da mulher amada. O mito age onde quer que a paixão seja sonhada como palavra, vive da própria vida da paixão pela poesia e pela mulher.

A metalinguagem na poesia de Gilberto não é retórica, mas profundamente vivida, porque é uma forma precisa de concluir nos signos da expressão poética uma relação total com o mundo, uma figuração da sorte humana e sua referência com o cosmo: ideologia que se fixa na procura do verbo inusitado: "minha angústia – o limite/ entre o sonho e o silêncio". A angústia se configura neste gesto de ter que abrir portas sem fim, porque há um limite entre o silêncio da germinação e a flor sonhada, entre "a paisagem sem limites e o silêncio", entre o peixe e "a espessura de uma linha partida na fundura" ("Ars longa", *PN*, p. 14). O limite, que tanto angustia o poeta e o atrai, está além do tempo, além do espaço, num lugar utópico onde as coisas não têm nome, nem forma, nem sentido. Existem de passagem, respirando um momento, em que algum olhar as vai imaginando e recolhendo, ao ritmo da emoção e do silêncio. O novo momento poético de *Sintaxe invisível* representa, na expressão de Darcy França Denófrio (1996, p. 193), "um dos mais ricos na sugestão do mistério e na evocação de universos paralelos ao nosso: (...) embora seja uma obra essencialmente metalingüística, como são todas a partir de *Fábula de fogo*, é também plena de sugestões mágicas".[14] Não se trata da freqüência com que os vocábulos próprios do mistério e do mito se encontram nos poemas, é a outra face da alma humana, aquela que não está ligada à lógica, mas à imaginação e que sabe que "a vida só/ se completa quando se conhece também no seu avesso".

A linguagem poética vai buscar as imagens na outra face, na face oculta onde se escondem os mitos e os enigmas, operação que implica uma profunda penetração no imaginário, indissoluvelmente ligado à poesia, através da palavra que traz à vida os símbolos constantemente renovados. Gilberto Mendonça Teles envereda por todos os regimes do imaginário – "Eu sou noturno quando começo,/ (...) E sou diurno nos horizontes" ("Ciclo", *PN*, p. 10) – e utiliza no discurso poético, de forma consciente, as palavras mágicas, próprias de quem conhece os segredos das ciências esotéricas:

> Talvez no centro, na convergência
> dessas veredas, se abra o sentido:
> dobra de carta cheia de emendas,
> cobra enrolada no próprio mito
>
> ("Ciclo", *PN*, p. 11)

Com o símbolo da serpente uróboro, o poeta remete o leitor ao centro do mundo do imaginário que criou um monstro capaz de devorar e gerar a si mesmo, matando-se e ressuscitando-se. Hermafrodita e, ao mesmo tempo, símbolo da unidade, veneno mortal e panacéia, escorpião

14. Denófrio, Darcy França. O luminoso tetragrama de *Hora aberta*. In: *Hidrografia lírica de Goiás*. p. 193. Especialista em GMT, a autora escreveu sobre o poeta também: *O poema do poema em Gilberto Mendonça Teles* (já citado), *Poesia Contemporânea G.M.T.* – o regresso às origens e *Lavra dos goiases*.

e salvador, representa Hermes que reúne em si a possibilidade de todas as transformações, da matéria bruta ao ouro, do silêncio à poesia. Dos mitos às formas geométricas mandálicas foi um passo e suas experimentações bem sucedidas neste campo já mereceram um longo estudo de José Fernandes. Com o título de *Greenwich Meridian Time*, iniciais do nome do poeta (GMT), Gilberto constrói, com letras avulsas e siglas, um triângulo-poema que é "um símbolo do macrocosmo do poeta, englobando o mundo poético e a realidade existencial" (FERNANDES, 1996, p. 154). Este poema fecha o livro *Saciologia goiana*, abertura de uma nova porta.

A volta simbólica à terra natal marca a maturidade do homem e do poeta e, paradoxalmente, o retorno à província emprestou à sua obra uma amplitude universal. Aos temas metalingüísticos e eróticos, novos temas se acrescentam, mais abrangentes, que traduzem melhor a complexa vida dos homens. A intertextualidade, realizada com consciência e arte, traz para sua poesia as vozes da poesia trovadoresca e camoniana, bem como as vozes de poetas brasileiros: Carlos Drummond de Andrade, com ênfase especial, Manuel Bandeira, Murilo Mendes, Jorge de Lima, João Cabral de Melo Neto. As formas poéticas se enriquecem de novo estilo que incorpora a vanguarda à dicção antiga, a linguagem popular à erudita. Usa a expressão interiorana, popular, ao lado da arcaica e erudita, a coloquialidade, a ironia e o cômico. Ratificando sempre a fidelidade ao seu fazer poético – há sempre ao longe o azul e dentro de si próprio o silêncio –, conhece os limites, mas sabe que existe sempre algo além de uma porta que se abre.

A aventura poética de Gilberto Mendonça Teles se resume, em última análise, na angústia de quem se sente preso entre limites. A palavra angústia possui seu sentido etimológico que, antes de ser aperto do coração e estado de exagerada ansiedade, significa espaço reduzido, estreiteza, enfim, limitação. Mas não a limitação que impede a Sísifo alcançar o topo da montanha, aqui o limite é o desafio de Hermes, o Trismegisto, que possibilita ao homem, entre o eterno e o humano, a procura incessante do fogo que arde em chamas, capaz de iluminar e abrasar, ao mesmo tempo, a palavra e o amor. A ilha deixa, então, de representar a angústia e o limite para se transformar, como nos poetas do Renascimento, num lugar edênico, povoado de magia e encantamento, lugar de poesia.

Num estudo onde se privilegia a análise mitodológica, convém pôr em evidência o caráter específico de magia e esoterismo que impregna toda a obra de Gilberto Mendonça Teles, sobretudo em seu período mais recente. O poeta goiano reveste sua metaliguagem, não apenas de figuras mitológicas clássicas, mas incorpora todas as magias, recebe as irradiações do indizível das fontes esotéricas, exaltando a beleza do que não pode ser dito nem explicado. A mais recente reunião de seus poemas intitula-se *Hora aberta*, expressão essencialmente mágica que sintetiza a obra poética deste poeta do imaginário, cuja linguagem assume a função de veículo para exorcizar as forças do mal. Sua poesia torna-se uma senha para ultrapassar o limite, uma nova porta para o encantamento.

A alquimia lírica

A formação cultural de Gilberto Mendonça Teles, refletindo sua pesquisa teórica e seu aprofundamento crítico na literatura, estabelece uma dialética entre o poeta e o crítico que poderia fazer pensar num limite para sua inspiração: o acúmulo teórico impedindo o livre fluxo da poesia. Este intercâmbio, no entanto, consegue introduzir, no calor da função poética, uma nova centelha criadora, fruto das aquisições da moderna ciência da linguagem que mais se valoriza ao assimilar as descobertas da Psicanálise e os estudos renovados da teoria do imaginário. A dinâmica que resulta desta fusão foi-se definindo e enriquecendo nas obras mais recentes do poeta, através deste rigoroso substrato teórico, agindo de forma diversa, mas constante, ao longo de seu percurso literário. Os núcleos semânticos e todo o universo lingüístico, chamados à ação pelo ato poético, vêm delineando um microcosmo simbólico que possui as características e as funções daquele natural. Como partícula sub-atômica – quarks de matéria e energia – os núcleos mínimos de matéria fônica presentes na linguagem e, ao mesmo tempo, fecundadores da linguagem, levam as estruturas lingüísticas a modificações constantes, metafóricas e instáveis.

Assim a poesia, mais que uma linguagem definitivamente conquistada, revela-se como uma inexaurível tensão à própria linguagem, inesgotável tensão para um sentido sempre adiado ou transposto: "e dou ao texto um cunho de vigília,/ um estado de leitura permanente" ("Documento", *&CS*, p. 102). No ato de se concretizar, isto é, no ato de aceitar uma significação unívoca, passando de um sem sentido original para uma definitiva aquisição de sentido, encontra-se, novamente, assemântico e reiniciando ao infinito a própria viagem para um sentido sempre novo e sempre adiado: "como uma linha d'água, um claro-escuro,/ um sinal para ser reconhecido/ sem timbre e protocolo, no futuro" (p. 102). A vida da poesia, portanto, realiza-se no texto do poeta como uma espécie de contínuo estímulo recíproco entre a matéria e a energia, entre a inércia e a resistência da primeira e a atividade pulsante da segunda. Matéria e energia fazem-se presentes em cada palavra, que, sendo germe vivo, está pronta a produzir sentidos diferentes: "nome que se abre como um delta" (p. 102). O resultado é sempre aquela dúvida que persiste no texto entre a significação e a não-significação:

> O poema é simplesmente
> a sombra sem caverna, o vulto espesso
> de si mesmo, a parábola mais reta
> de quem escreve torto
>
> ("Exegese", *PN*, p. 25)

Os núcleos formados pela presença do signo lingüístico e, ao mesmo tempo, pelo símbolo e suas metáforas, atropelam-se no texto, agitando-o e motivando-o, com tal força, que ficam como que submersos na maré de significados que eles mesmos provocaram:

> no resmungo da língua e na viagem
> que em si mesma se faz, mas sem caminho,
> sem margens de sentido – pura praxe,
> simples figuração do descontínuo.
>
> ("& Cone de sombras", *&CS*, p. 86)

Uma dinâmica poética desta natureza, aberta a transformações constantes do sentido, deve ser procurada além do limite onde se processa o discurso lógico. Hermes, que não conhece limites, deus da revelação, senhor do pensamento, "espírito criador do mundo oculto ou cativo na matéria" (JUNG, 1994, p. 304), protege as transformações que se processam no cosmo, particularmente favorecendo a transformação da linguagem e da Alquimia acopladas pela ambigüidade de seus processos simbólicos. A Alquimia e a Química podem utilizar nos laboratórios métodos e instrumentos semelhantes; diferem, porém, profundamente, pela finalidade. O químico procura a observação exata dos fenômenos físico-químicos com experiências sistemáticas, a fim de penetrar a estrutura da matéria; o alquimista, por sua vez, pesquisa a substância como coisa viva, na sua relação com a transformação da matéria, à procura da pedra filosofal e do elixir da vida. A Alquimia se considera uma ciência esotérica e a Química surge após ter-se esvaziado a substância de sua sacralidade. Há uma distância incomensurável entre aquele que participa religiosamente do mistério sagrado de uma liturgia e aquele que se considera, apenas, fruidor de sua beleza como espetáculo litúrgico e da música que o acompanha (ELIADE, 1997, p. 8). O químico aprecia os resultados práticos de sua pesquisa; já o verdadeiro e único resultado para o alquimista é a vida gasta em perseguir a libertação do espírito preso na matéria.

As afinidades herméticas entre a Alquimia e a poesia, ou melhor, a linguagem poética, identificam-se nessa finalidade de pesquisa interminável. O sentido da experiência alquímica e da palavra poética desliza continuamente "em busca de um segredo sempre prometido, sempre eludido" (ECO, 1995, p. 53). O deslizamento dos significados se processa simbolicamente à maneira das experimentações alquimistas que são repetidas em vasos nos quais se consomem todas as misteriosas metamorfoses. As virtudes do *Crater*, vaso de Hermes, prenhe de espírito miraculoso que transforma corpos imperfeitos para uma vida mais bela, se transferem para a taça mística do regime noturno do imaginário, veículo de metamorfose que, através da palavra, liberta a alma divina presa na matéria.

A alquimia lírica esconde um segredo só revelado aos iniciados e, de igual modo, "como todos os segredos poderosos e fascinantes, o segredo alquímico confere poder a quem afirma possuí-lo, porque na verdade é inatingível" (ECO, 1995, p. 62). O fascínio da linguagem poética se resume na procura da palavra definitiva, para arrancá-la ao caos nebuloso do código, libertá-la das escórias materiais, transformando-a em libertadora do poeta. Assim, como a Alquimia esconde um segredo "sempre anunciado e nunca enunciado" (ECO, 1995, p. 62), a poesia também se fundamenta num paradoxo enigmático: a palavra que deve ser redimida é, ao mesmo tempo, a redentora. A afinidade íntima e vigorosa entre as formas da linguagem poética e da Alquimia está configurada nesta procura insistente, sem resultados definitivos, que mesmo não levando o alquimista à pedra filosofal ou ao elixir da eterna juventude, nem o poeta a transpor o "limite entre o silêncio e a palavra", desencadeia, contudo, em seus espíritos, um processo seguro de crescimento, a certeza de uma transformação constante como regra geral do cosmo: metamorfose da matéria e do homem, com seu corpo e sua linguagem. A palavra do poeta, ao se fragmentar de contínuo nos signos da existência, envolvida no redemoinho de suas múltiplas e sempre adiadas significações, parece, às vezes, trair uma confissão de impotência.

Entre os sinônimos de limite, encontra-se "termo" que, além de significar fim, confim e território, é, por sua vez, sinônimo de "palavra". Na Gramática, na Filosofia e, sobretudo, no Direito, o uso freqüente do vocábulo "termo" confere à expressão um cunho racional, porque o termo – limite – transforma-se em norma fixa, muralha de separação, além da qual só se encontra o impreciso, o falso e o proibido. O termo, desprezando a imaginação e elegendo o racionalismo como única ordem preestabelecida, deve ser considerado a expressão da certeza, da segurança e da lógica. Para as normas gramaticais, os frios preceitos, os contratos legais e as verdades filosóficas, não há, nem pode haver, um "plural de nuvens", porque nuvens já é plural, e um plural de um plural não se enquadra nos princípios da razão. Só no silêncio germinador que existe além do limite do logos pode acontecer o milagre da alquimia da palavra no reino do imaginário.

"Plural de nuvens" (*PN*, p. 8), o poema-título de um dos livros do poeta, insere-se nas estruturas místicas pelos esquemas verbais e arquetipais que, desde os primeiros versos, conseguem mergulhar o leitor no regime noturno do imaginário. As palavras são embriões que devem ser libertos do valor dos termos, dos significados legais ou gramaticais, para assumirem a natureza de palavras germinadoras de novos significados. Os primitivos acreditavam que as substâncias minerais participavam da sacralidade da mãe-terra e o alquimista, ao tentar sua transformação, cumpria uma função, também sagrada, de obstétrico da natureza. O poeta, arrancando a palavra ao silêncio amorfo, além do termo (limite) fixo, além do uso consagrado pela lógica, propicia-lhe novas manifestações de vida, colaborando na possibilidade de partos múltiplos do mesmo embrião subterrâneo. Eis, na totalidade, o poema que será analisado nas próximas páginas, para exemplificar, de modo detalhado, a presença das estruturas místicas do imaginário no lírico:

> Se há um plural de nuvens e se há sombras
> projetadas no texto das cavernas,
> por que não mergulhar, tentar nas ondas
> a refração dos peixes e das pedras?
>
> Há sempre alguma névoa, um lado obscuro
> que atravessa o poema. Há sempre um saldo
> de formas laterais, um como escudo
> que não resiste muito a teu assalto.
>
> Se alguma luz na contraluz se esbate,
> se há no curso dos dias sol e vento,
> talvez na foz do rio outra cidade
> venha no teu olhar amanhecendo.
> Importa é caminhar, colher florzinhas,
> somar os (im)possíveis e parcelas,
> criar no tempo algumas coisas findas,
> algumas ilusões e primaveras.
>
> Importa é ler de perto a cavidade
> das nuvens e espiar os seus não-ditos:
> o mais são armas para o teu combate,
> falsos alarmes para os teus sentidos.

O poema se espraia, fluindo, à primeira leitura, como uma onda de som e melodia, que encobre até o significado das palavras que, no entanto, são concretas, visíveis e palpáveis, até serem colocadas dentro da taça mística do lírico, onde se transformam em "delta de significado". Proposta para um novo livro, poema metalingüístico, enuncia de imediato, em forma interrogativa, a comunhão mágica de todos os elementos do mundo real e do mundo imaginário. A nova arte poética traduzida no poema "Plural de nuvens" transforma-se numa comunhão não limitada – um rito sagrado de iniciação das crenças esotéricas nos segredos do ofício de poetar. Na limpidez da estrofe, vislumbra-se a possibilidade de o iniciado inserir-se nos arcanos místicos do novo ministério da Alquimia que faculta manipular todos os elementos que se escondem nas cavernas do inconsciente: "os sentidos latentes/ que vão dando luz/ às coisas ausentes" ("Posfácio", *PN*, p. 83).

Os mitemas latentes da primeira estrofe rompem com os limites da lógica, libertando a multiplicidade dos sentidos que possibilitam a descodificação do texto. A mitodologia, sem abrir de todo a cortina para o encantamento, oferece mediações para uma interpretação à luz do imaginário simbólico. Nuvens, esperança de chuva e medo de tempestade, ligação entre a terra e o céu, morada dos deuses, merecem um plural diferente pelo seu simbolismo prenhe de mitos. Nas nuvens se esconde a divindade e das nuvens saem palavras divinas endereçadas ao homem: "então Ele inclinou os céus e desceu com densas nuvens sob os pés (...) o Altíssimo fez ressoar sua voz" (SALMO 18). O processo da chuva materializa, não apenas a comunhão entre a terra e o céu, evoca também o mito do eterno retorno pela perpétua involução e evolução da água, símbolo da vida humana – a fecundidade da água, terrestre e celeste, mantém a vida em maternidade generosa. Aqui, mais do que as forças e as virtudes geradoras e regeneradoras, mais do que seu papel misterioso de mensageiras celestes, as nuvens representam, por sua forma em constante mudança, um apelo à imaginação, um convite à fuga da realidade para uma nova aventura da fantasia. À noite, o homem, ao contemplar as estrelas e as constelações, imagina o céu povoado de formas fantásticas. À luz do dia, porém, se encanta com as nuvens que o seu devaneio associa a animais variados: as nuvens são, assim, o reino da fantasia, onde os camelos se transformam em baleias, depois de parecerem doninhas, como no diálogo entre Hamlet e Polônio (*Hamlet*, Ato III, Cena II).

Neste jogo das nuvens, essencialmente poético, a natureza proporciona o dom do alheamento; estar nas nuvens significa sonhar, a nuvem é, pois, um convite constante aos sonhos pela construção fácil e efêmera das mil figurações dos nossos desejos: "O sonhador tem sempre uma nuvem a transformar. A nuvem nos ajuda a sonhar a transformação". Esta epígrafe, que Gilberto faz preceder aos poemas do livro *Plural de nuvens*, aponta seu endereço poético: ao citar Bachelard, o poeta revela sua adesão à força da imaginação, privilegiando-a acima do pensamento racional. As nuvens, aqui, não conceito, mas imagem, simbolizam o limite entre o pensamento e a imaginação, ao mesmo tempo que resumem em si a essência do sonho e do pensamento, porque se formam pela evaporação – sonho –, e se desfazem pela condensação – pensamento. As nuvens prenhes do elemento água e do elemento sonho se transformam em símbolo da criação poética que participa do logos e do mito.

Através do salto lírico, de "plural de nuvens" a "sombras refletidas no texto das cavernas", em vertical abrupta (e a verticalidade nada mais é do que o sentido de uma caminhada interior), mergulha-se nas raízes do inconsciente, para reencontrar as forças primitivas que impelem a imaginação ao sonho, regresso às profundezas da fonte do devaneio. As nuvens do céu e as cavernas da terra possuem em comum segredos sempre possíveis de serem revelados: ventre do ar e ventre da terra, representam a mesma cavidade, substituta do ventre materno, que guarda os símbolos da vida, da maturação, além de ser casa, ovo, crisálida, túmulo – cavidade, refúgio e símbolo do paraíso perdido. A caverna, no dizer de Gilbert Durand, é a cavidade geográfica perfeita, a cavidade arquétipo, que carrega sentido ambíguo que vai da proteção à ameaça e permite a transformação antifrásica entre o ventre e o túmulo, o berço e a barca, a vida e a morte, através dos princípios de analogia e similitude – caverna, "mundo fechado onde trabalha a própria matéria do crepúsculo" (BACHELARD, 1990, p. 205). A multiplicidade dos símbolos que se escondem "no texto da caverna" se enriquece ainda mais com a correspondência simbólica de *Plural de nuvens*, propiciando ao poeta uma metalinguagem na busca de novos elementos comuns aos dois arquétipos – nuvens e cavernas, ambos ligados ao regime noturno místico: "e tentando surpreender nas cavernas/ o claro enigma da grande poesia" ("Parêntese", *PN*, p. 34).

Nos dois primeiros versos de "Plural de nuvens", o poeta, antes de convidar o leitor ao mergulho nas ondas do lírico, mergulha ele mesmo na profunda estrutura antropológica do imaginário, reconhecendo nas imagens arquetipais uma força mais atuante que a das metáforas, porque, como afirma Jean Burgos (1982, p. 63), a imagem é o manancial possível de todas as metáforas. A metáfora é sempre um compromisso entre a razão e a imaginação, representa uma imagem fabricada sem raízes profundas. A imagem verdadeira, aquela que conquistou sua liberdade, ao se transformar em palavra, assume uma existência própria e nada deve ao passado. A imagem, obra pura da imaginação, supera a metáfora pela sua instantaneidade, porque não é uma expressão fabricada sobre algo já existente, ela é contemporânea de sua expressão (BACHELARD, 1978, p. 184), imagem alquímica ainda quente na intocada fusão.

A faculdade imaginativa, para os alquimistas, pertence à alma que governa o espírito da vida e a inteligência, podendo penetrar na profundidade da essência das coisas. O homem alcança até a essência do inexistente, porque, pela chave de ouro, abre as portas do que não pode ser trazido à realidade: "tu podes" – diz uma fórmula constante na Alquimia – "conceber a coisa maior", por isso o teu corpo pode torná-la realidade com a ajuda da Arte e a permissão de Deus (JUNG, 1994, p. 294). Ao utilizar a imagem no sentido alquímico, como chave e origem de todos os segredos, a linguagem lírica mais evidencia seu aspecto místico. A ligação entre nuvens e cavernas, exuberância do espírito e profundeza da alma, torna-se possível através das transformações alquímicas que fornecem a chave dos mistérios do imaginário. A linguagem alquímica liberta as possibilidades de interpretação, ao quebrar as algemas que acorrentam a imagem no inconsciente; permite que a palavra parta para a superfície, livre e autônoma, incontaminada e fértil. Em *Plural de nuvens*, o poeta que, em sua poesia anterior, sempre navegou entre mitos e alegorias, penetra no reino do imaginário, como se fosse a primeira vez, com a paixão própria de quem se submete aos ritos da iniciação e com a certeza de já possuir a chave de ouro para desvendar os mistérios e se define:

> Eu sou noturno quando começo,
> sou meia-noite de horas redondas:
> sombras e medos cobrem meus gestos
> feitos de estrelas de sete pontas.
>
> ("Ciclo", *PN*, p. 10)

Os conteúdos do inconsciente, fora da natureza, não pertencentes ao mundo empírico, concretizam-se naquele reino intermediário, nem matéria nem espírito, da realidade sutil, reino que só se expressa adequadamente através do símbolo, que "não é nem abstrato nem concreto, nem racional nem irracional, nem real nem irreal. É sempre as duas coisas" (JUNG, 1994, p. 295). O símbolo, ao projetar pares opostos – nuvens e cavernas, peixes e pedras, (im)possíveis – vai concluir pela identidade dos opostos que é a característica de todo fato psíquico no estado inconsciente. A matéria-prima pode ser transformada em operações sucessivas pelo alquimista. A linguagem alquímica própria da lírica, através da antífrase eufemizante, transforma o "plural de nuvens" em "textos de cavernas", num único arquétipo simbólico – ambos escondem e revelam – pois todo segredo possui o germe da revelação. Os símbolos, que podem ser lidos nas nuvens e estão escritos no texto da caverna, ou vice-versa, permitem um mergulho para "tentar nas ondas/ a refração dos peixes e das pedras".

O "se" inicial da estrofe representa uma hipótese de trabalho, um novo endereço para uma das tantas experimentações poéticas. Abrir uma porta é sempre a reforma de uma ilusão, uma nova porta se abre no ato do mergulho. "Porque não mergulhar?", pergunta-se o poeta. No regime noturno do imaginário, o verbo mergulhar representa o protótipo da forma mística porque convida à penetração, à descida, à posse das profundezas íntimas e escondidas, dentro da taça, na cavidade das nuvens e das cavernas. Quem mergulha está revestido, por toda parte, da mesma matéria que pode ser água, terra, poesia ou amor. A viscosidade adesiva lírica se manifesta na totalidade dos símbolos próprios da água, transferindo-os ao mergulhador que passa a participar da natureza da água – o corpo do mergulhador é água, assim como o corpo do morto participa da natureza da terra, ele mesmo é terra. Essas analogias e similitudes funcionam plenamente neste ato de mergulhar em que estão implícitas a descida e a subida, a penetração e seu inverso. Muitas vezes as imagens da ascensão e queda aparecem associadas quando o céu se afigura como um abismo invertido; a altura e a profundidade adquirem igualmente os mesmos símbolos; a poesia pertence, ao mesmo tempo, aos dois mundos, às nuvens e às cavernas, e as imagens deste dilema resumem o drama do destino humano: "a imagem se exprime no nível/ do que está deste e do outro lado".[15]

---

15. Versos extraídos de uma das páginas iniciais (p. 3) do livro *Hora aberta*, Poemas reunidos, edição referida na nota 11.

A descida ou a subida na invisibilidade dos sinais, à procura de um traço misterioso ou divino, adquire sentido no destino do ser além da realidade de existir – "Ele subiu. Que significa isso, senão que ele desceu também às profundezas da terra?" (I Ef., 4, 8). O homem, após englobar em si todos os dados da existência, nuvens e cavernas, tenta resolver o mistério do ser, libertando-se da angústia, pelo poder de sua poesia – engajamento verdadeiro do poeta que acredita poder salvar o homem. À procura do oculto e do enigmático, o poeta convida a mergulhar nas nuvens e nas cavernas, descida e subida, antífrase que simboliza a palavra em seu sentido mais amplo, o Verbo de Hermes que desce do céu e sobe da terra e só pode ser encontrado sob o sopro vivificante do símbolo. O poeta, ao "tentar nas ondas/ a refração dos peixes e das pedras", introduz novos arquétipos – peixes e pedras –, que possibilitam aos sonhos e aos delírios transformarem-se num poema carregado de símbolos à espera de descodificação. Agora importa mergulhar, "tentar nas ondas". Tentar faz parte da vida do poeta, representa uma ruptura com o passado, um movimento para "as portas de ouro que se vão abrindo", até a penetração definitiva, a posse sempre adiada.

O signo da superfície das águas, na linguagem hieroglífica, é representado por uma linha ondulada; mais de uma linha já significa a água acumulada, o oceano, a matéria inicial da vida. A inspiração do poeta não paira na onda superficial onde a espuma branca e o movimento em ritmo de serpente em fuga simbolizam a beleza do mar. Em vez disto, ele tenta nas ondas seu mergulho para descer às profundezas das raízes. Ao mergulhar nas ondas, fonte de vida, como a água, matrizes onde se modela o ser, o poeta procura nos efeitos da refração das imagens uma nova linguagem poética. As ondas da inspiração se revigoram por este fenômeno que tem o poder de multiplicar e parcelar a forma, a cor e a direção dos objetos dentro da água: peixes e pedras, seres vivos e natureza morta se tornam objetos simbólicos de extraordinária polivalência de sentidos. Num eixo de verticalidade, eles participam, ao mesmo tempo, do ar e da terra no momento em que se desdobram em símbolos essenciais e naturais.

O peixe, como a água que o envolve, simboliza a fecundidade. Movendo-se num elemento que simultaneamente resiste e cede, carne amante e rebelde, torna-se um símbolo fálico, aumentando a feminilidade da água que, como a mulher, tem seu fluxo regulado pela lua: "a mulher, a água, o peixe pertencem, constitucionalmente, ao mesmo simbolismo da fecundidade verificável em todos os planos cósmicos" (ELIADE, 1993, p. 154). Por sua forma em fuso, o peixe lembra um pássaro ou um avião e se transforma em símbolo de união entre a terra e o céu, de sonhos e desejos de voar que a Psicanálise interpreta como uma nítida e supreendente confissão de desejos voluptuosos. A água, porém, transfere ao peixe todos os seus poderes místicos de renovação e regeneração, transformando-o, também, em símbolo religioso. Ao lado do pão, o peixe, associado ao alimento eucarístico, torna-se símbolo do cristianismo primitivo, sobretudo porque a palavra "peixe", em grego, fornecia, através das letras que a compõem, o resumo da nova doutrina da regeneração espiritual: Jesus Cristo, Filho de Deus, Salvador. O peixe serve para explicar a imagem do engolidor engolido, porque os grandes engolem os pequenos. No simbolismo religioso, Cristo, que multiplica os peixes, nutre-se de peixes, procura na boca de um peixe o tributo para o templo, transforma os apóstolos de pescadores de peixes em pescadores de almas. Por sua vez, o grande Pescador se transforma em peixe, alimento místico ao lado do pão, sinônimo, portanto, como o pão, de alimento para a vida eterna – de Pescador a peixe.

No poema "Plural de nuvens", a refração, nas ondas, dos peixes e das pedras redobra-lhes e desdobra-lhes a forma e a direção das imagens, tornando possível a inversão gramatical onde o engolidor sujeito passa à condição de engolido objeto, num redobramento perfeito: o fundo do mar transforma-se em espaço celeste, o azul do céu contracena com o fundo do mar e os peixes se convertem em pássaros. O próprio mergulho na memória sugere o redobramento, provocando uma inversão constante de valores; paradoxalmente, penetra-se no fundo para trazer de volta, no tempo presente, as lembranças do passado, os sonhos da infância até a quietude pré-natal. No regime noturno místico, todo redobramento pressupõe o duplo e configura o espelho que desdobra a imagem. O claro-escuro das nuvens e das ondas desdobra o poema em diálogo e monólogo, dupla face do autor que dita, nas entrelinhas, as regras da interpretação da metalinguagem e soma os dois abismos, da altura e da profundidade: "eu sou de mim meu próprio dobro" ("Ufanismo", *PN*, p. 37).

O peixe, símbolo sagrado da fecundidade e da união entre o céu e a terra, longe de formar com as pedras uma antítese, pelo contraste de um ser vivo em confronto com a natureza morta, torna-se arquétipo de denominador comum com as pedras. Peixe e pedra, através de eufemizações do regime místico, invertem suas imagens simbólicas quanto à fecundidade e ao poder de unir os elementos terrestres aos celestes. Ambos incorporam a vida na esperança divina de ressurreição, são casa e túmulo, engolidores e engolidos – o ventre da baleia é a casa de Jonas, a pedra que fecha o túmulo guarda o germe de nova vida. A pedra, à primeira vista, possui elementos que contrastam com o homem; ela possui uma realidade diferente dos seres vivos por sua dureza e impassibilidade. Daí sua força misteriosa e profundamente simbólica, não pela sua essência, mas pelo que ela representa: "o culto não se dirige à pedra, mas ao espírito que a anima, ao símbolo que a consagra" (ELIADE, 1993, p. 176). A pedra, fixando o morto mais perto dos vivos, reveste-se do poder de possuir a alma do antepassado.

Além do privilégio de possuir uma alma aprisionada, sua força arcana se manifesta na medida em que sua presença representa o divino. Monolitos, em forma de falo, encontram-se desde as mais antigas civilizações, simbolizando o poder fertilizante: o peixe, erótico, cede lugar ao falo de pedra, procriador. A pedra e o altar feito de pedra tornam-se o centro do microcosmo humano, representando a via de comunicação entre os três níveis da existência: o homem vivo na terra, a morada subterrânea dos mortos e a divindade no alto dos céus. Protetoras dos mortos, instrumentos de combate, falos de procriação, marcos da presença de Deus, *Ka'abas*, centro do mundo, porta do céu de Jacó e alicerce da fé cristã, as pedras exprimem sempre uma realidade transcendente (ELIADE, 1993, p. 190).

Os símbolos (peixes e pedras, nuvens e cavernas) ampliam-se pela fusão alquímica. A transformação que se opera em seus sentidos, pela refração nas ondas, possibilita ao poeta uma visão diferente do mundo. Agora o possível e o impossível, o real e o imaginário, a terra e o céu formam um todo harmônico. Pelo redobramento e pela eufemização, desaparecem os contrastes porque todas as coisas são como um espelho e o dobro umas das outras. No fundo do lago, entre peixes e pedras, estão refletidas as nuvens, enquanto no céu as mesmas nuvens tomam as formas que o imaginário do homem for capaz de sonhar: "O trânsito das margens acompanha/ sua forma invertida, como um mito,/ um cardume de peixes na montanha" ("Poemito", *AA*, p. 305).

O dinamismo qualitativo que determina realmente o regime do imaginário deve ser procurado no esquema verbal – no poema todos os elementos dos três reinos da natureza se confundem desde as primeiras palavras. "Confundir" imprime direção ao movimento estrutural do regime noturno místico, enquanto os valores épicos do regime diurno estão confiados ao verbo "distinguir" e os dramáticos, do regime noturno sintético, se condensam no verbo "ligar". Os mitemas de "Plural de nuvens" que podem sugerir ação heróica ou dramática se dissolvem no texto perante a força inicial do mergulho nas ondas onde o mundo todo se transforma na refração que multiplica e confunde. O gládio, "armas para o teu combate", o escudo, "que não resiste muito a teu assalto", e o sol que "há no curso dos dias" não são suficientes para configurar este poema como heróico. A luz, elemento complexo e abrangente, própria para definir o regime diurno, apresenta-se como uma luz líquida que não releva os objetos em formas definidas por limites certos. Não se trata de luz originária e imanente, mas de luz reflexa e confusa que se manifesta pelas diferentes velocidades de propagação, uma luz que se esbate na contraluz porque há sempre "um lado obscuro que atravessa o poema" e, ao mesmo tempo, um lado ambíguo onde, no meio das névoas, se encontram formas laterais de fácil interpretação.

Se "na foz do rio, o vento desenrola/ a linha do discurso nunca dantes" ("Descobrimento (3. Foz)", *PN*, p. 60) e as palavras adquirem a plenitude do sentido, num novo mergulho, brota uma outra inspiração poética, nos olhos da amada: "talvez na foz do rio outra cidade/ venha no teu olhar amanhecendo". O amanhecer como o entardecer carregam consigo a idéia de claro-escuro, momento do dia quando ainda se confunde o dia com a noite e que é, ao mesmo tempo, dia e noite, luz e treva. Esta tentativa constante de encontrar uma solução, nunca final e libertadora, reflete-se na escolha da palavra essencial. O esquema verbal de "Plural de nuvens" não gira em torno da palavra sol – luz e força –, mas de nuvem – sombra e sonho –, o poeta "tem sempre uma nuvem para transformar". O verbo "tentar" apresenta-se como um modelo de possíveis interpretações dentro do esquema do imaginário. Tentar, no sentido de enfrentar, sugere luta, antítese polêmica, gládio e cetro, luz e sol, armas próprias das estruturas do regime diurno. No texto, porém, o verbo tentar não significa enfrentar porque o poeta não enfrenta as ondas para um duelo de vida ou morte. Tentar nas ondas configura, apenas, o lugar onde se desenvolvem as tentativas do poeta em relação ao complemento verbal: "a refração dos peixes e das pedras".

Como sinônimo de experimentar, fazer tentativas em eterno recomeço, o verbo parece, à primeira vista, pertencer às estruturas dramáticas do regime noturno. Não existe, porém, entre as ondas e o nadador a dialética de antagonistas, nem tampouco uma procura dramática para a coincidência dos opostos, na tentativa de harmonizar o presente e o passado ao futuro, como uma roda sempre a girar, sem começo e sem fim. Tentar é, no texto, o verbo essencial das operações próprias da Alquimia em suas transformações sucessivas da matéria para conseguir resultados inesperados; tentar, em linguagem alquímica, permite a multiplicidade de interpretações. A vantagem de não se conhecer a verdadeira interpretação permite fruir de todas as respostas ou possíveis verdades do texto, sem se tornar escravo do poeta. No fundo, em seus poemas "há sempre um x"[16] ("Ciclo", *PN*, p. 10) de difícil solução, porque os dados misturam os desejos do homem pelas formas mutáveis da mulher-poema, às alegorias de sua vida particular bem resguardada: "talvez no centro, na convergência/ dessas verdades se abra o sentido". Talvez, nem ele mesmo, porém, saiba o segredo de sua poesia, quando finge escondê-lo do leitor, num constante redobramento, nessa "dobra de carta cheia de emendas", máscara dupla usada para se mostrar e se esconder, como poeta e como ser humano.

Se o poeta estivesse realmente interessado na descodificação de sua lírica alquímica, não teria violado os limites do logos e da essência cristalina das coisas para enveredar, no além, pelos caminhos do imaginário. Teria reduzido tudo ao termo que confere um sentido próprio de clareza meridiana e não obriga o leitor a ler "o texto das cavernas na cavidade

16. O poeta, freqüentemente, entrega à letra x o mistério da poesia, o segredo desconhecido, como em "e abrir as asas, pesquisar os xis" ("Geração", *PN*, p. 23); "ver se há mesmo um x/ no Plural de nuvens" ("Posfácio", *PN*, p. 83).

das nuvens". A entrega fácil não é, certamente, a intenção do poeta, como se percebe em momentos privilegiados de sua poesia, como este:

> E mais que tudo é belo o que não vem à tona:
> o fantasma e o castelo, os limites da zona
> que sempre te reprime e te põe sempre à escuta
> da luta do sublime, mas sem sublime e luta
> ("O belo", *PN*, p. 13)

Preocupou-se, porém, em deixar no mapa de navegação, sinalizações preciosas, mas não precisas, para que o leitor pudesse chegar navegando, pelos braços do rio e afluentes, ao estuário, à foz do poema, onde deságuam e se confundem os sentidos, até o do poeta, numa ampla significação alquímica. Fez uma recomendação explícita ao leitor para colher florzinhas, embora haja toda uma primavera para ser fruída. "Colher florzinhas", duas palavras que cumprem honestamente seu ofício na linguagem da vida cotidiana, sem perder, por isto suas possibilidades poéticas. Sente-se, porém, que "colher florzinhas" surge aqui como metáfora gasta, difícil até de ser revitalizada pelo seu valor simbólico.

O poeta, ao cair num lugar comum, ensina ao leitor que não fique na superfície de seus poemas e não se satisfaça com algumas frases esparsas ou versos declamatórios, penetre no poema e encontre toda uma primavera, sentido profundo de uma estação de flores. Fatos isolados, ironias leves, alegres jogos de palavras são florzinhas, falsos alarmes, perdidos na primavera de versos prenhes de significado à espera de descodificação. Na interpretação mágica e alquímica, a primavera representa a época na qual se conferem "plenos poderes a tudo o que tem natureza de semente" (EICHEMBERG, 1997, p. 7). O orvalho de maio, segredo da Alquimia, torna-se um misterioso agente que desce do céu para fecundar a natureza. Os alquimistas usavam-no sob forma de sal para produzir, no vaso alquímico, suas transformações. O orvalho de maio, ou sal de Hermes, "é também o agente motor que preside a aliança, aparentemente díspar, entre paixão e ordem profunda, que move o poeta desde a obscura germinação das palavras até o poema como produto acabado" (EICHEMBERG, 1997, p. 7).

O importante é acompanhar o poeta na descida até o limite entre a palavra e o silêncio para "espiar os seus não-ditos", o que não pôde ou não quis dizer, onde germina, na ausência do som, a semente que, nas entrelinhas, espalhou nos sulcos da inspiração: "o que ficou a esmo entre o rascunho e a obra" ("O belo", *PN*, p. 12). O poeta sugere que sua poesia não comporta só uma primeira leitura superficial, torna-se necessário descer para espiar os não-ditos à luz do imaginário do leitor: "o não-dito do texto não ficou na cabeça do autor: está nas entrelinhas do texto" (TELES, 1996, p. 299). Os não-ditos significam o silêncio germinador, porque o poema, transcrito na página em branco, possui identidade própria; a linguagem escrita cria o seu próprio universo dentro de uma seqüência de universos imaginários, transformando-se em sementes de novas imagens em forma de explosão, à espera do resgate: "alguém contempla o fundo da linguagem/ na superfície do papel em branco" ("Ars longa", *PN*, p. 14). O efeito desta semeadura produz uma mobilidade imprevisível, que escapa ao próprio poeta, mobilidade de sentido, de significante, de todo material biográfico, cultural, histórico, que passa a fazer parte da nova criação. A poesia redescobre a si própria de maneira explícita, torna-se auto-reflexa, extraída às imagens da própria vida, às vezes descorporificadas do contexto, como não-dito, núcleo vagante no indefinido lingüístico. O verdadeiro e único resultado da Alquimia é a vida gasta em perseguir a Grande Obra. A palavra, paraíso e potência da mente criadora, ao mesmo tempo, seu inferno e sua impotência, manifesta, porém, seu poder místico, ao conseguir o milagre de se fazer ouvir até no silêncio de seus não-ditos, "ou na coisa mais bela/ do sem-fim do silêncio" ("Je t'aime en six lances", *&CS*, p. 114).

Gilberto não se entrega à página em branco, símbolo do desafio, mas agride os mecanismos da voz em experimentações constantes e penetra fundo onde só existe o silêncio e a palavra não se revestiu, ainda, da articulação. É preciso descer com ele naquela fonte primitiva que é, ao mesmo tempo, manancial do ser e do existir, para espiar, não ouvir, os seus não-ditos, enfim surpreender "a beleza das coisas sem palavras,/ dessas coisas que vivem como se estivessem voando/ para dentro de si mesmas" ("Prosoema", *&CS*, p. 118). A descida leva à linguagem indecifrável, palavra escrita a fogo na rocha do inconsciente, como as palavras divinas gravadas nas tábuas da lei e despedaçadas pela história do homem. Decifrar os não-ditos se concentra na procura de um sinal que não deixou traço, ou aquele que, mesmo gravado, já foi cancelado, mas "ainda resvala/ além da fala/ na escuridão" ("Canção", *&CS*, p. 91). A força destes não-ditos está no mistério profundo daqueles traços que Cristo escreveu no chão da Galiléia e cancelou em seguida (João, 8-5); força de tal grandeza mítica que todas as pedras levantadas em nome da Lei, prontas a serem lançadas na adúltera, caíram por terra. O não-dito, escrito e apagado, tornou possível, naquele contexto, adequar as razões indizíveis dos fatos ao mistério profundo da vida.

A lírica alquímica, ao aceitar o convite de descer às cavernas e ler de perto a cavidade das nuvens para espiar os seus não-ditos, mergulha nos poemas como se fossem uma seqüência de mananciais que vão desembocar unidos no mar da existência. Na foz do rio, misturando dor, alegria, figuras de amor e linguagem – dados da própria biografia – a poesia escorre empurrada pela força mística do eu-lírico que esconde, enquanto descobre o sentido último de um enigma, sempre perseguido e jamais alcançado, paradoxo do discurso alquímico. Importa tentar os enigmas durante a navegação até o delta, feita de movimentos e paradas, de aparições constantes do eu-lírico e seus desaparecimentos súbitos para decifrar a viagem da existência na profundidade do ser:

> ultrapassei os teus limites, última
> testemunha da noite, quintessência
> dos nomes e das cores, desespero
> dos espaços vazios
>
> ("Extremo", *AA*, p. 304)

Peregrinação de fé e confiança na palavra carregada, sem usura, de valor alquímico que se expressa nas zonas mais inacessíveis ou imprevistas. A palavra do poeta, como o dedo divino, escreve no chão palavras misteriosas, talvez de amor, talvez de perdão, que, embora escritas e apagadas, possuem mais força que os termos da lei.

A lírica amorosa

A criação artística de Gilberto Mendonça Teles afigura-se como um processo continuado de temas na aparente descontinuidade de procedimentos na produção poética. Mesmo quando se pensa que o poeta tenha chegado a uma conclusão, descobre-se, em sua poesia, e no que diz respeito aos mecanismos de seu fazer poético, que se trata de uma simples reabertura e ampliação do discurso, retomada de um caminho jamais interrompido. Quando o poeta alcança o limite, nega-o, enveredando-se por uma nova porta, abertura para uma nova experiência, pois a poesia, por sua nuclearidade em explosão, é irrepetível. Resulta disso uma espécie de movimento em espiral de descida, um novo percurso em profundidade no qual os dados vividos com força de arquétipos se submetem ao fogo das indagações do eu-lírico, sempre pesquisador e, também, ao fogo dos acontecimentos fragmentados de sua aventura humana. No interior de seu processo poemático, nota-se que sua poesia participa dessa fragmentação e se carrega de dimensões periféricas, conservando, porém, o sentido de um centro para o eu-lírico e a palavra.

Quando todo esse material vivido se estreita em vínculo de união indissolúvel, quase uma fusão de vida e inspiração, acaba por estabelecer uma verdadeira relação de espelho, refletindo-se contínua e reciprocamente na multiplicação das imagens, tal como se vê neste fragmento:

> Na busca do sentido,
> o corpo a corpo da palavra
> no âmago
> de todos os fragmentos, os suportes,
> a confluência dos quadris, e os termos
> da espalhada unidade, e precipício.
>
> ("Soneto 6", *PN*, p. 63)[17]

As linhas da vida que se entrelaçam à energia dinâmica do fluxo e refluxo da inspiração permitem, contudo, sentir o tema de maior recorrência e profundidade em seus poemas. A mão do criador-poeta se levanta para transformar, com o sopro divino de sua linguagem, o caos em cosmo, amarrando as partes esparsas, as ocasiões diversas e as tensões diferentes, ao redor de um núcleo central, a partir do qual vão irradiar os

17. O Soneto 6 encontra-se na 1ª edição de *Pural de nuvens*. Porto: Gota de Água, 1984.

feixes de imagens. Seu laboratório nuclear utiliza, para as explosões, um material de mais alto poder, purificado de toda escória, reduzido a uma só expressão, "mulher-palavra", ao mesmo tempo signo e cio:

> vivendo a poesia
> desse corpo-livro
> no íntimo escritório
> da melhor palavra
> da mulher-palavra
>
> ("Erótica-II", &*CS*, p. 121)

A incessante busca metalingüística, sua profissão de fé literária, uma poética com poesia, está condensada no conceito da mulher-palavra. Nota-se uma espécie de movimento inverso do descrito anteriormente, na alquimia lírica. Em vez de multiplicar os sentidos de uma só palavra, o poeta, nesta fusão, pretende reduzir o universo externo, tudo que é sensível, emocional, imaginário, ao núcleo de uma só palavra – ao caroço do cosmo: a mulher-palavra. O esforço desta redução provoca, por sua vez, o efeito contrário, o mundo material e espiritual, reduzido ao espaço mínimo, produz um vácuo onde o elemento essencial transforma-se em fermento constante. Pelas leis da física, aplicadas à palavra, chega-se, assim, aos mesmos resultados obtidos na alquimia lírica. Tudo o que é constrangido, por um esforço, a tomar posição reduzida, tende, por sua natureza, a voltar à posição primitiva, até com violência, apenas libertado da força coercitiva e redutora. A mulher-palavra, o núcleo do cosmo poético de Gilberto, concentra uma força de expressão em proporcionalidade inversa: quanto mais reduzida, mais amplo o efeito de sua explosão. Abrir o caroço significa possuir o segredo da força que emana da essência da mulher-palavra, capaz de alterar o curso de todo o universo com a submissão do macrocosmo ao microcosmo, do espaço da alma do poeta: "E bem devagar ir abrindo/ não a palavra – o seu caroço:/ a essência mesma do recinto" ("Descobrimento – 2. Palavra", *PN*, p. 59).

A mulher e a palavra não possuem, em Gilberto, essências distintas, não são a máscara uma da outra, nem gêmeas, formam uma unidade perfeita, no centro da inspiração poética:

Quem é a que me deve
as noites e resiste
ao próprio sonho breve
de amar e de ser triste?
(...)
Quem é a que vacila
e se arma de repente,
agitada e tranqüila,
opaca e transparente?

("Anotações de aula", *PN*, p. 47)

O poeta não pretende, com seu poder mágico, transformar a mulher em palavra ou vice-versa, ou seja, a palavra composta não se forma de parcelas distintas de uma soma, a mulher-palavra representa a soma, total único e indivisível, cujo valor simbólico leva diretamente ao ato criativo por excelência. Os poderes todos da germinação e fecundação, próprios da mulher, a Grande-Mãe, pertencem também à palavra. A segura e quente intimidade do ventre materno – o caroço do universo – identifica-se com Hermes, princípio da vida, luz celeste da revelação e plenitude da razão. O ventre da mulher-palavra, fonte de vida, revela mitos profundos do ser humano: a perfeição e a pureza do nascer das coisas e dos seres, seguidas do desejo de um eterno retorno a esta natureza primitiva e intocada, num processo ininterrupto de evolução/involução da existência, na órbita temporal. Neste nascer do ventre materno, se concentra o enigma não só da poesia, mas da própria espécie humana: o mistério da dor, tributo necessário que deve ser pago por quem nasce da dor, transforma-se em número de ouro capaz de fornecer a chave para penetrar na essência da vida. A síntese místico-ritual da geração compara a Terra-Mãe a um campo lavrado e identifica o falo com a charrua, o trabalho agrícola com o ato gerador. Deméter, Ísis e Aletéia representam a Terra-Mãe em sua função amplamente geradora da vida, da beleza e da verdade que, por analogia, participam do sofrimento que acompanha o ato de lavrar o campo por Eros fecundador: "(...) como número/ de ouro nos pés da Esfinge – a multiface /de Ísis, Demétria, Aletéia e de Eros" ("7 Resmungos", *PN*, p. 19).

A analogia mulher-campo leva ao binômio criação-sofrimento, essência da mulher-palavra, esta "(...) voz/ perene,/ inicial" ("Linguagem", *SI*, p. 392). O campo lavrado para o parto da natureza, a semente que germina em fruto, trajetória da morte à vida, eterno recomeço, tudo se processa através da dor. A natureza fende-se para arrancar do seu ventre a primavera, atormenta-se Orfeu para trazer das trevas a sua Eurídice – a mulher-palavra. Na incontida ânsia da posse, o poeta a transforma em tristeza – impossibilidade de transmutar a posse momentânea e parcial em posse definitiva e total: "Ela no azul de um barco a vela/ eu de canoa mas sem remos" ("*Genus irritabile vatum*", *PN*, p. 22). Ela, a mulher-palavra, no azul dos ventos rumo à libertação e à essência, acena ao poeta. O mito órfico inverte-se, não é mais o Orfeu a tentar o retorno de Eurídice das trevas da morte a uma nova existência: é Eurídice que arrasta com seu amor o eu-lírico, indicando-lhe o caminho para a união definitiva. O poeta continua, no entanto, perseguindo a nova Eurídice, com a única finalidade de possuí-la, saciar sua fome e sua paixão:

> É como se alguém, de relance,
> me pegasse fazendo amor
> com as palavras e me deixasse
> só com minha fome e paixão
>
> ("Descobrimento 5. Susto", *PN*, p. 62)

Sob este aspecto há, apenas, um grande e único tema na lírica de Gilberto: o amor que envolve a mulher-palavra, "verbo carne escritura/ os acentos primordiais da poesia". Sua metalinguagem se compõe, quase sempre, de autêntica poesia amorosa, e o poeta faz amor com as palavras "como uma língua lírica, de fogo,/ que vai lambendo o azul, o céu o cio" ("Do Ceará", *PN*, p. 46). O mundo manifesto, a carne, funde-se com o espírito em unidade transcendental: a alma e o corpo (verbo e carne) formam aquela unidade perdida que o homem persegue como mito. A mulher-palavra representa, de alguma forma, o reencontro da unidade primitiva e perdida:

> E cada vez vou me deixando inteiro,
> corpo e alma, no centro desta soma:
> toda sofreguidão de um brasileiro
> na sensualidade do idioma
>
> ("Soma", *PN*, p. 63)

Ao se enamorar de si mesma, nas águas do lago, como Narciso, a mulher-palavra reincorpora sua própria imagem, formando com ela uma totalidade existencial, quando, na embriaguez amorosa da total fusão, exclama: eu sou tu mesmo. A alma se exalta através da sofreguidão do corpo, de tal forma que o ato amoroso lhe dá a sensação da possibilidade de transpor o indizível pela sensualidade da palavra, tornando possível aos amantes o momento da criação, meta final do amor:

> Eu acharia muita graça e dormiria
> sonhando que de dentro da poesia
> eu lhe gritava heróico:
> Mulher, tive outra idéia,
> acho que vou compor uma epopéia.
> E ela, a sonhar, por baixo do vestido
> começava a tecer outro tecido.
>
> ("Machismo", *&CS*, p. 106)

O poeta sonha realizar, como produto de sua arte, um poema heróico, a mulher sonha, como produto de seu amor, um filho. Embora o poeta declare que está sonhando uma epopéia, encontra-se mergulhado na lírica mais genuína, pois o próprio ato de gerar exige a postura mística que se realiza no ventre materno, centro que fecha dentro de si a vida. O verbo do poeta se transforma em tecido que toma a forma de um poema vivo no ventre da mulher. O momento da concepção da carne se equipara à concepção da palavra. "O Verbo se fez carne" poder-se-ia dizer se não houvesse o medo de constituir em exagero tal citação, mas de fato o homem participa na transformação da palavra em carne. A poesia é palavra de Deus e quem a possui, participa, em parte, dos poderes divinos, podendo criar, como faz o poeta, no seio da mulher, a palavra que é vida e, ao mesmo tempo, que é também carne. O fio com que a mulher tece o novo ser é da mesma natureza do fio que simboliza a palavra: "Agarro o azul do poema pelo fio/ mais delgado da lã de seu discurso" ("Origem", *AA*, p. 272). O princípio de tudo não se opera a partir da criação da vida, mas da palavra, pois é através dela que os fios da existência se cruzam no tempo. A linguagem poética, fio por onde passa a seiva que alimenta a vida, conserva a natureza da fonte original, uma parcela da essência da divindade que se concentra na mulher-palavra: fusão de dois seres que juntos se dissolvem, dando origem a um novo ser.

O amor apresenta este traço de união entre as coisas e os seres, tão inerente ao próprio cosmo, que uma lei da atração universal faz com que até as coisas que são amadas pareçam querer unir-se de algum modo ao amante, amor em sua dupla ação de atrair e ser atraído. Gilberto curva o universo inteiro, céu, terra e a própria vida, a símbolos essenciais, concentrando na mulher-palavra os elementos primordiais da vida, como se fora um foco de energia. Esta miniatura do cosmo, capaz de recriar o universo inteiro no objeto do amor, configura o regime noturno místico. O poeta capaz de expressar a redução das belezas da criação, fazendo da mulher o quadro final da natureza, é um poeta lírico que guarda afinidade com o criador do *Cântico dos cânticos:*

> Quem é esta que se levanta como aurora, bela como a lua, fulgente como o sol, terrível como o exército pronto para a batalha? (...) Como és formosa, minha amada! Como és formosa com teus olhos de pomba! Teus cabelos são como um rebanho de cabras, esparramando-se pelas encostas do monte Galaad (SALOMÃO, 3º canto, 4-1).

A poesia mantém com a natureza uma relação de cumplicidade: no momento em que o mundo exterior se interioriza participa do processo de miniaturização.

Através dos tempos, os poetas revestiram a mulher do sinal do bem e do mal e investiram nela com a febre do desejo e do ódio. A história da humanidade pode resumir-se neste enunciado – o desejo amoroso e sua satisfação, as desilusões do amor e a angústia são o segredo de todo o bem e de todo o mal que existe na terra. A trama de romances, novelas, poemas e epopéias desenrola-se dentro do amor, irradiação da bondade divina, simples exercício da sexualidade, autodestruição e sadismo, como resumo dos mitos primitivos e literários. Gilberto, "mistura de muitos mitos/ Saci, vampiro e centauro" ("So-lau", &*CN*, p. 124), entrega-se, com facilidade, ao doce jogo do amor, pois abriga em sua lírica todas as formas do amor, do mais puro e apaixonado até o amor de um saci que pula com uma perna só, atrevido e matreiro, espalhando palavrões, o amor guloso de um vampiro e o amor deste ser meio homem meio cavalo, raptor de mulheres, comedor de carne crua, transgressor de todas as interdições, o centauro.

A fonte da linguagem do poeta jorra do ventre da Mãe-Criadora e abriga todas e quaisquer formas de amor, envolvendo-as sob o mesmo manto da lírica pelo poder que se configura na essência da mulher-palavra em seu duplo aspecto, de redução e potência criadora. A redução é capaz de provocar transmutações do sentido e da potência criadora que chega a transformar o símbolo da vida em símbolo da morte, numa trajetória de variações produzidas pelo encaixamento das imagens, em pleno regime de eufemização. Vênus, nascendo da espuma das ondas, simboliza a forma pura da vida, mito universal do amor. Ao receber em Roma o nome de Libitina, passa a significar não só a mortalha utilizada no último ato de amor, mas a própria morte.[18] A estrutura mística do regime noturno se fundamenta nas antífrases, triunfo estilístico da plurissignificação e do poder que emana da ambigüidade, e na redução – caminhos que levam ao lírico, embora em sentidos inversos: "e te restringe à lâmina das coisas/(...) o amor te prende às palavras e te liberta/ na invenção de alguns códigos e silêncios" ("Percepção", *PN*, p. 38).

A lírica amorosa de Gilberto se reveste desses elementos do noturno místico, próprios, também, do chiste, onde a graça salta espontânea pelo duplo sentido e pela redução. O ato de obscurecer o escondido, para torná-lo claro sob o disfarce da palavra, transforma constantemente o lirismo do poeta em lirismo próprio da piada. O chiste é a forma que desata as coisas através do jogo de palavras com a capacidade de inverter o sentido. Reveste-se de inconveniências, principalmente para ridicularizar e desfazer "as regras prescritas pela moral prática, pelos bons costumes e pelas conveniências sociais" (JOLLES, 1976, p. 208). Raramente, e quase só em *Saciologia goiana*, para atingir seus desafetos, o poeta apela para a sátira e o sarcasmo, desvanecendo a atmosfera lírica. A sátira e o sarcasmo se dirigem, como flechas, contra os inimigos numa exteriorização de sentimentos de raiva e revide a ofensas. A ironia, por sua vez, interioriza sentimentos de dúvida, descren-

18. Basta ver os versos de Horácio, em *Carminum*, Livro III, 30: "*Non omnis moriar multaque pars mei/ vitabit Libitinam*" - não morrerei de todo e a melhor parte de mim escapará à morte.

ça e sofrimento, identificando o sujeito e o objeto na mesma motivação que move ao riso, o que imprime à ironia o caráter íntimo e subjetivo da poesia lírica.

Na poesia amorosa de Gilberto, o chiste gracioso se apresenta espontâneo, fruto não só do duplo sentido, mas de uma intencionalidade que não destoa, porque emana de um contexto cheio de humana compreensão e benévola complacência diante do amor. O poeta vale-se de qualquer elemento na aquisição do poético e usa sem melindres mesmo o palavrão, o aparentemente feio, o não-racional, o não-dito em público, desde que se transforme em nova fonte de inspiração, tudo, porém, diluído em leve ironia. Em "Poema esdrúxulo" (*PN*, p. 52), o poeta cataloga variados tipos de amores, começando pelo platônico e terminando com "um amor irônico/ e único", com ênfase exatamente na ironia de um possível amor único ante a multiplicidade de tantos outros:

> Não quero mais saber de amor platônico
> nem de amor pretônico ou postônico.
> Prefiro o amor tônico
> com acento de intensidade
> na idade e na medida
> amor com icto
> convicto
> biotônico
> como um elixir de longa vida.
> (...)
> E que seja lacônico
> para dizer apenas *veni vidi vici*
> ou qualquer outra tolice
> em língua viva
> em alfabeto rúnico.
> Um amor irônico
> e único.

Faltam, no poema, entre tantas rimas esdrúxulas em "ico", duas das mais tradicionais que sempre serviram para acentuar dois lados que completam a eterna tragicomédia em que, não raro, se resume a paixão humana: o lado cômico e o lado trágico.

O constante jogo de palavras do poema, "Arte de amar" (*AA*, p. 310), resolve-se no lirismo do último verso, onde o movimento livre e espontâneo da linguagem consegue dar nova vida às palavras:

Na calada da noite
o azul da borboleta
a mulher calada
a fruta calada
e a baioneta
calada.

No momento em que o sonho, "o azul da borboleta", acaba e, em seu lugar, fica a lassidão, o vazio e a tristeza, o poeta harmoniza o lírico com o lúdico, em perfeita mistura de concreto e abstrato, alegria e tristeza, reproduzindo, com humor agridoce, o fim natural, tragicômico do amor. Um fio constante e visível de humor costura as várias máscaras do poeta da mulher-palavra: "Hoje eu sei que sou homem serial/ e, como todo apaixonado, inoportuno" ("Hiato", *PN*, p. 50). As máscaras em série, desiguais e diversas, reproduzem, de alguma forma, a multiplicidade dos desejos do coração humano. Sua lírica amorosa se manifesta, às vezes, em versos de puro classicismo, que lembram Camões:[19]

Alguma coisa vai ficando, além do
tempo em que me dou e me reparto:
ficou meu coração, ficou batendo,
batendo na penumbra de algum quarto.

Ficou o que mais quero e vai comigo:
– tudo que amei e que ficou amado,
talvez esta esperança que persigo
como uma sombra errando no cerrado.

("No curso dos dias", *PN*, p. 55)

19. A simplicidade temática se associa à simplicidade da linguagem, buscando efeitos rítmicos e plásticos, como se pode ver em versos do Soneto 141, de Camões: "Este amor que vos tenho, limpo e puro,/ De pensamento vil nunca tocado,/ Em minha tenra idade começado,/ Tê-lo dentro nesta alma só procuro./ De haver nele mudança estou seguro". (TELES, Gilberto Mendonça. *Camões e a poesia brasileira*, 1976, p. 52).

ou em poemas que perpetuam, aperfeiçoando, a verve e a irreverência de Bocage em versos que beiram a inconveniência:

> É na ponta da língua que dissolvo
> a essência de teu nome – essas vogais
> essas letras macias como vulvas,
> como coisas que como e quero mais.
> ("Fora de Fuoco", *PN*, p. 43)

O poeta assume os vários aspectos de sua poesia amorosa, e jocosamente se apelida de Camonge, nestes versos de "sotaque" ou prosódia portuguesa: "és 'Camões' e 'Bocage' – sois Camonge" ("Mitofagia", *PN*, p. 81). Dificilmente, em toda a poesia amorosa, poderão encontrar-se exemplos das várias tonalidades do lírico como em "Chá das cinco" e "Fac-símile" em que o amor lúdico e lúbrico se entrelaçam com igual maestria e vigor, dentro de um código de constante duplo sentido, inteligível, sem notas explicativas, só para os iniciados. Deste tom humorístico não escapa nem mesmo o poema "7 resmungos" – "a oração mais forte que jamais se conheceu" (*PN*, p. 15) – que, por sua natureza, deveria revestir-se da maior seriedade, própria de um ritual de magia, onde se invocam as forças da natureza e do além para curar os males do amor, através de palavras místicas e de números cabalísticos: "setenta vezes esgoelar o nome dela/ com gargarejo de cravo e de canela" (*PN*, p. 15).

A epígrafe que precede o poema,[20] e que parece haver sugerido o impulso criativo, foi retirada do VII Livro das *Metamorfoses*, de Ovídio que, na Roma de Augusto, foi, por excelência, "o cantor dos ternos amores".[21] Gilberto, também considerado poeta do amor, transforma a *Ars Amatoria* ou *Ars Amandi*, de Ovídio, em *Arte de armar*, numa alusão clara e irônica de que sem armas não há nem amor, nem poesia. Ovídio ensinou a amar, cantou os amores dos outros e chorou, no exílio, com monótona saudade, a lembrança dos próprios. Os modelos confessos de

20. Em outro poema, "Exercício para mão esquerda", *PN*, p. 87, também há uma epígrafe de Ovídio: "*Nec manus in lecto laeva jacebit iners*".

21. Como o poeta mesmo se define: "*tenerorum lusor amorum*", *Tristia* IV, 10-1.

Gilberto, porém, são três grandes poetas da antigüidade clássica: Safo, Catulo e Horácio que cantaram, em comum, o amor sob a forma lírica.

Com o título geral de *Intertexto*, subdivisão da coletânea *& Cone de sombras*, o poeta se prefixou seguir, numa seqüência de poemas, exemplos de intertextualidade, os passos da poesia lírica através dos tempos, repetindo os ritmos e a essência de cada época, da clássica à romântica. Em "Sáfica" (&*CS*, p. 146), Gilberto Mendonça Teles recria o mesmo tema e usa o ritmo introduzido por Safo, repetido por Catulo, e aperfeiçoado por Horácio, próprio da lírica amorosa. Neste poema, em intertextualidade com Horácio, ele não apenas assume conscientemente a face de poeta lírico, mas quer que sua poesia amorosa seja considerada a parte principal de sua obra, aquela que lhe dará glória futura, coroando-o com o louro de Apolo, reservado aos poetas líricos:

> E sou agora o signo desse cisne
> cuja plumagem lírica sustenta
> a vastidão do tempo.
> Queira Apolo
> dourar meu canto para além de mim.[22]

A escolha dos textos relativos aos três poetas não representa, apenas, o virtuosismo de transpor, para o português, a métrica do verso clássico, mas revela, na estrofe final, o desejo de se revestir, ele também, da imortalidade reservada aos poetas líricos. Safo, Catulo e Horácio representam momentos diferentes da poesia amorosa, estruturada numa relação temporal: o tempo futuro, com as preocupações que se devem rechaçar, e o tempo presente, que se deve gozar, como terapia contra a tristeza da espera da morte. O sentido melancólico do efêmero, resolvido pela intensidade do gozo da hora, sintetiza-se no imperativo horaciano *Carpe Diem*. Diante da consciência do efêmero irremediável e da vontade de que o gozo seja eterno, esse imperativo poderia traduzir-se: resgata o

22. No Livro II, Ode XX, Horácio prevê que sua fama o levará à imortalidade e que será transformado em cisne canoro, levado ao límpido éter. Esse pensamento ele repete no Livro III, Ode XXX: "Acabei um monumento mais duradouro que o bronze, mais elevado que as pirâmides reais que nem a chuva poderia destruir", "*non ominis moriar*".

dia do efêmero pela intensidade do gozo, colhe o dia antes que ele fuja. Verifica-se um adelgaçamento, uma redução do espaço temporal: resgata o dia, a hora, o instante, esquece o tempo cronológico e aproveita o instante prenhe de sentido:

> É aí que te pões a bailar no teu presente
> como se toda a arca da aliança
> fosse apenas este instante de carinho
> nas vésperas das férias.
>
> ("Hipótese", *PN*, p. 49)

Portanto, no tempo finito, na menor fração do tempo finito ou na intensidade do instante, cabe a música, a rosa, o vinho para celebrar o convívio amistoso. As ações de condensar uma longa esperança num espaço exíguo, de colher o dia de hoje arrancando-o ao tempo, de filtrar o vinho são todas sinais de redução.

A esperança condensada de Safo no dia presente, os mil beijos de Catulo reduzidos a um só beijo infinito no amor, o dia de hoje arrancado ao tempo, são sinais evidentes de reduções.[23] O *Carpe Diem* de Horácio resume a liricidade, não mais simplesmente como tema ou como atitude de vida vivida, mas como paradigma para a poesia lírica. Diante da noção do fatal, pois o tempo tudo consome, permanece o imperativo do gozo presente. Diante da graça, beleza, juventude simbolizadas no amor, doce fruto da vida, o poeta tenta tornar eterno o efêmero, arrancar ao tempo o agora do gozo. A essência da lírica é "por excelência concentrada" (MERQUIOR, 1996, p. 202), porque reduz o tempo ao agora, o espaço ao aqui, reduz a força centrífuga, própria da narrativa e do drama, a um núcleo central enriquecido de energia: "Procuro o aqui e o agora,/ o agoraqui (...)" ("Aqui e agora", *PN*, p. 31). Elementos visíveis e invisíveis do cosmo curvam-se à mulher-palavra, o infinito do tempo e do espaço

23. Safo: "Aqui o prado onde repousam os cavalos/ é uma só flor na primavera,/ aqui com ímpeto dominador, enche/ Afrodite nas taças de ouro/ vinho claro/ êxtase celestial". Cf. *Lirici Greci*. Milão: Mondadori, 1969. p. 23. Catulo: "O dia pode morrer e ressurgir em seguida/ mas quando morrer o nosso breve dia/ um noite infinita dormiremos./ Tu, dá-me mil beijos e mais cem". Cf. Catulli Carmina. Horácio: "Enquanto conversamos o tempo invejoso vai passando,/ colhe o dia de hoje, não te fies o mínimo no amanhã". Cf. Livro I, Ode VIII.

cabem no instante do gozo. A miniaturização funciona na pesquisa dos gêneros literários, porque é exatamente no mais íntimo do núcleo que explode, em física, a potência do átomo. O microcosmo, contendo o macrocosmo, processo do regime noturno místico, afigura-se como uma acumulação de valores que só podem ser encontrados numa intimidade profunda que, para ser alcançada, convida a descer, possuir e penetrar. A posse amorosa se manifesta a partir dos esquemas verbais da intimidade noturna mística.

Após "Sáfica", Gilberto penetra, com "C'antiga" (*&CS*, p. 147), em plena Idade Média, "numa corte d'amor", para sofrer, novo trovador, "a maior paixão". Utilizando sempre o lúdico e o jocoso, que ajudam a quebrar a solenidade ou a monotonia do sublime, o poeta retrata a plenitude dos rituais do amor cortês, praticado pela aristocracia provençal a partir do século XII. A poesia desta época é, ela própria, o amor; a música e o canto se transformam em arauto cúmplice desta nova emoção; através dela, o trovador quer conquistar a sua amiga, homenageá-la, prestar-lhe um culto sem pretender a posse de seu corpo. A matéria do tema estava fixada – o amor; a arte consistia na procura de uma forma graciosa, da palavra mais expressiva, da imagem mais delicada. Encontrar, "*trobar*", era a arte do trovador, ciumento de seus segredos e de suas sutilezas, que não se ufanava de sua clareza, mas de sua obscuridade. A arte levava ao artifício, e o artifício ao misterioso, isto é, ao "*trobar clus*", ao poetar difícil e hermético. A compreensão devia ser reservada a poucos iniciados e, se possível, apenas à mulher amada. Linguagem esotérica, cifrada dentro de uma realidade virtual, estabelecia uma nítida divisão entre o vulgo e a corte, e, no próprio castelo, selecionava os eleitos a quem se dirigia, dentro de um círculo fechado que conhecia seus símbolos secretos.

O amor cortês dos trovadores provençais ditou não apenas as regras da nova poesia amorosa, mas também despertou os germes da poesia nacional na Europa porque utilizava a língua vulgar e não mais o latim e se adaptava à índole literária de cada povo, por seu caráter fundamentalmente subjetivo e íntimo. O temperamento nostálgico e amoroso da gente de Portugal espelha-se na saudade e no fatalismo das Cantigas de Dom Diniz. Na Itália, Dante transforma a mulher em pura contemplação. Seu amor por Beatriz é tão grande que ultrapassa os limites do amor natural, e, com Petrarca, a linguagem do amor tornou-se a retórica do coração humano. Por toda a parte, graças aos trovadores, a lírica do amor que nascera nas cortes, passa, em seguida, às cidades; do castelo fechado, à cidade cercada por muros, os poetas das cantigas de amor a fecham em sua própria alma, transformando em íntima a poesia que nascera secreta.

Gilberto Mendonça Teles consegue recriar na breve cantiga, de apenas quatro estrofes, esse clima especial da poesia cortês, com seu caráter de súplica apaixonadamente triste, quase uma prece, com as repetições necessárias para alcançar a graça da maior paixão: "Por não ter cruzado a linha d'embigo,/ na corte d'amor não sofri contigo/ a maior paixão" ("C'antiga", *&CS*, p. 147). Acrescenta uma pitada de seu humor para arejar o "*trobar clus*" dos trovadores: "Por não ter cruzado a linha d'ambíguo" não foi possível cruzar "a linha d'embigo". O corpo da amiga continua pertencendo ao marido, pois o poeta cortês se satisfaz apenas com a posse de sua alma. A vassalagem instituída entre o cavaleiro amante e sua dama não permite ultrapassar os limites do amor cortês: já não é amor o que tende para a realidade. Contudo, a cumplicidade entre os poetas e as mulheres cria um novo relacionamento amoroso motivado, sobretudo, pelo comportamento brutal dos homens da Idade Média, definida por George Duby (1989), como a Idade dos Homens. A nova lei do amor, de tanto exaltar a beleza e a dignidade da mulher, seu valor humano e religioso, acabou por justificar o amor extraconjugal por ser "um estímulo permanente de perfeição moral" (LAPA, 1955, p. 16).

Em seu ensaio sobre o amor, Jean Guitton afirma que apenas três grandes temas na história expressam o amor: o tema platônico, o tema salomônico e o tema do amor cortês, no qual se insere o mito de Tristão e Isolda (BRUNEL, 1988, p. 1385). Ao passar da Provence para o Norte da França, o amor cortês penetra no ciclo bretão, tranformando-se em amor-paixão, declarado e aberto, transgredindo os limites da timidez do beijo único, sacramento do amor cátaro, negação do contato carnal. Entre as aventuras heróicas dos cavaleiros do ciclo da Távola Redonda, a mais sugestiva e famosa é, sem dúvida, uma lenda de amor cujo mito perdura até hoje. O romance bretão *Tristão e Isolda* insere-se neste clima trovadoresco das duas leis antagônicas da cavalaria: professar fidelidade à dama eleita e, ao mesmo tempo, jurar fidelidade ao senhor, num contexto em que tanto os segredos do amor, quanto os deveres para com o soberano são sagrados e invioláveis.

Nesse sentido, Tristão e Isolda – "o grande mito europeu do adultério", segundo Rougemont (1972, p. 19) – violam as leis da igreja e os costumes do mundo feudal, amando-se com amor-paixão que não pode ser confundido com uma pura troca utilitária de prazer: o que eles amam é o próprio ato de amar, esta "força estranha pela qual sentem-se arrebatados para além do bem e do mal" (ROUGEMONT, 1972, p. 34). De fato, essa novela, originariamente celta, enxertada através dos tempos de elementos do imaginário cristão, reúne todos os requisitos para se transformar em mito, por ser um relato simbólico que contém um número infinito de situações mais ou menos análogas à vida social. O mito é animado por um dinamismo próprio que vem da história, mas não se confunde com ela: origina-se na história e serve para explicá-la. É sempre o relato de uma criação que se perde nas brumas do tempo sem autoria: o romance *Tristão e Isolda* aparece sob a forma de várias manifestações escritas baseadas em texto original desconhecido. A moral da época não poderia ser afrontada diretamente pelos poetas, demonstrando que a paixão, única forma de amar, só pode existir fora do casamento, por isso aparece sob a forma disfarçada de um mito que adquire a força do sagrado e do segredo.

Poderá parecer estranho que, em se tratando de poesia lírica, seja dada ênfase a um mito considerado heróico e trágico. O herói solar do regime diurno, Tristão, empunhando a espada, não combate contra Isolda, à semelhança de Tancredi e Clorinda na *Jerusalém libertada*, nem dramaticamente os dois passam do ódio ao amor, na última hora sintetizando duas forças antagônicas no beijo final. Na versão wagneriana do mito, Tristão e Isolda estão unidos pelo mais profundo amor que os funde numa só pessoa. O mito do duplo, da penetração total e perfeita de dois seres, do regime noturno místico, se evidencia no II Ato da ópera, quando os amantes cantam, em dueto, a prodigiosa integração recíproca, diz Tristão: "Tu Tristão, eu Isolda, não mais Tristão". E ela lhe responde: "Tu Isolda, eu Tristão, não mais Isolda". A paixão dos amantes funde, na lei do amor, dois seres na mais completa interiorização: a nova lei do amor é essencialmente lírica.

A literatura ocidental gira em torno da atração do proibido e demonstra seu virtuosismo na criação de obstáculos que se opõem ao amor-paixão do mito de Tristão e Isolda, que tanto pode ser considerado uma simples história de adultério, como a plenitude do amor humano que está ligado à morte, último obstáculo do amor verdadeiro. O mito do amor-paixão tomou conta da poesia, do drama, dos romances e novelas, numa vulgarização que traduz a invasão de um conteúdo totalmente profanado do mito na consciência moderna. A poesia cortês sobreviveu, assim, apenas na sua parte proibitiva: tudo é permitido para se chegar à posse do corpo. O amor-paixão moderno, em cujo nome se justificam todos os excessos, levou à total vulgarização o idealismo trágico do mito original. Os trovadores e as canções de gesta ridicularizaram o matrimônio, trocando-o por um amor simbólico contemplativo ou pelo amor-paixão; já os escritores dos séculos posteriores acabaram por destruí-lo, negando-lhe os alicerces do sagrado e da lei. O sentimento de culpa, de pecado e de crime continua nos homens modernos, apesar do eclipse do mito de Tristão e Isolda, já substituído pelo mito de Don Juan.

A poesia de Gilberto Mendonça Teles vive no clima de absorção destes dois mitos literários, onde o amor-paixão do primeiro é substituído pelo amor-conquista do segundo, isto é, o desejo de amar uma só mulher está superado pela emoção de ser amado por mil mulheres. Gilberto ironiza o mito de Don Juan: "Era um tipo vulgar de D. Juan/ jogando beijos e mandando brasa" ("Donjuanismo", *&CS*, p. 122), transformando em pobre amante o fascínio do conquistador, imortalizado pela música de Mozart, sempre à procura de uma única mulher que não encontra, porque é amado sem saber amar de modo total. O poeta, em versos de requinte verbal, ao gosto de quem costuma brincar com as palavras, reconhece, sintetizando, como nos versos a seguir, as implicações decorrentes dos mitos que atormentam os homens:

> Por sob a carga o sonho e o medo
> de haver perdido e haver ganhado:
> no contrabando do segredo
> o contrapeso do sagrado.[24]

---

24. Também extraído da p. 3, da obra *Hora aberta*.

O contraste entre o segredo e o sagrado está no sentimento de culpa e de medo pelo contrabando e no desejo de libertar-se do contrapeso que estabiliza e amarra. O sagrado, cuja origem se perde nas brumas do paraíso terrestre, se estriba, por sua vez, num segredo indecifrável que a fé ou o mito tornaram mais visível que a própria realidade visível. De novo, a consciência humana se depara com a mesma esfinge já detectada no poema "Rapto", de Drummond. A permissividade, reforçada pelo mito primitivo de Ganimedes, estende-se ao mito literário de Tristão e Isolda, e o pecado cristão, resultante da queda, produz sentimento de culpa e arrependimento que se reporta ao sagrado. O mistério pagão (o contrabando do segredo) e o pecado cristão (o contrapeso do sagrado) constituem nomes diferentes que os dois poetas, Drummond e Gilberto, usam para repropor o mesmo enigma indecifrável que atormenta o mundo ocidental: interdito e transgressão, culpa e remorso – "é a sensibilidade religiosa, que liga sempre estreitamente o desejo e o medo, o prazer intenso e a angústia" (BATAILLE, 1987, p. 36). O sagrado e o segredo envolvem os homens por toda a parte e sempre, do nascimento até a morte, e, sobretudo, além da morte, exercem sua força perturbadora. No sonho e na tentação, na queda e no remorso está o segredo; nos limites do sagrado encontram-se a ternura da voz interior, e os incontáveis retornos.

É possível sustentar uma particular tese sobre a poesia amorosa de Gilberto, encontrando sempre os textos exatos para comprová-la. Em conjunto, porém, seus poemas compõem a figura combatente e combatida do homem diverso e desigual, como desigual e diverso é o coração humano. Não há dissídio entre o clássico, o romântico e o moderno, entre o vulgar e o erudito, entre o poeta e o crítico, porque sua poética é um ato de constante fidelidade à sua vocação de artista. Sua poesia amorosa é um diário íntimo, uma procura de si, sem desenvolvimento exterior, um colóquio consigo mesmo jamais interrompido e jamais traído a respeito de um amor que investe sua alma e sua carne, unidos na imagem da mulher-palavra. Gilberto Mendonça Teles sabe reger os mitos, na eterna monotonia da paixão, revestindo-os de lirismo e de bom humor.

Para encerrar esta parte, resta dizer que não há dissídio, também, em Gilberto, entre o seu olhar lírico, predominante, e o seu olhar épico, menos freqüente, mas bastante perceptível em suas obras mais recentes. Sob a pele do Saci, ele próprio diz em *Saciologia goiana*, que há mesmo, em seu "olho esfumaçado", "um cone de sombra e luz", casando declaradamente os regimes diurno e noturno do imaginário. Talvez, por isso, saiba resvalar, com tanta competência, na direção do épico. *Saciologia goiana* é obra exemplar nesse sentido, apresentando o mito epilírico do saci "em dois registros diferentes: um literário, com certo tom parodístico da tradição épica e lírica; outro popular, com as técnicas da literatura oral, de cordel" (TELES, 1998, p. 7-8), como depõe o poeta.

3

POR UMA MITOCRÍTICA DO ÉPICO

> Sem épica não há sociedade possível porque não existe sociedade sem heróis em que se reconhecer.
>
> Octávio Paz

O MOMENTO ROMANESCO

Nos poemas analisados sob o enfoque de uma antropologia do imaginário, mostrou-se a ligação essencial do lírico com as estruturas místicas do regime noturno da imagem. O estudo do lírico focalizou a constante descida às profundezas da caverna do ser humano para colher os mitos, numa atitude de permanente interpretação. Ao tratar do gênero épico passa-se à abordagem do regime diurno do imaginário, que se caracteriza por uma procura exclusiva de transcendência, uma tensão polêmica de constante dicotomia. Ao regime místico da antífrase eufêmica, contrapõe-se o regime heróico da antítese. Os símbolos de recolhimento e intimidade dão lugar aos símbolos de luta e conquista; o homem fechado em si mesmo transforma-se no homem em pé, de armas em punho.

Os princípios de identidade, exclusão e contradição que regem as estruturas esquizomorfas ou heróicas do regime diurno da imagem, estão intrinsecamente ligados à figura do herói e podem urdir as ações no jogo espaço-temporal narrativo. O ser humano, como gesto primário de seu desenvolvimento, assume a posição vertical que lhe possibilita a independência dos movimentos. Esse processo de autonomia espacial significa o reconhecimento da identidade de seu corpo como distinto dos outros e, por um prolongamento lógico, a separação do universo em partes independentes. O poder de distinção tanto pode levar a um geometrismo simétrico, que se expressa na importância que adquire a simetria, a planificação e a lógica formal, quanto a um pensamento por antíteses em que os pares opostos de imagens se apresentam numa simetria invertida.

A identidade, no seu caráter pluridimensional, que engloba a excludência e a contradição, pode ser entendida como semelhança, permanência do ser na repetição do mesmo, mas também como distinção e separação no que diz respeito aos outros seres, ou a si-mesmo como um outro (RICOEUR, 1991), a alteridade. No confronto dos pares opostos o herói é o alto cuja grandeza existe em função do baixo; é o alto que cai e recupera a grandeza na queda, ou o baixo que, ao se elevar, mostra sua grandiosidade. O destino heróico se acentua por contrastes, e o herói precisa ser reforçado nas suas prerrogativas, de modo que toda ação é promovida por um opositor que move a força temática inicial. Para Durand (1990, p. 74), o opositor, o dragão mítico, pode multiplicar-se como a cabeça de Hidra, mas também pode "deslizar em simples imagens, cristalizar-se sobre simples objetos que possuem em sua evocação antagonista, uma força afetiva de repulsão". Enquanto a epopéia preenche as categorias da matriz épica do regime diurno, o romance, estruturalmente diverso e não apenas um prolongamento moderno dos antigos relatos épicos, oscila entre o heróico e o místico.

O gênero épico, que distingue, encontra-se em oposição ao lírico, que confunde. Os princípios de exclusão, de contradição e de identidade substituem os princípios de analogia e de similitude que caracterizam o místico. O regime heróico tende a elevar-se e tem horror à queda, conhece também as trevas noturnas, mas, diferentemente do místico que se refugia nelas, afasta-as como inimigas tenebrosas. À taça que acolhe e mistura na intimidade contrapõe-se o gládio que corta, exclui, identifica e eleva. Quem se distingue e se ilumina, automaticamente se separa em atitude diairética. Contudo, no sistema de forças dinâmicas em que se constituem as estruturas do imaginário, pode-se constatar que o regime noturno surge, muitas vezes, da transformação eufêmica do mundo capaz de reaproveitar todos os aspectos dos símbolos do regime diurno. As armas que cortam e isolam servem também para proteger, para guardar os heróis; a couraça e o elmo são armas que separam o guerreiro, mas, ao mesmo tempo, podem envolvê-lo, protegê-lo. O jogo sugestivo das imagens do regime diurno e do regime noturno parece suficiente para determinar o gênero literário correspondente, épico ou lírico, sobretudo por aproveitar cada um deles, positivamente, as atitudes negativas do outro. A compreensão desses gêneros literários como produto de uma dialética entre a interioridade e a exterioridade encontra na comparação entre as estruturas místicas do regime noturno e as estruturas heróicas do regime diurno, a interioridade da lírica e a exterioridade da épica.

A épica moderna se alicerça nesses dois pilares, que formam a estrutura do romance: o primeiro apela a todo o arsenal dos arquétipos e dos símbolos do regime diurno do imaginário; já o segundo repousa sobre os símbolos da intimidade, sobre os arquétipos do descanso, os esquemas da involução que constituem o regime noturno místico. A proeza épica dos valores externos que levam à epopéia e a interioridade dos valores secretos que encaminham para o lirismo são limítrofes, tendendo à passagem de um para o outro. Para Durand, todo grande romance se assemelha a uma encruzilhada para onde convergem os esforços do artista para escapar ao prosaico, sem renegar a prosa, ou, ainda, para integrar a exaltação épica à expressão poética. O romanesco tem sua ambigüidade no equilíbrio ou na soma entre o épico e o lírico, um deslizamento constante do primeiro para o segundo (DURAND, 1990, p. 232). Considerando que o termo "romance" aplica-se a obras diferentes, o antropólogo prefere não falar de um gênero, mas de um momento romanesco, prefere voltar-se para a procura, na narrativa, do instante em que os méritos objetivos do herói equilibram-se pelas forças íntimas do coração.

A história do romance faz da literatura "um enorme canteiro de experimentação" (RICOEUR, 1995, p. 15), sendo o termo aplicado a estruturas narrativas diversas: há romances históricos, picarescos, psicológicos, policiais, de formação, de iniciação, de fluxo-de-consciência, para lembrar alguns. A variedade, porém, não explica o gênero que é, precisamente, o invariável (ROBERT, 1972, p. 16). Independente da multiplicidade das espécies de romance, interessa chegar ao imaginário da forma romanesca, à especificidade da estrutura antropológica que sustenta o imaginário romanesco, entendido como a presença do épico e do lírico no modo ficcional. Se o gênero não é um contexto contingente, mas um componente completo da obra, deve-se levar em conta como esse investimento se efetua, restabelecendo a força que une um certo imaginário a um certo contexto genérico.

Seguindo a teorização que Durand faz sobre as estruturas figurativas do romance de Stendhal, é importante ressaltar que o romanesco não se constitui num gênero limitado, definido, mas marca as diferenças de graus estruturais no contínuo da intenção literária. Os mitos de que ele se utiliza, os arquétipos sobre os quais repousa são oriundos dos dois regimes do imaginário de natureza oposta — o romanesco transmuta a atmosfera épica da conquista em busca do lirismo interior. A mudança da estrutura do imaginário é, assim, uma conversão dos valores e das imagens colocadas em circulação pela atmosfera épica. O momento romanesco ocorre quando o deleite das escavações íntimas supera os valores da conquista épica. O gesto ambíguo da criação romanesca faz o pêndulo oscilar, de um para outro pólo, do heróico para o místico, numa escala que dá origem às várias espécies de romance.

Em sua obra *Teoria do romance*, Georg Lukács expõe a problemática da forma romanesca, entendendo-a como o reflexo de um mundo deslocado: a trajetória de um indivíduo problemático num mundo contingente. O próprio autor, em prefácio escrito para a reedição do livro, em 1962, faz uma autocrítica, revendo posições ideológicas justificadas pelas circunstâncias históricas, pós-guerra de 14, em que o texto foi escrito. Apesar das restrições de Lukács, a obra já se tornara reflexão obrigatória para a Teoria da Literatura, por introduzir conceitos fundamentais à compreensão do gênero. A estrutura romanesca é definida como um processo de mutação, um ilimitado descontínuo que se opõe ao contínuo da epopéia, uma vez que nele a totalidade nunca é sistematizável a não ser num nível abstrato. Enquanto a epopéia se prende à totalidade extensiva da vida, o romance quer descobrir a imanência secreta da vida – "o espírito fundamental do romance, aquele que lhe determina a forma, objetiva-se como psicologia dos heróis romanescos: esses heróis estão sempre em busca" (LUKÁCS, s.d., p. 66).

Na procura das especificidades do discurso romanesco, Julia Kristeva (1970, p. 15-17), entendendo o romance como uma prática semiótica na qual se podem ler as marcas de vários enunciados, vale-se da concepção lukacsiana de processo para definir a forma romanesca como um jogo, uma mudança constante, um movimento em direção a um fim jamais atingido, uma transformação. Insistir sobre a fluidez do seu caráter mutável não significa que o romance não tenha forma nem códigos: ele possui as leis estruturais correspondentes a uma nova episteme. Para a autora, a ambigüidade do discurso romanesco deve-se ao fato de que o romance, sendo, ao mesmo tempo, uma expressão e uma narração, volta-se constantemente para o símbolo, para os universais a se exprimir, mas deixa-se também submergir pelo seu ideologema, ou seja, sua circunstância social e histórica.

Entre as abordagens teóricas diversas, interessa a este trabalho conservar principalmente a recorrência da idéia de processo de transformação e de ambigüidade como marcas do gênero. Assim compreendida, a forma romanesca não é uma colisão ou conciliação entre subjetividade e objetividade, como define Kathrin Rosenfield (1989, p. 33), é uma forma "estruturalmente mista". No enfoque da antropologia do imaginário, o que caracteriza o romanesco como gênero ambivalente é estar inscrito, ao mesmo tempo, nas estruturas heróicas do regime diurno e nas estruturas místicas do regime noturno, na matriz épica e na matriz lírica. O caráter unificado da personagem épica, subjetivamente homogeneizante quando se separa dos outros e do mundo, encontra, no resvalamento para o lírico, a outra face da identidade – a alteridade. O herói do romance nasce desse gesto místico de dobrar-se sobre si-mesmo, alteridade radical, enquanto dialética da constituição do si. A procura da interiorização pode introduzir um elemento dramático no percurso do romanesco, fato que não altera a mencionada ambigüidade do gênero que oscila entre os pólos opostos, uma vez que as estruturas sintéticas ou dramáticas pertencem ao regime noturno e se encontram na confluência dos extremos. Essa mutação da forma romanesca faz do romance o emblema específico de nossa civilização.

O FATO HISTÓRICO E O MITO ROMANCEADO

Uma das características literárias, deste final de século, é o crescente interesse pela história, para escapar, talvez, à monótona representação de acontecimentos trágicos, veiculados a todo instante de qualquer parte do planeta, acontecimentos que acabam por se transformar em banalidade da vida moderna. Os escritores, passada a euforia das aventuras das diversas vanguardas e a embriaguez dos movimentos de esquerda, debruçaram-se sobre o passado não apenas "como um fim em si, mas como um meio de fornecer perspectivas sobre o presente que contribuam para a solução dos problemas peculiares ao nosso tempo" (WHITE, 1994, p. 53). A aceitação surpreendente pelo grande público de romances históricos fez proliferar, por toda parte, enredos ambientados na reconstrução histórica de um passado que, em outros tempos, só poderia ter um interesse restrito. Exemplo dessa tendência pode ser encontrado no sucesso editorial de *O nome da rosa*, de Umberto Eco, que, apesar da moldura medieval de um mosteiro de religiosos, prende pelo suspense de um romance policial e se transforma numa aventura semiológica, lingüística e filosófica, capaz de ressuscitar a vida de uma época. Nações antigas comprazem-se, hoje, na reconstrução detalhada de períodos da sua história e na ressurreição, através de biografias, de seus antepassados ilustres, desenvolvendo, pouco a pouco, ante os olhos interessados do leitor, o cenário e o enredo de acontecimentos que ultrapassam, consideravelmente, a realidade física ou histórica. Nações modernas tentam resgatar seu passado recente, captando o cerne da nacionalidade na descrição da parte do povo que menos se afastou das raízes, mais genuíno, portanto, na própria língua e nas tradições.

O romance de natureza épico-lírica, uma das expressões mais significativas da literatura contemporânea, desenvolveu-se de modo especial naquelas regiões onde um rico filão do imaginário mítico encontrava-se quase inexplorado, embora presente no folclore e na tradição oral. Na literatura da América do Sul, entre os vários escritores, dois nomes se destacam como representantes da forma épico-lírica do romanesco: João Guimarães Rosa e Gabriel García Márquez. Romances como *Grande sertão: veredas* e *Cem anos de solidão* asseguram a continuidade do gênero épico em sua manifestação moderna, ao construir mundos férteis de aventuras e sentimentos. Os recursos narrativos utilizados a partir do século XX, entre eles o monólogo interior, o fluxo-de-consciência, misturam-se a uma arte enraizada na cultura, nos costumes e na própria língua, único instrumento para traduzir um modo peculiar de pensar – autenticidade que de regional passa a nacional e cuja nota de humanismo justifica sua repercussão na literatura universal. O momento romanesco surge, então, da fusão do local com o universal; do real com o irreal; do racional com o irracional; do popular com o erudito e, sobretudo, da exploração do mundo mágico.

Nessa mesma trilha, uma parcela significativa de autores goianos envereda pelos míticos caminhos de um planalto onde o céu e a terra se confundem, num convite ao homem para uma religiosidade primitiva cheia de magia e esoterismo. Contos e romances temperam a saga dos desbravadores e garimpeiros, as façanhas dos jagunços e as emboscadas de vindita pessoal e política com a descrição dos rios e dos cerrados, da hospitalidade das fazendas e ranchos perdidos na solidão, e do primitivismo de um povo sempre à espera de santos milagreiros e feitiços poderosos. O romance escolhido para realizar uma mitocrítica do épico, *Sete léguas de paraíso*, de Antônio José de Moura,[1] publicado em 1989, pode ser considerado um panorama da vida goiana, num momento histórico definido, na terceira década deste século, no Planalto Central do Brasil, onde Goiás é, ao mesmo tempo, ilha e encruzilhada, passagem do nordestino para o Sul e o Oeste do país, e espaço vazio ainda à espera dos desbravadores vindos de toda parte, nas décadas seguintes. O ficcionista demonstra sua força na criação do ambiente favorável à eclosão de um movimento messiânico de cunho social, que está no centro de sua narrativa, ao redor da qual tece, numa espécie de inventário, os elementos componentes de um mundo primitivo e, ao mesmo tempo, complexo, onde o fabuloso acontece com a mais perfeita naturalidade.

A personagem central, Santa Dica, bem como a maioria das personagens aparecem no romance com seus nomes verdadeiros, dentro de um clima de fábula realmente acontecida. A Santa de Goiás enquadra-se nos grandes movimentos messiânicos da humanidade e, particularmente, nos movimentos similares do Brasil (Canudos, Juazeiro, Contestado e Vale dos Sinos). Sua missão cívico-religiosa vem sendo resgatada através de teses,[2] nas áreas de História, Antropologia, e sua

1. Antônio José de Moura nasceu em Goiás, em 1944. Vindo da poesia com *Quilômetro um* (1965) e *Porta sem chave* (1970), estreou no conto com *Notícias da terra* (1978), mas é através do romance que ele se consagra escritor: *Dias de fogo* (1983), *Sete léguas de paraíso* (1989) e *Umbra* (1996).

2. Vasconcellos, Lauro. *Santa Dica:* encantamento do mundo ou coisa do povo. Goiânia: Cegraf/UFG, 1991. Brito, Eleonora Zicari Costa de. *A construção de uma marginalidade através do discurso e da imagem:* Santa Dica e a Corte dos Anjos/ Goiás-*1923 a 1925*. Dissertação (Mestrado) – UnB, 1992.

intercessão foi invocada por dois poetas nacionais – Jorge de Lima e Afonso Felix de Sousa. A "Santa Dica", de Jorge de Lima,

> Curou tudo
> curou moléstias-do-mundo
> curou mais
> que o Padre Cícero Romão
>
> (LIMA, 1974, p. 42-45)

A analogia com o padroeiro do Nordeste equipara Santa Dica às figuras religiosas que sobrevivem na fé popular, capazes de conduzir o povo sofrido. A tônica do poeta goiano, Afonso Felix de Sousa, está na força da água, símbolo que valoriza a figura feminina no comando do movimento, e está na força do rio, presente no imaginário do povo goiano, como saída, como salvação: "Quem bebe da água que canta/ o que ouvia Santa Dica/ (...) mais moço que é, ele fica" (1953, p. 121).

Com o romance de Antônio José de Moura, a magia e o encantamento da santa, heroína que catalisou a fé de um povo sem esperança, ganham novos contornos:

> ao ouvido daqueles tabaréus, a palavra da mocinha milagreira soava como a vontade troante de um deus (...) Assim era Dica ou Madrinha, nascida Benedita Cipriano, para o seu povo santa, três vezes santa, infinitamente santa.[3]

A transposição artística de uma experiência constitui traço sutil e complexo da invenção literária e não se processa de um modo direto, mas vem acompanhada por um certo grau de distorção da realidade, na busca de representação de verdades gerais. Mesmo quando parece coincidir com o real, é sempre uma forma de fingimento, porque o que caracteriza o modo de ser da personagem é um como se, "uma estrutura do como" (HAMBURGER, 1975, p. 41). A personagem de ficção afigura-se mais ordenada e coerente do que as circusntâncias da história factual e

3. Moura, Antônio José. *Sete léguas de paraíso*. São Paulo: Global, 1989. p. 22. As outras citações do romance, ao longo da exposição, serão indicadas, apenas, pelo número da página.

serial, porquanto existe uma totalidade intensiva da vida na arte que transcende a realidade. Em *Tempo e narrativa*, Paul Ricoeur (1995, p. 16), ao confrontar a narrativa histórica à de ficção, afirma que o tecer da intriga "é um dinamismo integrador, que tira uma história una e completa de um diverso de incidentes, transforma esse diverso em uma narrativa una e completa".

Sete léguas de paraíso se enriquece por esta fusão própria do romance histórico que ultrapassa o campo da livre composição literária, incorporando outros domínios mais objetivos, como a História. O escritor, no entanto, sabe que o passado, sempre presente na consciência de um povo, é mais um amontoado de mitos. Segundo Durand (1992, p. 77) a obra literária, paradigma de alta freqüência simbólica, é capaz de perceber que mito é o referencial último a partir do qual a história pode ser compreendida; sem as estruturas míticas, não é possível uma inteligência histórica:

> A presença do sobrenatural em Lagolândia começou a circular de boca em boca, a princípio sem muita animação no saltar grotas e córregos do condomínio rural de Mozondó, onde a taumaturga nascera. Depois, emaranhada no novelo da lenda, a notícia atravessou Meia-Ponte dos Pireneus e ganhou o sertão, puxada e espichada pela prosa fabulosa e o gênio fabulador dos tropeiros (p. 19).

A história que forja a união de um grupo nem sempre se constitui de fatos comprovados, mas de heroísmos que possam servir de exemplo; toda história é romanceada, revista e corrigida para atender aos anseios míticos. A fusão do romance e da história torna-se possível porque, uma vez estabelecida a moldura de uma narrativa, tanto o historiador quanto o artista, através de sua imaginação construtiva, poderão sempre pintar um quadro a partir dos fatos que se sabe terem efetivamente ocorrido (White, 1994, p. 76). Em outras palavras, o imaginário do autor, robustecido pelos mitos culturais de sua gente, reconstitui fatos de modo a configurar uma estória de tipo particular.

Na composição das narrativas históricas, sem desfigurar a verdade, pode-se dar aos fatos selecionados uma identificação diferente dentro de uma estrutura mítica que Frye chama de enredo pré-genérico.

O mito manifesta-se na sua essência e natureza, através de um esquema, arquétipos e símbolos que lhe dão uma forma definitiva. Cabe à decisão do artista o tipo de representação do mito que se apresenta como um tropos, ao qual se pode chegar por vários caminhos. O escritor, ao preferir um esquema, arquétipos e símbolos específicos, acaba por determinar o gênero literário de sua obra: "o que um escritor pode urdir em forma de uma tragédia, outro pode fazê-lo na forma de comédia ou de romance" (WHITE, 1994, p. 74).

Ao dar consistência ficcional aos fragmentos de relatos sobre Santa Dica, fundamentando-os na história e na mitologia, Moura escreveu uma obra em que o gênero épico é, muitas vezes, atravessado pelo lírico, surgindo o momento romanesco. Ao reviver um período da história de Goiás numa luta entre o bem e o mal, entre os anseios dos fracos e o poder dos fortes, com a vitória definitiva desses últimos, o romancista apropriou-se das estruturas heróicas do regime diurno cuja simbologia universal se individualiza no cetro e na espada. A antítese polêmica, que configura a estrutura heróica do imaginário, impregna todo o enredo; o poder civil e o religioso levantam a espada e a palavra para cortar, de um só golpe, o perigo de perturbação social representado pelo movimento social-místico de Santa Dica.

O movimento esquemático do mito heróico repousa exatamente, como já se disse, nos verbos: distinguir, separar, cortar, e todo o dinamismo do mito se manifesta nos arquétipos que exprimem os modos de separação nas antíteses entre a luz e as trevas, a pureza e o pecado. A ação épica do romance se desenvolve entre as *Sete léguas de paraíso* e o mundo exterior; entre os que contestam a propriedade e os donos das terras e dos bens; entre a autoridade legalmente constituída e os que se regem por "ordenações celestes"; enfim, entre a República do Brasil e a República dos Anjos. O enredo épico, puramente exterior, focaliza a totalidade dos fatos sem se preocupar em desenvolver, em profundidade, a procura da vida secreta do imaginário dos protagonistas, impregnada de medo e esperança. No entanto, Moura explora as fronteiras entre o enredo épico e a metafísica religiosa, com um engajamento a favor dos desvalidos. Há, na narrativa, uma intencionalidade manifesta de tal modo que o épico não se separa do íntimo sentir do narrador que, de contador de estórias, transforma-se não apenas em participante, mas em juiz que leva em conta os impulsos mais profundos, determinantes do comportamento dos protagonistas. Um juiz, porém, que sabe sorrir com a humanidade de quem compreende a magia do primitivismo das crenças populares e, ao mesmo tempo, sabe descrevê-las não com o distanciamento de quem revive fatos, ao longe, na fantasia, mas participa do encantamento geral.

Essa voz do narrador participante confere ao épico o tom romanesco, porque, quando a ação alcança o nível de abrangência total externa e interna, ela se torna mística na enunciação, aproximando-se do lírico. Para tanto, o autor reveste sua narrativa de uma pluralidade de mitos, revive e assume, em plena consciência, os mitos antigos e modernos, na crença da perenidade e da força deles para dirigir as ações humanas. O mito equivale a uma ação modelar, verdade interior que prescreve os protótipos de conduta eficazes para a vida (CALLOIS, 1938, p. 85). A transcendência torna-se tão real quanto a realidade, ou, pelo menos, o homem primitivo encontra-se diante de uma dimensão nova do real, nova ordem manifestada pelo poder da consciência. À procura desta transcendência, o autor mergulha na alma do povo goiano, onde o imaginário cavalga solto no dia-a-dia dentro da religiosidade primitiva que aceita a vitória da revelação direta sobre o orgulho da inteligência reflexiva.

O mito sempre correspondeu às necessidades humanas na Antiguidade; no comportamento da sociedade moderna, porém, nem sempre se consegue descobrir e, sobretudo, compreender sua presença (CALLOIS, 1938, p. 163). Como herança do imaginário, o mito manifesta-se de várias formas na literatura e, às vezes, como em *Sete léguas de paraíso*, assume caráter essencialmente metafísico-religioso que se apresenta sob o aspecto de contraste místico-social. Muitos mitos perderam sua força coercitiva e seu poder moral polêmico, no entanto, ainda são utilizados na literatura com a finalidade de causar prazer estético. Há mitos, porém, que não perderam seu poderio sobre o fértil imaginário e que escapam à análise racional, tornando-se responsáveis diretos por ações e reações capazes de mudar as mentes, as civilizações e a própria história da humanidade. Os mitos que persistem sob o aspecto de fanatismo religioso, referencial em evidência na atualidade, continuam influenciando não apenas as manifestações literárias, como se tornam também responsáveis pelos protótipos das ações humanas. O romance insere-se nesse filão religiososocial cujo cenário mítico determina a quase totalidade das fontes de inspiração do romancista: a pluralidade dos mitos que varia, desde o mito da força encrustada nas baionetas e no dinheiro, até o mito da renúncia e purificação que leva à posse de um mundo extraterreno. O próprio nome, *Sete léguas de paraíso*, contém o misticismo do número sete, que delimita o espaço e, ao mesmo tempo, amplia todas as dimensões, numa indeterminação própria da fábula, e a riqueza mítica do substantivo paraíso que representa a eterna procura de novos céus e novas terras, onde fixar a sempre sonhada idade do ouro, morada dos eleitos numa bem-aventurança definitiva.

A fuga do espaço concreto e do tempo definido para o espaço ideal e o puro tempo do paraíso eterno corresponde àquela ilha que se impõe ao imaginário coletivo, com uma regularidade constante, como uma exigência do ser humano. O paraíso, ilha verdadeira cercada de água ou ilha ideal construída pela utopia, permanece estranhamente fixa através dos tempos, presente em todos os gêneros literários, na mente dos pensadores e nas obras dos filósofos do imaginário. O tema da ilha feliz, arquétipo primordial no imaginário do homem, manifesta-se, sobretudo, pela sua força de atração para o desconhecido que faz o homem sonhar com o paraíso e com o reencontro de um novo tempo, seja na Atlântida perdida ou numa ilha primitiva, ao contato com a natureza virgem.

No limiar da Idade Moderna, navegantes e exploradores aventuraram-se pelos mares e parecia iminente o encontro de ilhas paradisíacas e da própria fonte da eterna juventude. Mas só no reino das musas o sonho se realizou: Camões cuidou de encontrar a Ilha dos Amores para coroar a saga dos heróis portugueses, e Tasso reviveu as delícias do paraíso terrestre nos Jardins de Armida, para recompensar as façanhas de Rinaldo. O pensamento filosófico voltou-se, também, para a busca do espaço ideal: Thomas Morus construiu numa ilha a nova pátria da *Utopia* onde os homens, finalmente, pudessem viver num reino perfeito de justiça e bem-estar, e Tommaso Campanella escreveu, na prisão, *A cidade do sol* (1602), para salvar a humanidade, só possível em uma nova terra não contaminada. O caráter utópico do paraíso de Santa Dica chega a ser explicitado diretamente pelo narrador: "Ressalvados o vezo milenarista e o fatalismo supersticioso, Lagolândia talvez terá sido a organização social à Morus e Campanella de vida mais efêmera do planeta" (p. 264). O homem vive como fora de seu lugar natural, perdido e desorientado em seu próprio modo de ser, condenado a vagar sem fim até encontrar sua pátria: drama imemorial do exilado, vítima de uma saudade de um tempo e um lugar sem os quais sua passagem pelo mundo transforma-se numa caminhada sem destino.

Na consciência coletiva, os esquemas milenaristas não perderam, nem mesmo nos tempos atuais, seu poder de sedução (DUBY, 1980, p. 11). Basta observar que neste fim de milênio, o Planalto Central de Goiás, ao redor da localidade de Alto Paraíso, na Chapada dos Veadeiros, tornou-se ponto obrigatório de encontro das mais diversas crenças esotéricas do mundo, na esperança de começar uma nova era na região energética do Planeta correspondente ao coração, chacra cardíaco. Pensa-se que o ambiente simbólico da altura, a luminosidade do céu, o silêncio dos descampados e a serenidade do panorama, interrompidos pelo estrondo das cachoeiras que despencam das fendas rochosas, tenham o poder de atrair forças espirituais do cosmo e de concentrar os fluidos magnéticos mais positivos à espera do terceiro milênio. Também em Goiás, na década de 20, Lagolândia, no Município de Pirenópolis, foi o espaço sagrado escolhido onde se casaram as potências do alto e do baixo, numa hierogamia entre o Céu e a Terra, lugar de preparação terrena para a espera do fim. Na pobre localidade que passa a se chamar "República dos Anjos", ou simplesmente "Anjos", a Santa Dica recebe de Nosso Senhor a missão de reunir os arrependidos, para purificá-los à espera do fim do mundo, que está perto, dia terrível para os ímpios, mas de bem-aventurança para os justos de Lagolândia que, naquele momento, passaria a se chamar Cidade do Paraíso Terrestre e cujos habitantes transformar-se-iam em anjos, nas categorias de dominações e virtudes:

> Findo o beija-mão imortalizador, a um sinal do Desejado, o reduto, rebatizado de Cidade do Paraíso Terrestre, será içado num átimo a cem mil léguas de altura, pousando a um só tempo de esfuziote e mansinho (como de praxe em milagres, hipnoses e sonhos) ao rés do trono do Altíssimo. Dali seus moradores assistirão, pois é o Dia do Juízo, à danação dos perversos, obtendo de seu turno e viva voz a confirmação do Senhor ao galardão conquistado: a plenitude de gozo, a superna, sempiterna e

> beatífica felicidade de viverem na etérea mansão, a contemplar Sua face (p. 257).

Os arquétipos do eterno retorno, da caminhada para o centro e do messianismo cristão sobrevivem nas angústias e nas aventuras pelas quais devem ter passado os que aspiram a encontrar numa ilha celeste a pátria definitiva e o espaço sagrado. As provações e as angústias que servem de fundo para a epopéia e o romance se reportam a obstáculos necessários, rituais que fazem parte de mitos primitivos radicados, desde a noite dos tempos, na própria fonte do inconsciente. O caminho não se desenvolve sobre o mesmo plano, mas, analogicamente, as peripécias de Ulisses, de Enéias, dos Cavaleiros da Távola Redonda à procura do Santo Graal podem ser encontradas nos grandes romances do nosso século. Os desafios entre os heróis das epopéias – Aquiles e Heitor, Enéias e Turno, o bíblico Davi e Golias, Tristão e Lancelot, Tancredi e Argante – revivem nos romances de capa e espada do século passado e, modernamente, nos tiroteios entre índios e brancos da saga do Faroeste americano, bem como nas perseguições e fugas que se dão entre os detetives e os criminosos. Todos se alicerçam no mesmo imaginário que prescreve o ritual da luta para eliminar os obstáculos que se contrapõem ao destino, caminho necessário à iniciação: os escolhidos pagam o tributo do sofrimento para entrar no reino. Os temas do romance moderno, no dizer de Mircea Eliade (1993, p. 368), mudaram apenas, em relação ao passado, sua cor local e a variável orientação da sensibilidade popular.

Em *Sete léguas de paraíso*, o herói não deve ser procurado na Ordem Sagrada onde José Sueste, Anjo-Rei de Valia, é o comandante das falanges dos anjos guerreiros, nem na Ordem Profana, onde Dica, a Santa, interpreta fielmente as ordens celestes, cercada de propagandistas e auxiliares, mas na turba de fiéis da nova sociedade que penetra no território sagrado, sem outras preocupações que não sejam a crença intuitiva de uma revelação direta e a esperança messiânica do tipo apocalíptico. A transformação dos mitos em narração literária vai além de uma estória extraordinária transmitida através dos tempos, e se apresenta como a expressão de uma realidade que escapa ao passado para transformar o enredo numa ação que se desenvolve no presente, atual e bem definida. Ao utilizar a história de Santa Dica, "encantamento do mundo ou coisa do povo",[4] o autor insere um acontecimento regional no mistério eterno da humanidade, que está sempre à procura de um lugar perto de Deus, e que vive à espera do paraíso.

Pretende-se ressaltar, primeiramente no romanesco, o filão épico do regime heróico e o filão lírico do regime místico e, em seguida, resumir, na força dos mitos fundamentais do enredo, essa espera de Deus que leva aos grandes temas do messianismo e do Juízo Final. O mito do bem-estar humano, só possível na Terra por uma reforma social, e o mito da bem-aventurança eterna, só possível no fim do mundo, entrelaçam-se na estrutura do romance de Antônio José de Moura, onde a vida se desenrola em enredo que é, ao mesmo tempo, cósmico, mitológico, social e pessoal.

O romanesco em Sete Léguas de Paraíso

As estruturas esquizomorfas do imaginário diurno tornam-se evidentes desde as primeiras páginas do romance. *Sete léguas de paraíso* abre-se na solenidade do Palácio Episcopal da Cidade de Goiás, onde se respira um clima de guerra pronta a eclodir para sufocar "uma incipiente manifestação de curandeirismo e heresia entre matutos" (p. 11). A prudência de Dom Emanuel, que analisa a questão sob o aspecto da competência, mais política do que religiosa, pedindo "calma, calma, muita calma", contrasta com a firmeza do padre Rafael Ortiz, redentorista da Campininha das Flores, preocupado com "o esvaziamento da Romaria de Trindade pelo povo que em levas cada vez maiores debandava para o lado da feiticeira" (p. 12). O ardor do missionário encontra um aliado no vigário geral da diocese, Monsenhor Confúcio Jorge Amorim, bem relacionado pelo seu caráter extrovertido com os altos escalões do poder político. As primeiras personagens do romance são três tonsurados, portadores de um sinal que os distingue, portanto, dos outros mortais, uma vez que a tonsura se apresenta como símbolo da estrutura esquizomorfa do regime diurno (DURAND, 1989, p. 305): homens de uma corporação definida que se identificam por seus propósitos comuns no

4. Esta expressão aparece como subtítulo na obra de Vasconcellos (1991).

cumprimento de uma missão, no momento, ou seja, extirpar um foco de heresia.

O Monsenhor, professor de Latim e História, transformava a história da humanidade numa seqüência de batalhas e nomes de generais famosos: "não havia ninguém melhor que Confúcio para falar de táticas e estratégias, de regimentos e suprimentos, de artilharias e infantarias, de fortes e guarnições, de trincheiras roqueijantes e baionetas caladas" (p. 15). Apesar de ter optado pela batina, "Von Clausewitz de sotaina" (p. 15), assim apelidado em referência ao estrategista de guerra alemão, já se via endossando o uniforme de campanha, sacerdote-general, duplamente selecionado e marcado pela tonsura e pelo quepe, símbolos da coroa que confere poder e distinção. A igreja, porém, não precisava da belicosidade de Confúcio porque a longa experiência, robustecida por fatos anteriores acontecidos em Goiás e no Brasil, lhe havia ensinado que a palavra falada e escrita constituía-se em arma de poder maior do que a espada, porque formava a opinião pública, força capaz de mover o governo à ação. Os três religiosos, o bispo, o monsenhor e, sobretudo, o padre Ortiz não haviam esquecido o episódio do uso da força bruta perpetrado diretamente pelo bispo Dom Eduardo Duarte em Barro Preto,[5] quando, à frente de onze subordinados, arrombou a porta do santuário para retirar a imagem milagrosa do Divino Padre Eterno e levá-la para Campininha das Flores, certo de que faria os romeiros mudarem de rota. A multidão, comandada pelo Coronel Anacleto, cercou o templo:

> Nesse então dom Eduardo sacou a garrucha, puxando-lhe o cão duplo, todavia força superior a sua coragem o impediu de atirar contra o peito estufado do coronel, que de mãos limpas e a largas passagens marchava em sua direção, bradando, Nem o Divino sai daqui nem o senhor bispo nasceu com colhões para apertar o gatilho dessa bosta. Os padres também ficaram petrificados, pregados ao solo, desassistidos de alento, os porretes

5. Barro Preto é hoje Trindade, lugar de peregrinação de fiéis devotos do Divino Espírito Santo. No próprio romance é narrado o início dessa devoção, em 1840, quando Constantino Xavier e sua mulher Ana Rosa encontraram um medalhão onde estava gravada a imagem da Trindade, coroando Maria. Posteriormente, com o aumento do número de devotos, Constantino construiu uma capela e mandou fazer uma escultura da imagem impressa no medalhão (MOURA, 1989, p. 137-138).

> suspensos no ar, lembrando figuras de museu de cera, enquanto a mão armada de dom Duarte tremia tanto que, quando o coronel se viu face a face com ele e ia estender o braço para pegá-la, a garrucha caiu ao chão, disparando dois tiros que por sorte feriram os pés de mogno do genuflexório. O coronel agachou, apanhou a arma, colocou-a no bolso e de fura-bolo em riste e sem dizer palavra apontou a porta de saída ao chefe religioso. Como se animados por choque voltaico, os padres largaram os porretes com estrondo no chão e seguiram dom Duarte, em fila indiana (p. 140-141).

Fatos deploráveis, como esse, ao prestígio da igreja não poderiam acontecer mais. No caso de Santa Dica, a estratégia do clero deveria consistir em pôr em funcionamento a máquina do Estado, eficiente em castigar os inimigos políticos, convencendo as autoridades da existência de um movimento separatista que ameaça o poder público, as regras do bom viver e a religião, através de uma campanha de esclarecimento – primeiro e decisivo passo para, no momento oportuno, exigir "o trituramento da víbora" (p. 18). Desse modo o narrador, já nas primeiras páginas do romance, oferece uma visão da forma como a Igreja vai-se comportar diante do movimento messiânico, garantindo a sua supremacia nas questões religiosas:

> Então, um plano completo iluminou como um clarão a cabeça do padre Ortiz: obtido o consentimento ou pelo menos a complacência do bispo, ele organizaria uma deputação de gente influente e respeitável ao covil da fanática – meio seguro, raciocionou, de reunir provas esmagadoras contra ela, apressando-lhe o fim, sem comprometer perigosamente a Igreja. Sabia que certa inquietação já latejava entre os coronéis negociantes e fazendeiros de Jaraguá e Meia-Ponte (p. 13).

No pequeno reduto de Mozandó ou Lagoa, "a víbora", Benedita Cipriano, a Dica, Santa Dica, possui também as suas armas, além dos milagres, das profecias e da devoção dos fanáticos: pode opor ao exército de soldados do governo suas falanges celestes de anjos. Ela se ergue como uma antítese polêmica "envolta no halo dos anjos" (p. 22). Acima do Estado e da Igreja, santa e santificadora, ela se levanta, como heroína imbatível, mulher jovem e bela, nova Joana D'Arc a ouvir vozes do além para salvar o povo. As estruturas heróicas condensam-se na Santa Dica em forma de arquétipos da luz do sol, da pureza do batismo e da ascensão celestial. Participa da própria natureza dos anjos com os quais dialoga constantemente e dos quais assume a forma visível na terra, revestindo-se, por sua vez, da simbologia angélica como protótipo do regime diurno. Sua armadura no combate ao mal é mais completa que a dos cavaleiros do imperador na história de Carlos Magno e dos Doze Pares de França contra os cavaleiros de Mafoma, inimigos de Cristo, heróis que, desde criança povoam, junto com os anjos, sua fantasia. Santa Dica, colocando-se entre o Céu e a Terra, entre os anjos e os homens, intérprete única dos anjos na defesa dos homens, assume a totalidade do arquétipo esquizomorfo da ascensão e da transcendência que exigem comportamento antitético, porque a ascensão não contraria apenas a queda e a luz, as trevas, mas a subida é usada para esmagar o adversário e a luz se transforma em arma.

A atualização do regime diurno do imaginário se concentra na simbologia do gládio e do cetro, mas se exterioriza pelas atitudes diairéticas, caracterizadas pela perda da função do real, um afastamento da realidade que acaba por se tornar um déficit perigoso no pragmatismo da vida. O iluminado assume exageradamente a atitude conflituosa entre ele mesmo e o mundo exterior e acaba, por isto, vivendo em conflito constante com o ambiente. As estruturas esquizomorfas do imaginário representam uma perigosa aproximação à esquizofrenia, mas elas se expressam através de manifestações normais, porque os valores atribuídos aos termos da antítese podem não apenas ser refreados e subjugados, mas também metamorfoseados e invertidos. Benedita Cipriano, pelo seu comportamento de desafio autístico, de atitudes esquizomorfas – "bruxa, anarquista, espiritista, maximalista, feiticeira, praga do Cão, desgraça do povo, agente do Mal, êmula da Igreja, inimiga da ordem" (p. 38) –, para as autoridades, histérica, que "tinha seu estado psicopático, no delírio religioso" (p. 47), no dizer do médico Justino Peralva, é "santa, santa, santa, louvada seja, louvada!" (p. 65), para os seguidores. "Ela é santa toda vida. É santa um absurdo. Aquilo não tem um fiapinho de cabelo que não seja santo. E é virgem!" (p. 235), informa o guia Bastião. Embora não permita armas de fogo em seu reduto e condene o uso da violência, ela está cercada de homens dispostos a tudo para defendê-la com a força que nasce do fanatismo. Uma única vez, quando mãos assassinas de aluguel estrangularam Cazuza, que se encontrava sob a sua proteção, assumiu atitude beligerante:

> Formou e se pôs à frente de um piquete de fanáticos armados de modo acintoso, ainda que mal armados: de foices, enxadas, facas, paus, umas poucas espingardas e garruchas, salvo o riflão papo-amarelo do valente Cacheado. De mãos limpas iam apenas ela e os rapazes e moças do Coro do Novo Saltério. Com o corpo de Cazuzinha suspenso num misto de padiola e andor que quatro homens sustinham nos ombros, entoando cânticos (...) o cortejo marchou vagaroso em direção a Meia-Ponte dos Pireneus, desafiando dessa forma a proibição do Conselho Municipal de que ela e os seus não pusessem os pés na cidade, na qual entraram por volta das quatro horas da tarde.
> (...)
> Em sua prédica Dica advertiu:
> — A lição foi necessária, mas de hoje em diante as falanges celestiais descerão quando eu chamar, pra defender o meu povo (p. 192-193).

Desde a primeira vez que a menina Dica apontou com o dedo a nuvem na qual navegavam de volta ao céu os anjos, seus amigos, com Sueste à frente, o pai Aprígio aceita essas manifestações do sobrenatural, que pareciam não ter outras conseqüências senão as sucessivas levas de aflitos à procura do milagre. Como imaginar que ao redor da filha se juntassem, além dos desvalidos, algumas personagens que, como ela, se elevam sobre as outras, pela força de uma idéia. Para esses iluminados, a vida não representa nem regularidade nem planificação, antes, por toda a parte, encontram defeitos e injustiças, antíteses do lugar ideal; por isso, sentem-se investidos da missão de construir uma outra realidade, totalmente diferente da vivida, conforme a simetria sonhada, nem que seja preciso perder a própria vida para a realização de um mundo de igualdade fraterna — atitudes próprias do poder de distinção das estruturas imaginárias do regime diurno. Em *Sete léguas de paraíso*, ao lado de Santa Dica, aparecem, como auxiliares diretos, três personagens cujos nomes têm o sabor do símbolo que constrói o mito: Josué, Osório, Necão.

Josué ou Jisié, no falar do povo, conhecido também pelos apelidos de O Homem dos Pés Redondos ou O Pé-de-Garrafa pela falta dos dedos, "surdiu à beira do Peixe, numa quarta-feira de cinzas" (p. 49). Como o bíblico Josué, aparece à beira de um rio, rio do Peixe, mas rebatizado, pela Santa, de rio Jordão. Os hebreus penetram na Terra Prometida, onde escorre leite e mel atravessando o rio Jordão, chefiados por Josué. O nome do cearense, cujo simbolismo reporta à repetição dessa passagem mítica, faz dele um arquétipo de condutor de um povo que crê numa promessa divina. Perante as autoridades do Estado e da Igreja, "Lagolândia não teria sido Lagolândia sem a inteligência e os préstimos do sábio Jisié-Josué (...) muitas das idéias esquisitas que atacaram Madrinha provieram da cachola do cearense" (p. 50). Anarquista, quando a utopia de vida coletiva e sem leis fracassou na Colônia Cecília, filiou-se ao nascente Partido Comunista para, em seguida, aportar em Lagolândia para implantar seu sonho de liberdade. Edita manuscrito, o jornal *A estrela do Jordão*, a luz e a voz da santa.

Outro visionário, na tarefa da construção de uma realidade geométrica na medida justa da escritura heróica, é Osório. Na crônica de Santa Dica, seu nome é Alfredo Santos; em *Sete léguas de paraíso* seu nome se transforma em Osório, reforçando sua natureza de guerreiro. Osório Santos, Maragato, palavra pejada de heroísmo para ele, com a espada em punho, pronto para *pelear*,

> talvez o mero gosto da pelea, quem sabe um emergir de taras hereditárias, um borbulhar de avoengas aventuras instaladas no sangue (p. 82).
>
> Me gusta ver um macho peleando (...) — dissera-lhe Gumercindo, a cujo lado, por fortuita coincidência ou confusão de batalha, se vira combatendo em 94 (p. 81).

Por esse sentido heróico e pela formação humanística que tivera com Apolônio Apolinário, "pedagogo e cultor da hélade" (p. 84), torna-se o pilar mor da nova construção do mundo. Enquanto Santa Dica traça as ruas de uma Nova Jerusalém, Osório Santos sonha com a Grécia Antiga, montado em seu Argos, com suas esporas de prata, presente de Gumercindo, e atravessa a única praça por ele batizada de Ágora dos Anjos, pensando numa Atenas "sem escravos, (...) paraíso dos bons, recompensa dos justos" (p. 84).

Necão Cacheado, à diferença de Josué e de Osório, vive a realidade, não pensa em transformar o mundo cujas regras de vida ele aprova e sabe usá-las em proveito próprio, como comerciante, sob a vista tolerante da santa. Mas está pronto a morrer por aquela que ele ama profundamente como santa e como mulher, espírito angelical e carne cobiçada, até o fim. Necão Cacheado, mulato façanhudo de péssimos antecedentes, administrador desonesto dos bens do reduto, eleva-se em atitude heróica não por ser o único a possuir uma arma de fogo ou pela estratégia da violência, mas por enfrentar a morte por amor: "Sim, por Benedita Cipriano ele cometeria todas as loucuras do amor, inclusive, se fosse o caso a de empreender em lugar dela ou fazer junto com ela a viagem sem retorno" (p. 271).

Santa Dica, acostumada a ouvir na voz do tio Astolfo as histórias dos Cavaleiros de Carlos Magno, sabe que eles lutavam não apenas pela fé cristã contra Mafoma, mas, às vezes, pelo amor de uma eleita, como Floripes, de Oliveiros, ou Angélica, de Roldão. Na luta dos cristãos contra os mouros, a fé e o amor armavam o braço de Roldão e Oliveiros que, sozinhos, dizimavam um exército de infiéis, por isso

> Madrinha ria-se por dentro das maquinações de Bastinho e seus comparsas, achando que eles eram os novos soldados de Mafoma e Tavalgante, mandados para combater o reino da justiça que ela instalara à margem esquerda do Jordão. E como o mal não pode suplantar o bem, Lagolândia é invencível (p. 79-80).

A personagem expressa os comandos de luta: "morra Mafoma, morra o governo, morra a corja do demônio" (p. 163). A corja do demônio, o Coronel Hermógenes Bastos, o Bastinho, e seus comparsas representam para Dica a parte adversa, os mouros, que, como nas *Cavalhadas* de Meia Ponte dos Pireneus, embora lutem com valentia, jamais podem vencer.

No início, o Governo do Estado de Goiás dá mostras de tolerância, agindo burocraticamente, com advertências, dando tempo ao tempo. Não que faltasse naquele momento a firmeza das decisões e a rapidez na aplicação dos castigos, por parte do manda-chuva, Senador Caiado, o Totó Braveza, mas o caso merecia um tratamento especial, com os cuidados e as formalidades processuais que a justiça requer. Experiências recentes e passadas de outras revoltas de cunho religioso aconselhavam prudência para não haver derramamento de sangue desnecessário. A ação repressiva enérgica, embora premente, devia ser conduzida de forma legal e judicial, sob o império da lei, "tudo se fará *juxta legem, ex vi legis*, com a lei e pela lei, que fora da lei não concebo solução para alcançar faltosos e jugular delitos" (p. 131). Com certa ironia, no romance, essas palavras vão compor o caráter do magistrado ligado às forças do poder, o Senhor Chefe de Polícia, Dr. Celso Rincon Vieira da Gama, encarregado pelo Governo do Estado, para tomar as providências. Antes, fora Juiz de Direito em Pouso Alto, juiz de "ferocíssimo semblante, soleníssima autoridade e fanática paixão e de rigor Jansenista que votava as formalidades legais" (p. 95).

Apesar de todo esse legalismo, o Dr. Gama servia ao Governo Caiado para resolver casos difíceis, de aniquilar inimigos sob a aparência de legalidade. Ao indicá-lo para a missão de chefiar uma expedição punitiva ao Coronel Abílio Wolney, que desafiava a autoridade do governo em São José do Duro, recebeu a advertência do Presidente: "lembre-se que o nomeei juiz quando o senhor chegou a Goiás foragido do Espírito Santo, não me falte nesta empresa" (p. 123). No cumprimento de sua missão, ofereceu paz e garantias aos Wolneys, aos quais impronunciaria nos vários processos, mandaria a tropa de volta, desde que desarmassem a peonada. Acordo aceito e entregues as armas, o juiz deu sua missão por terminada e voltou triunfante para a Capital, deixando São José do Duro à sanha da soldadesca, que trucidou até os reféns presos ao tronco.[6] Esse episódio paralelo, narrado em *Sete léguas de paraíso*, delineia a figura do juiz que, sob a capa da legalidade, "já tem pronto o inquérito policial em que estipula punição exemplar para a bruxa santarrona e seus principais adjuntos" (p. 250).

O tenente Castorino Paniágua, que acompanha o Dr. Gama desde os tempos de Pouso Alto, "o mesmo que às muitas mortes nas costas acrescera as mortes dadas no Duro" (p. 250), faz parte da tropa e será o encarregado de entrar no reduto à frente de um destacamento para prender Santa Dica e seus colaboradores. Castorino Paniágua, medroso apenas de bruxarias, "mas capaz de beber pinga com pólvora no sangue do inimigo" (p. 122), leva para a "Calamita dos Anjos" a mesma ferocidade

6. *O tronco* é o nome do romance de Bernardo Élis que narra a expedição punitiva a São José do Duro e a traição do juiz, que resultou numa mortandade.

desumana com que agiu no São José do Duro, quando obrigou o oficial de justiça a ler mandado de prisão preventiva para o velho Coronel Abílio e seu peão, reduzidos por ele e seus soldados a "duas postas de carne e sangue" (p. 125). O Dr. Gama e o Tenente Castorino Paniágua, selecionados um pela perfídia e outro pela crueldade, se tornam, paradoxalmente, manifestações do poder constituído, instrumentos de equilíbrio e justiça. A presença de Gama e Paniágua na repressão ao movimento de Santa Dica carrega para *Sete léguas de paraíso* o clima de ferocidade e traição vivido em São José do Duro. Esses dois acontecimentos marcantes na história de Goiás se carregam mutuamente de um cunho épico pela presença dos mesmos executores de ordens, capazes de levar às últimas conseqüências a antítese numa demonstração de que as estruturas esquizomorfas podem se transformar em atitudes de desvario, fora de controle. Tais estruturas do imaginário subsistem em representações heróicas normais, mas o herói violento perde a noção da medida e é levado a extremos que beiram à loucura.

O representante dos fazendeiros e comerciantes, chefe político de Meia Ponte dos Pireneus, o Coronel Setembrino de Sá, dono de sete fazendas, forma, com Gama e Paniágua, a terceira personagem que Santa Dica enquadra na corja do demônio. Começa levando ao desespero e ao suicídio um honesto e pacato comerciante, Elói Santerno, apenas porque se permitiu discordar das acusações feitas a Santa Dica em sessão da Câmara Municipal de Meia Ponte. Em seguida, espalha o terror em torno do reduto da Santa, enxotando os infelizes a relho e coronhadas, queimando cercas e choças de posseiros através de seu homem de confiança, Cazuza. Esse, em sua fúria assassina, quase trinta mortes em seu passado, acaba enlouquecendo ao degolar uma menina, quando ouve uma voz que não sai pela boca, mas em golfadas de sangue pela garganta aberta: "– Diabo, diabo, diabo" (p. 190).

De um lado, Necão Cacheado, Josué Pé-de-Garrafa e Osório Santos formam o triunvirato, braço executivo da vontade soberana da Santa; do outro, através do Dr. Gama, Tenente Castorino Paniágua e o Coronel Setembrino de Sá, a vontade do governo se realiza. A luta que se aproxima será travada em dois planos distintos, e da tríade do governo encarregar-se-á a tríade angelical; daí a certeza de vitória da Santa. *Sete léguas de paraíso* reproduz a visão do mundo constituída de uma tripartição funcional, tese dumeziliana (DUMÉZIL, 1995) das três ordens: sacerdotal, guerreira e produtora, que motivam o simbolismo de mensagens históricas e literárias. A tese funde o mundo dos deuses e o mundo dos homens, o universo mítico atemporal e o universo histórico temporal, para, em forma de ficção épica, cantar o nascimento de uma sociedade sempre humana e divina. Dumézil exemplifica sua teoria com os últimos seis cantos da epopéia virgiliana, em que o herói Enéias, filho de Vênus, e seus troianos, protegidos dos fados, possuem a soberania mágica e jurídica para escolher o lugar onde vai surgir Roma. Os etruscos constituem a força física e guerreira para a conquista da região e os latinos garantem a tranqüila e fecunda riqueza, condição essencial para a prosperidade. Da união das três raças surgirá Roma e seu poder.

Essa tripartição que se prende ao misticismo primitivo perdura, ainda hoje, sob várias formas, na organização da sociedade moderna. Na constituição da República dos Anjos, tanto no plano do sagrado quanto naquele do profano, a tese se manifesta, arraigada na própria essência do imaginário. No alto, a ordem sagrada, com José Sueste, Anjo-Rei, comandante supremo, coadjuvado pelas legiões dos anjos guerreiros e pelos anjos conselheiros: o rei, o guerreiro, o feiticeiro. Até os anjos, no céu, foram separados em três hierarquias, cada qual subdividida em três graus, perfazendo um total de nove graus, três vezes três, o máximo de perfeição: "pelo que ela descrevia havia os dos nove graus e das três hierarquias" (p. 25).[7] A fé nos anjos (as forças tripartidas do Bem) constitui para Santa Dica a proteção do Deus dos exércitos; a certeza da vitória não está no amor de Necão, no idealismo de Josué, nem na espada de Osório. Qual novo Moisés, ela vai cuidar de seu povo, ditar as normas do bem viver, animá-los até a chegada à Terra Prometida, cabendo a defesa contra as hostes do governo às falanges celestes, guiadas por José Sueste, Anjo-Rei-de-Valia.

Na concepção trifuncional do universo, modelo da sociedade humana e divina, Santa Dica se reveste da soberania, em seu duplo aspecto

7. A hierarquia católica dos anjos baseia-se numa obra atribuída erroneamente a Dionísio, aeropagita, discípulo de São Paulo, de enorme prestígio para muitos teólogos, entre eles Tomás de Aquino: há três hierarquias, cada uma de três ordens em categorias descendentes (BLOOM, 1996, p. 50).

sagrado e jurídico; Sueste é a força guerreira que mobiliza potência e coragem, enquanto à fecundidade laboriosa cabe, neste ambiente, a subsistência da comunidade. O pai de Santa Dica, Aprígio, cada dia mais se agoniava vendo os trilheiros se entupirem e as margens do rio do Peixe negrejarem de devotos; já o tio Astolfo insuflava os ânimos para expulsá-los, se fosse necessário, até com violência, para evitar a fome no reduto. Dica, a soberana, no entanto, faz valer sua voz de comando: "Pelas cinco chagas de Cristo, carne de minha carne e sangue do meu sangue – disse Madrinha –, essa gente que chega e os que mais chegarem hão de permanecer aqui como em sua casa" (p. 34). Com este grito, que sai de sua boca com o timbre, ora da voz de Silvéria, ora de Sueste, próprio de quem está em transe, Benedita Cipriano, Dica, Santa Dica, incorpora outros nomes de sabor mais afetivo, os nomes e as funções de Madrinha e Dindinha que circulam na boca do sertanejo com a mesma doçura e até com mais confiança do que se pronunciassem o nome de Mãe. Essa gente que chega e os que mais chegarem são carne de sua carne e sangue de seu sangue, porque ela os gerou. Naquele momento, reconhece como seus filhos todos os que a procuraram, sem exclusão dos "estropiados, os mal-azados de muletas, os desasados dos manetas (...) os roídos de escorbuto, os carcomidos de lepra, os obscenamente rendidos ao sacolejo das hérnias, os mongolóides com cara de anjos punidos" (p. 158). Carne de sua carne, também o louco Bartolomeu, o monstro Zé Jegue, o assassino endoidecido Cazuzinha; como os demais outros saíram de seu ventre materno ou ela ajudou a nascer com o carinho de parteira que "corria os dedos pela barriga da mãe, numa carícia de preces, acalmando o bambino, adoçando-lhe o destino" (p. 74).

Em todas as épocas e em todas as culturas, os homens imaginaram uma Grande Mãe, uma mulher Materna para a qual regressam os desejos da humanidade – símbolo de um retorno ou de uma nostalgia (DURAND, 1989, p. 163). Há um isomorfismo que liga o ventre materno à morada, ao espaço circular, ao centro onde começa a recriação do universo: o ventre materno caracteriza os símbolos da intimidade profunda. As falanges celestes e o exército dos soldados se encontram em posição antitética heróica; as leis do Estado e as ordenações dos anjos se repelem mutuamente. Santa Dica é uma excluída, mas no momento em que, de rejeitada se transforma em mãe dos perseguidos, ela se coloca em posição antifrásica mística. Antítese e antífrase representam posições simetricamente distintas e contrárias – a primeira fundamenta-se na exclusão que não admite reencontro e a segunda alicerça-se na analogia que possibilita sempre uma transformação do sentido primitivo. O imbricamento de duas estruturas distintas do imaginário – a heróica e a mística – produz o momento romanesco.

A mitocrítica permite determinar o mecanismo através do qual podem coexistir dois regimes diferentes de imagens, assim como a imbricação de um no outro. O imaginário diurno heróico ou esquizomorfo desliza para o equilíbrio de forças contrárias, obedecendo a tendências eufemizantes conciliadoras do imaginário noturno místico. A sobreposição do imaginário solar e do místico revela-se perfeito no enredo de *Sete léguas de paraíso*. Em nenhum momento, a heroína abdica de seu direito de usar a voz de comando na luta, assumindo atitudes de força em nome dos Anjos, mas, ao mesmo tempo, a soberana eufemiza-se em mãe, madrinha, fonte de vida e segurança. As armas que simbolizam a separação heróica, podem se transformar em abrigo místico, como também o isomorfismo da luz e da elevação se condensa no simbolismo da coroa e da auréola, que, por sua vez, na simbologia religiosa, representam a transcendência mística.

Quando o positivo Antão, "na solene postura de quem representa a vilania da lei, a tirania da ordem" (p. 89), cumprindo os desígnios dos chefes, lê, em público, a revogação dos editos e éditos baixados pelos Anjos e publicados na *Estrela do Jordão*, espanta-se ao ver:

> a toda vida paciente, presciente e meiga visionária perder as estribeiras, transfigurar-se em fera, bradando a bom bradar que o recadista do governo fizesse o favor de montar e depressa mais que depressa desinfetasse o lugar, que fosse desejar nas oiças de quem o mandou a sua resposta de que o risco que corre o pau corre o machado, Tá me ouvindo, seu Antão? Antão diga (ela gritava) aos bonifrates do teu Conselho que Lagolândia tá separada de Meia-Ponte dos Pireneus e não deve nem dinheiro nem menagem nem um-isso a seu ninguém, aqui não manda Caiado, aqui não manda Bernardes, aqui quem manda e comanda, quem ministra e administra é somente a Ordem Sagrada e mais meu povo e eu (p. 163).

O "eu" final, mais imponente do que um plural majestático, sobrepõe-se a todos – Ordem Sagrada e meu povo – como se sozinha, naquele momento, assumisse a responsabilidade do seu gesto de rebeldia. O processo antitético do imaginário transfigura-se em discurso de quem domina seu próprio destino que, quanto mais imprevisível for, mais heróico afigura-se o "eu". Naquele momento, a procissão dos infortunados físicos e morais que se encontram sob a sua proteção mergulha na segurança de uma ligação mística capaz de transformar a triste condição humana. Todos sentem que Madrinha, santa e santificadora, os está reintegrando, longe da quotidiana existência passada, num mundo mítico do qual sempre sentiram um vago desejo e, como numa involução espontânea, participam, em êxtase, juntamente com ela, da convivência com os anjos. Os homens na Terra, símbolo do pecado, e os anjos no alto, símbolo da pureza, formam a antítese entre a natureza humana e a angélica. A carne, em decomposição pela doença ou martirizada pelo estigma do pecado, transforma-se, no reduto da Santa, em sinônimo de salvação. A República dos Anjos constitui-se de duas partes em perfeita harmonia entre si, onde a metade celeste e a metade humana fecham o círculo, morada ao mesmo tempo celeste e humana, numa garantia de segurança redentora.

O anjo, reforçado pelo símbolo da asa e da flecha, incorpora o símbolo do triunfo, assume, no círculo fechado da República dos Anjos, a própria imagem mística da purificação que é, no dizer de Durand, "essencialmente angélica" (1989, p. 94). A comunidade bivalente de anjos e pecadores se transforma numa comunhão de eleitos – os anjos por sua própria natureza e os homens pelo arrependimento e pela sublimação da carne, elementos essenciais para o reencontro da pureza. O imperialismo do imaginário obriga os homens à reflexão que produz um redobramento constante sobre si mesmo, na descida às regiões da intimidade mais profunda. Os anjos do regime diurno, com seus celestes apelos de pureza, dinamizam o grande arquétipo do profundo, escondido e íntimo conteúdo da taça mística, realizando, segundo Bachelard (1990, p. 45), o apelo dos contrários. À beira do rio Jordão, Madrinha recebeu a missão de reunir os penitentes para purificá-los e prepará-los para abraçar uma vida nova: as "meretrizes de Pouso Alto, recém-chegadas de quinze dias, mas já perfeitamente integradas à vida e aos costumes daquele eldorado de pobres, daquela tribo dos anjos" (p. 155).

Uma repetição constante de ritos e símbolos sugere pureza: a água do Jordão usada para curar e batizar, a bandeira branca e azul da nova república, o cordeirinho Ananias, angélico mascote, "de alvura imaculada" (p. 29) que nunca abandona a Santa. Mas, sobretudo, a presença da Madrinha sempre vestida com seu manto branco:

> Em nenhum momento, inclusive nos exorcismos, Dica usa o roxo da Igreja. Em tudo, velas e vestes, e a tudo que preside o branco, brancas são as nuvens no céu, brancos os lírios do vale, brancas as flores dadas em oferenda ao rio (p. 77).

Todos os símbolos relacionam-se ao mito da inocência reencontrado no Paraíso dos Anjos, num tempo abstrato, longe das preocupações de um mundo ao qual todos haviam renunciado. O misticismo do reduto contrasta com o clima de guerra que, persistente, tolda de nuvens negras o diminuto horizonte. A tendência a aumentar o aspecto esquizomorfo das personagens principais, ao redor das quais se desenvolve o tema do romance, atenua-se e, às vezes, até é superada pela descrição de toda uma cultura impregnada de misticismo que o autor reveste de puro lirismo.

A divisão dos gêneros literários, como produto de uma dialética entre a interioridade e a exterioridade, encontra, na comparação das estruturas místicas do regime noturno e das estruturas heróicas do regime diurno, a interioridade da lírica e a exterioridade da épica. Todo grande romance se assemelha a uma encruzilhada para onde convergem os esforços do artista para conseguir estabelecer um equilíbrio entre a exaltação épica e a expressão poética. O romanesco fundamenta-se neste equilíbrio e nesta soma entre o épico e o lírico que se traduz numa oscilação constante entre os dois. O gênio do romancista manifesta-se neste instante, na confluência entre o gesto heróico de exteriorização da força e o gesto íntimo da interiorização do amor. Através de uma composição poética que proporciona ao artista a oportunidade de externar sua visão particular dos fatos dentro da narrativa, o leitor descansa da temática das alturas heróicas para deslizar na sombra tranqüila da meditação mística. Em *Sete léguas de paraíso*, o momento romanesco caracteriza-se por uma oralidade repetitiva, própria da alma popular e do redobramento místico, produzindo um discurso narrativo que aproveita um episódio circunscrito e introduz seu ponto de vista abrangente, reescrevendo a história cultural não apenas de Goiás, mas da humanidade.

A ideologia pessoal do escritor organiza, ao redor de Santa Dica, uma visão conceitual de um mundo que, mesmo diante das vozes dos vários personagens, é marcada pela expressão da voz que conduz a narrativa; fusão reforçada pela presença insistente do discurso indireto livre. Essa voz do narrador acoplada à da personagem consegue conferir ao épico o tom romanesco. A adesão pessoal ao fato e o ardor de uma íntima resposta revigoram o enredo épico, sob a luz da poesia lírica. No esforço de participação para dar vida a um momento da história e para apropriar-se dele, o autor cria um cenário de magia e encantamento em contraste com a opressão e a violência. Ao falar do estilo, não se quer analisar a linguagem de Moura em seu propósito de revivificar a língua, à maneira de Guimarães Rosa, fugindo à expressão rotineira numa nova alquimia da palavra. Pretende-se, apenas, focalizar algumas das características, próprias do imaginário místico, sob o aspecto da identificação do gênero literário – o lírico produzido pela interiorização subjetiva e pela sintaxe do redobramento.

A estrutura repetitiva confere à narrativa de *Sete léguas de paraíso* aquela viscosidade do lírico que penetra, pela subjetividade do sentimento, o enredo do mito, e o épico humaniza-se, então, pelo místico. Verifique-se o constante redobramento – presença do lírico nos termos da oração: "linda, linda, linda, linda de morrer" (p. 111); "Ela é santa toda a vida. É santa um absurdo" (p. 235); "turva, torpe, túrbida, turbulenta" (p. 177). A adesiva participação ao momento manifesta-se, também, nas exclamações de júbilo, de dor, de surpresa e de raiva no meio da narrativa: "velai por nós" (p. 52); "Ora pois, ora pro nobis, ora veja" (p. 162); "Vade Satana!" (p. 17). Nas frases soam cadências de combinações de som e de forma, unidas pela analogia, que reporta à lírica mais espontânea:

> Por mais que o tentassem, mesmo as mulheres amando-o não conseguiam extrair nonada nada nadinha dos seus idos e vividos, nem com palavras de açúcar, nem com súplicas langorosas, nem à custa de enleios e meneios, de achegos e aconchegos, de rulos e arrulos, de cafunés e tagalés, de ardis de gata sonsa, que de dengos, que de chanha, que de xodós e chamego

> não venceu o ex-Nenzinho do Basalto sem expor-se, nos transportes da paixão! (p. 188)

A linguagem da paixão, da conquista amorosa é apresentada através de onomatopéias, de redução ou de ampliação de palavras, de diminutivos, de troca de letras, de rimas que vão unindo os sons, num movimento de viscosidade própria do lírico.

Santa Dica se reveste no romance, ao mesmo tempo, de halo heróico e místico, assumindo proporções diferentes da personagem histórica resgatada em teses acadêmicas, baseadas na crônica dos jornais da época e em documentos que a fazem protagonista de um movimento messiânico. Toda história pode dar origem a outra história, cem outras histórias nas quais, diversamente construídas, encontram-se as mesmas figuras. A Santa Dica, de Antônio José de Moura, transforma-se num mito, boiando sobre as águas do rio Jordão, imagem branca nos braços de um vulto atlético, Necão, a desaparecer nas brumas da tarde para se fixar no imaginário popular. *Sete léguas de paraíso* encerra-se de modo épico-lírico, com a visão de uma figura humana vigorosa enlaçando uma mulher, imagem etérea que bóia sobre as águas e desvanece como um sonho no indefinido da memória para assumir a força de mito no imaginário coletivo:

> – E tão paralisado fiquei, crianças, que não pude atirar! flutuando rio abaixo, na corrente, o braço esquerdo arrimado a um tronco, o direito a alcançar uma mulher de longuíssima cabeleira e veste branca espraiada qual lençol sob as águas. Ela sustinha na mão direita, erguida à laia de capitel, um ser minúsculo, todo algodão, idêntico à miniatura de um anjo: o carneirinho Ananias (p. 279).

A oralidade, o apelo à atenção dos ouvintes – crianças – resgata a condição primitiva do relato mítico, a voz narrativa reproduz a situação especial, o momento sagrado de enunciação. Para Walter Benjamin (1980, p. 58), "a experiência que anda de boca em boca é a fonte onde beberam todos os narradores" e, ainda, o grande narrador é aquele cuja escrita, enraizada no povo, menos se distingue dos narradores anônimos. A memória que transmite o acontecido de geração em geração alia-se, no romance, à memória perenizante da recordação. Se a primeira é épica, por excelência, a segunda, na invocação, situa-se no plano da lírica. O velho soldado, ao reviver na memória e ao transmitir oralmente sua visão a ouvintes atentos, está de alguma forma multiplicando a potência do mito. O domínio que a oralidade exerce origina-se de um elemento sagrado inerente ao mito que anula qualquer crítica. Uma obra de arte escrita sempre pode ser apreciada ou não por critérios individuais; o mito, não se nega nem se afirma, não se aprecia nem se condena, apenas faz parte do imaginário, vive da própria vida e se eterniza pela própria verdade.

O sagrado e o profano no sincretismo hermético

A oposição sagrado-profano que se evidencia na formação da República dos Anjos aparece como uma distinção surpreendente mas, ao mesmo tempo, como uma entidade irredutível por sua identidade etimológica. Sagrado, do latim *sacer*, representa o ser consagrado à divindade, dentro do espaço sagrado, o templo, *fanus* em latim, cuja forma adjetivada se transforma em fanático isto é, o que está totalmente entregue aos misteres divinos em contraposição ao que está fora do templo, profano, portanto não consagrado à divindade. Qualquer fenômeno religioso resume-se neste postulado universal de uma dualidade de planos que tendem a se fundir em unidade, estabelecendo-se uma perfeita comunhão entre as duas comunidades: a fanática e a profana, a celeste e a terrena, os anjos e os homens.

A harmonia universal do cosmo realiza um constante comércio hermético através de transformações incessantes de forças opostas e complementares. A partir da matéria-prima humana, aproveitando a parte divina que reside em cada indivíduo, a alquimia permite a comunicação entre os poderes do sagrado e as limitações do profano, entre o espírito e a matéria, o invisível e o visível, o imortal e o mortal, porque tudo no universo obedece à lei da circulação dos quatro elementos que se exprimem pelos imperativos: *solve et coagula* –dissolva os sólidos e condense os fluidos, mude-se de forma ou mude-se de vida, desapareça a velha forma desde que seja um novo rebento e uma nova esperança. A dissolução e a coagulação tanto é possível na natureza quanto na humanidade, ultrapassa o nível superficial da oposição dualística e remete sempre ao conceito de unidade. Os discípulos de Hermes praticam na matéria uma alquimia exterior como meio de transmutar os metais em ouro, ao mesmo tempo que realizam uma outra alquimia interior com o fim último, única alquimia que interessa aos verdadeiros filósofos herméticos – morrer para o mundo e despertar para a gnose. O hermetismo, anulando dualismos e contrastes, alcança, por caminhos diferentes de realizações espirituais, a plenitude do conhecimento, o além ao alcance da mão dos eleitos, (JUNG, 1994). A sociedade sagrada, à beira do Jordão, compõe-se de irmãos e irmãs na terra e de anjos no céu, os primeiros dispostos a abraçar nova vida, a dissolver-se no esquecimento do passado e os segundos, representados por Dica, Santa – "cristal transparente onde quem se olha se vê um anjo"[8] –, renascida para a vida de um novo presente.

A nova comunidade de anjos e de homens reencontra em Dica, que participa das duas naturezas,[9] a unidade perdida, dois mundos distintos que se materializam e se espiritualizam neste denominador comum da humana encarnação de um anjo. Todo movimento religioso que promete ao homem identificar-se com uma realidade superior percorre, ao mesmo tempo, um caminho mítico e hermético de elevação e de unificação. O reduto de Lagolândia apresenta-se, por isso, emblemático para novas revelações divinas onde a presença da Santa, de caráter forçosamente sagrado, domina e unifica toda a direção da vida profana; em tal universo a ordem social-profana se confunde com a ordem divina-sagrada. O hermetismo que vê, na unidade, o fim supremo de atingir a perfeição do Ser-Um no todo, confunde-se com o sincretismo que vive suas experiências e participações com o divino para alcançar a harmonia universal. No sentido mais alto, o sincretismo é o reconhecimento de uma única fonte de inspiração esotérica que atravessa e nutre as religiões, as sabedorias e as filosofias. Sábio e santo não é aquele que discrimina, é aquele que seleciona o que há de melhor em todas as crenças para transformar fiapos de luz em focos de luminosidade.

8. Expressão utilizada para caracterizar o sorriso da Gioconda (DUBOIS, 1995, p. 244).

9. Para Mircea Eliade "são múltiplos os meios por que se obtém a santificação, mas o resultado é quase sempre o mesmo: a vida é vivida num plano duplo; desenrola-se como existência humana e, ao mesmo tempo, participa de uma Vida trans-humana, a do Cosmo ou dos Deuses" (ELIADE, s.d. p. 175).

Sete léguas de paraíso é um romance em que indagações metafísicas ou religiosas em defesa da ortodoxia ou a revelação de mensagem esotérica não representam sua busca fundamental. A transcendência não faz parte das preocupações do narrador, mas se faz ouvir através de Santa Dica e seus seguidores, quando idealizam as conquistas sociais da Jerusalém terrestre – ilha de felicidade humana – Lagolândia, livre, igual e fraterna. Há, na narrativa, até uma certa desconfiança em relação ao irracional, ao esotérico, uma aceitação cartesiana da existência, um leve sorriso voltairiano que acentua e sublinha a descrença nos milagres e prodígios de santos, fictícios e trapaceiros. Guimarães Rosa (1972, p. 15), na voz de Riobaldo, adverte da necessidade de se cercar do sobrenatural na travessia da vida: "Muita religião, seu moço! Eu cá, não perco ocasião de religião. Aproveito todas. Bebo água de todo rio. Aproveito todas. Uma só para mim é pouco" (ROSA, 1972, p. 15). Ao contrário, Antônio José de Moura parece resumir na voz do panfletário João de Minas, fundador da Igreja Científica de Goiabira, o que pensa das religiões

> por lidarem com o intangível, o imprevisível, o imaginário e a irracionalidade das pessoas, as religiões, todas elas, não são senão teias de grande aranha mercantil, negócio de lucro certo, de investimento nenhum e facílima expansão (p. 212).

Em outras situações, esse pensamento volta a aparecer: o Padre Ortiz intuía, em típico pensar de guerra comercial que, sem o aniquilamento do reduto e a derrota completa da demiurga, "o Santuário de Trindade acabaria reduzido a um reino sem súditos e sem generosas ofertas dos romeiros" (p. 147). Na Nova Jerusalém de Santa Dica, "não se cobrava um tostão pela ponte estabelecida com o céu, mas os romeiros não vinham de mãos abanando, traziam bruacas repletas de bandas de capado, quarto de reses, aves, caças diversas e cereais" (p. 31).

Com o olhar e a curiosidade de repórter, o narrador descreve as multidões que, ano após ano, se dirigem em peregrinação a Trindade, a pé, em carro de boi, em cima de cargueiro, gente de joelho, arrastando os quartos, multidões, as mesmas que entopem os trilheiros e acampam às margens do rio do Peixe, em Lagolândia. Apresenta os penitentes deitados à porta do templo em Trindade "a fim de serem pisoteados pelos romeiros que entram e de cujas botas vão raspando com a língua a lama dos caminhos, a bosta dos currais" (p. 143) e fixa detalhes ao enumerar os deformados de corpo e espírito que cercam a santa na esperança do milagre – "os carcomidos da lepra, os obscenamente rendidos aos sacolejos das hérnias, os mongolóides com cara de anjos" (p. 158). Na fé dos penitentes e aleijados, nos gestos extremos de degradação da carne, na ânsia de se agarrar ao sobrenatural, percebe-se a herança de uma formação racial e histórica da gente sertaneja.

O caminho para a verdadeira compreensão do fundamento social de um povo é o seu imaginário que exprime sua visão do mundo, seus mitos fundamentais, em estreita relação com a ordem social. O narrador faz convergir a compreensão do desenvolvimento social do Brasil para o sangue das várias misturas. As conseqüências de uma miscigenação repleta de rejeição, preceitos e sutilezas intensificam-se ainda mais por causa do elemento místico – vigorosa manifestação dos imaginários religiosos das diferentes raças. A singular religiosidade popular e rústica do Brasil, em simbiose constante, é fonte de um universo imaginal, por excelência. O sincretismo brasileiro pode ser definido como certa mística particular, amadurecida com enxertos de ritos indígenas, afro-brasileiros na cultura esotérica européia. A intensidade e a freqüência dos contributos simbólicos indígenas, afro-brasileiros e cristão-católicos que se escondem ou se traduzem nos cotidianos sinais de religiosidade, tanto no campo como nas cidades, se manifesta sob a forma de um sincretismo à brasileira em que a religião e a raça se tornam indivisíveis; como bem observa Umberto Eco (1994, p. 144) "a mística degeneração dos conquistadores europeus funda-se na ciência qualitativa dos escravos, assim como a pele dos presentes narrava uma história de genealogias perdidas".

Sete léguas de paraíso retrata esse sincretismo que se realiza entre miscigenação racial e suas manifestações de religiosidade. Ao redor de Santa Dica, o narrador se compraz em descrever os que esperam pelo milagre "caburés, mulatos, pardavasquirdos, petotes, fouveiros, do índio restam vagas reminiscências a ondularem na lisura de um cabelo, do branco há bem mais traços" (p. 175). Ao mesmo tempo, a crônica da demiurga se enriquece com um desfile de crenças que vai desde as manifestações de curandeirismo e bruxarias dos primitivos do sertão até as aventuras esotéricas do Coronel Percy Harrison Fawcett à procura da escadaria que o conduziria ao templo, convívio sempiterno dos regentes do Universo no Planalto Central. Nesse lugar, escolhido para grandes manifestações do espírito, existe, também, Cassiano que se transforma em lobisomem, "sedento de sangue de infantes, no limiar de 13 de agosto, sexta-feira" (p. 117), e Laurindo Procópio que, acompanhado do morto, proprietário de tesouro, desafia Satanás para desenterrar um caldeirão de ouro ao pé da gameleira. Magos, adivinhos, feiticeiros, bruxas dão vida à narrativa onde aparece, tonitruante, a figura do mistificador João de Minas, Mahatma Patiala, abençoando os fiéis da sua Igreja com as Três Espadas da Luz da Ciência Divina simbolizadas nas velas,

> a primeira sendo Eurípedes Barsanulfo, a segunda o menino-mártir Santo Antonino de Marmo, a terceira um preto-velho da falange de Ogum de Nagô, o gunhê, o gunhê! que sincretismo de seitas, que ecumenismo perfeito! (p. 214)

Santa Dica vive, em plenitude, o sincretismo, revestindo-se das funções de quem se sente intermediária entre o céu e a terra, milagreira ou santa. Sugere, à moda dos curandeiros sertanejos, "chás, banhos de assento, defumadores, cascas, raízes, frutas" (p. 61), receitas para todos os males: "barbatimão para úlcera, para o baço jurubeba, alfavaca para o estômago, mas para os males da paixão paciência e fé em Deus" (p. 60). Proclama o valor terapêutico do rio do Peixe, rebatizado no trecho que banha o reduto:

> Tudo no Jordão é sagrado, água, pedrouços, limo e peixes, decretou certa vez Santa Dica, proclamando o valor terapêutico daquele trecho de rio. Apenas no receituário da visionária os seixos mudam de tamanho e formato (os redondos para um mal, os oblongos para outro, os menores para isto, os maiores para aquilo), do mesmo modo que variam hora e local de retirá-los do leito, a vasilha em que se há de fervê-los e a maneira de atirá-los, sem olhar, para trás, recitando corretamente a jaculatória (p. 63).

De sua cama levantada a dez palmos de altura, a mão erguida em sinal de bênção, cura também as doenças da alma que "pedem apenas palavras, infusão de otimismo, fluidos contra a má sorte" (p. 62). Tem poder até sobre os fenômenos celestes "– Santa Bárbara, bendita, que no céu está escrito com papel e água benta, abrandai esta tormenta" (p. 151). No entanto, entre parênteses, a voz algo irônica e descrente do narrador "(e a tormenta abrandou verdade que bem mais tarde, mas sem dúvida a pedido da santinha)".

A taumaturga assume, também, consciente seu papel de sacerdote católico, após sentir-se rejeitada pela Igreja de cuja doutrina e ritos está impregnada: "os nubentes por ela unidos não os queira separar o homem que atados se encontram em Deus" (p. 65). Administra, em Latim, não apenas os sacramentos, mas possui até os poderes eclesiásticos reservados ao Sumo Pontífice, o Papa, de aumentar o número de festas religiosas e canonizar, por sugestão do Anjo-Rei-de-Valia a priminha Silvéria, escolhendo o dia da comemoração de sua festa; em 14 de outubro ela seria "lembrada e invocada com reisados, com congadas com congadas com congadas, com fogueira e capilé" (p. 261). Não mais as tradicionais novenas de muitos terços, jejuns purificadores, confissões e penintência; a Santa quer manifestações de alegria popular com cantos, desafios de viola, leilões e foguetes para transformar a própria vida numa festa contínua.

Uma das características da religião católica levada para o sertão, na expressão de Roger Bastide, ao prefaciar a obra de Maria Isaura Pereira de Queiroz (1976, p. XV), consiste no "desejo de transformar a vida cotidiana numa festa perpétua: uma festa católica, certamente, mas realmente festa". A declaração, pela manhã, de uma nova santa a ser acrescida ao calendário católico não impede, contudo, que à noite a demiurga mantenha suas conversações com os espíritos de pessoas desencarnadas na Sala de Espera dos Mortos, perfumada pelo incenso que fumegava no turíbulo de Vigilato Cascão. A Santa transforma-se em *medium*, recebendo guias e, de olhos fechados, receita e consola os fiéis na "forma de passes, responsos, defumações, auguris ou descarregos" (p. 61). O sincretismo de Santa Dica em particular, emoldurado pelo sincretismo popular na estrutura do romance, catalisa as diversas formas de sobrenatural já existentes no imaginário popular sertanejo. O imaginário se estrutura em sincretismo para se cercar de garantias como forma natural de sobrevivência.

O mito da idade de ouro e do apocalipse

Num mundo marcado e dominado por forças desconhecidas, por incertezas da vida e brutalidades do meio, o sobrenatural, sob qualquer forma, representa um escape, uma esperança de sobrevivência. O milagre atrai, por isto, legiões de peregrinos, porque é a epifania de uma força sobrenatural – "e uma grande multidão veio a Ele, ao ter notícia de tudo que fazia" (Marcos, 3, 8). A multidão que segue um líder religioso nem sempre é compelida por males físicos ou morais, por uma ordem social injusta com uma extensa rede de violência e arbitrariedade. Por trás, há também forças desencadeadas pela emoção, mais violentas e abrangentes do que as forças que se alicerçam na razão – a humanidade se satisfaz em correr atrás de seu sonho de sobrenatural. A função do imaginário ajuda a conceber o homem como um ser em movimento à procura de uma síntese entre aspirações da humanidade, inerentes a sua natureza e ao lugar que ocupa no universo, que o obrigam a crer num relacionamento entre o natural e o sobrenatural. Marc Soriano (1968, p. 473) resume essas aspirações como sendo a procura de um espaço diferente daquele que o homem ocupa e a procura de um tempo que não é ainda.

Seria fora de propósito entreter-se em digressões teóricas, próprias deste tipo de pesquisa, embora o estudo suscite inúmeros problemas das ciências antropológicas decorrentes de manifestações e reconstruções de uma típica experiência de um movimento sócio-religioso nos sertões de Goiás. Contudo, qualquer fato, para sua compreensão, exige que seja estudado em sua gênese e desdobramento histórico, dentro de uma organicidade total numa visão econômica, política e social, sem esquecer o simbólico. A religião, com seus arquétipos que estabelecem o modelo de comportamento que dá sentido à existência individual e coletiva, constitui uma das peças fundamentais para o deciframento do imaginário do povo. O imaginário alimenta e faz o homem agir, torna-se fenômeno coletivo sem o qual um acontecimento histórico perde sua natureza humana, como se desencarnasse da consciência que o gerou. Segundo Gilbert Durand, não sabemos muito bem o que são os fatos, sobretudo se separados de todo discurso, isto é, de toda filosofia da história, no entanto, sabemos o que as imagens são porque se apresentam, por assim dizer, em famílias, em enxames, em pacotes sincrônicos que num discurso (*sermo mythicus*) indicam já um sentido. Elas são integralmente auto-descritivas (LE GOFF, 1986, p. 143). Enquanto a pesquisa antropológica procede por um discurso conceitual, o imaginário se expressa mediante constelações simbólicas; à razão se contrapõe a intuição que não pode ser medida com os mesmos instrumentos. Isso significa dizer que o sagrado, transcendente no seu caráter mítico, constitui uma condição necessária a todo movimento sócio-religioso,[10] mas não se submete plenamente a teorizações e classificações.

Ao definir *Sete léguas de paraíso* como sendo "crônica de cunho messiânico e teor sebastianista acerca de uma demiurga do Brasil dos anos 20" (p. 162), o próprio autor aponta para o caminho do imaginário religioso como tema central e chave para a interpretação do episódio. Na teia da narrativa, Moura constrói o ambiente goiano na época do aparecimento de Santa Dica, cenário político e social que pode ser resumido em dois séculos de estagnação devido à decadência do ouro e em um sistema marcado pela familiocracia que dominava antes a Capitania, depois a Província e agora o Estado de Goiás.[11] As escassíssimas famílias das poucas cidades goianas eram aparentadas entre si, pela constante prática da endogamia que lhes proporcionava o livre tráfico de influências que derivam das relações consangüíneas. Os potentados de cada região do vasto território deviam, de certa maneira, vincular seu poder local com a capacidade de se articular política e economicamente com a administração central. Em troca, pediam empregos no corpo do funcionalismo público para filhos e parentes que acabavam por se casarem com as vilaboenses – assim se chamavam as moças do antigo arraial de Santana do Anhangüera, depois Vila Boa dos Condes

10. Mesmo trabalhando dentro de uma perspectiva sociológica, Maria Isaura Pereira de Queiroz é enfática em afirmar que não basta a existência de um determinado tipo de estrutura social para desencadear um movimento messiânico. A espera deve vir acompanhada de determinada mitologia que forma o *clima messiânico* necessário à eclosão do movimento (QUEIROZ, 1976, p. 148).

11. Com a chegada de imigrantes no início de 1930 e, sobretudo à época da construção de Goiânia e de Brasília, dois séculos de oligarquias e familiocracia implodiram, não sem resistência das famílias goianas tradicionais, que ainda dominam alguns setores da vida pública, como o Fórum e os Conselhos Estaduais e Municipais de Contas.

d'Alva e, hoje, Goiás –, fechando o circuito familiar capilarmente estendido por todo o território: "iam assumir ocupações de genro e outras funções afins, por obra de himeneus felicíssimos" (p. 165). O mesmo acontecia ao muito poderoso Judiciário com os Oficiais de Justiça e os Ouvidores cujo poder é difícil de ser avaliado hoje em dia, devido às funções que tinham de verdadeiros tribunais móveis, encarregados de distribuir a justiça, quase sempre um arbítrio no vasto território: "No caso particular desses mancebos, tanto lhes sorriu a fortuna que este é juiz, o irmão é promotor, o do meio arbitra impostos, não demora o caçulinha chega a prefeito, a deputado, a senador" (p. 165).

Goiás era, ao tempo de Santa Dica, o paraíso dos coronéis-fazendeiros, porque a tácita concordância das maiores autoridades da Capital "conferia carta branca para usar a jagunçama e requisitar, se necessário, a polícia a fim de expulsar posseiros de todas as terras do Estado" (p. 164). Neste mundo sertanejo, marcado pelo protecionismo e a arbitrariedade, a maneira mais natural de sobrevivência consistia em preferir qualquer outro tipo de segurança, mesmo que ilusório, à realidade da vida. Em *Sete léguas de paraíso* emergem as pistas da procura de uma segurança oferecida pelo imaginário que levam não apenas a comunicação entre o sagrado e o profano, mas estabelecem a construção de uma nova vida comunitária entre o natural e o sobrenatural. O imaginário coletivo guia e impulsiona as convicções populares tão intensamente que não apenas se deve procurar nelas a força de escape para o sobrenatural como também a força de agir capaz de mudar o real.

Efetivamente promissora, a temática do imaginário se constitui em trilha para uma interpretação no estudo dos movimentos sócio-religiosos do povo do sertão. O surgimento de uma nova cidade, *como se* fosse uma Nova Jerusalém, à margem do rio do Peixe, *como se* fosse o rio Jordão, ao redor de uma taumaturga, *como se* fosse a reencarnação de um anjo, não pode ser explicada simplesmente em termos de fanatismo, ignorância, atraso, fetichismo, loucura coletiva, alienação, degradação social ou apenas como uma reação à injustiça e à miséria dos deserdados da fortuna. Esses termos explicam os efeitos causados pelo imaginário que objetiva e possibilita o relato de um fenômeno, fazendo dele não apenas o produto, mas o produtor da história: com o imaginário, pode-se ver melhor que aquilo que foi por tanto tempo desprezado se reencontra com muita freqüência na raiz das motivações históricas e revela com profundeza as estruturas, sobretudo as estruturas mentais de uma época (LE GOFF, 1986, p. 16).

O cristianismo, herdeiro da tradição hebraica, penetra no mundo das tradições indo-européias já incorporadas ao mundo greco-romano, inaugurando uma civilização em que estão presentes os antigos e os novos temas que não permitem uma distinção nítida entre a cultura judaico-cristã e a cultura pagã. Toda nova cultura elabora seu próprio sistema, projetando-se na continuidade do imaginário que modela suas novas formas, adequando-as aos tempos e ao ambiente. A herança ocidental cristã, enriquecida pelas contribuições árabes, misturando-se com as heranças diferenciadas dos indígenas e africanos, produziu uma rede complexa de mitos, tornando quase impossível descobrir, nos fios entrelaçados, a origem racial e religiosa de cada um deles. Rituais de purificação e expiação, exorcismos e, sobretudo, o medo geral do além, dos espíritos maus, das assombrações, o sombrio fascínio exercido pelo diabo, e o poder de uma força superior estão presentes no imaginário de todas as crenças de qualquer tradição.

Nos mitos que se encontram em *Sete léguas de paraíso* não estão ausentes os de origem indígena (índio Afonso, encantado, em sintonia com a natureza) e da vasta contribuição de origem africana (Cassiano, o macumbeiro da encruzilhada do diabo), mas o tema central se reveste de mitos da mais genuína tradição do judaísmo, do cristianismo primitivo e do cristianismo medieval. À Idade de Ouro e ao Paraíso Terrestre, ao Fim do Mundo apocalítico, arquétipos primordiais, misturam-se mitos e lendas mais recentes, como a saga de Carlos Magno e os Doze Pares de França e a volta de Dom Sebastião. A leitura dessas lendas feita por tio Astolfo emociona a Santa e seus fiéis, que pensam ver a figura do próprio Deus na estampa de Carlos Magno: "alguma parecença o Pai Eterno deveria guardar com a colorida estampa de Carlos Magno no livro de sua história e os Doze Pares de França" (p. 203). Ao lado dos lago-landenses, "com a garantia do Altíssimo" e "emprestados por Carlos Magno" (p. 155), os Doze Pares, transformados em anjos, de espada em punho, lutam contra os inimigos do reduto e, em seguida, desfilam, como guardas-de-honra.

A lenda antiga, mais de mil anos, incorporada ao imaginário coletivo, não apenas no Centro-Oeste, no reduto de Santa Dica, como também em Caldeirão e Contestado (MENEZES, 1992-1993, p. 171-172), Norte e Sul do País, porque lida ou transmitida oralmente, representa uma visão coerente da vitória do bem contra o mal, do desejo de justiça e da crença de que, no fim, os bons vencem e são premiados. A literatura de cordel, os contos e lendas populares e até os livros sagrados, a *Bíblia*, enriquecem o imaginário pela mensagem mítica, numa estrutura que articula o conjunto de símbolos, mitos e ritos ao redor de uma personagem lendária – Carlos Magno ou Dom Sebastião. Assim Fernando Pessoa resume a lenda portuguesa: "Quanto é melhor, quando há bruma/ Esperar por Dom Sebastião/ Quer venha ou não!" (1990, p. 189). Dom Sebastião deve aparecer, no momento fatal e final, quando o último dos escolhidos se encontrar em Lagolândia: só então "entrará triunfalmente na Ágora, vindo do lado do mar, que é o mesmo lado do rio, el-rei dom Sebastião" (p. 255). A vidente Dica-Sueste detalha a cena que ainda se passa na terra de Lagolândia antes de se transformar na Cidade do Paraíso Terrestre: "Dom Sebastião irá dando a beijar o seu anel de Topázio imperial aos partidários da Santa, os quais, ao roçarem a mão de el-rei, se transformam por completo, *ipso facto*, de humanos em divinos" (p. 257).

As cavalhadas que se realizavam em Meia Ponte dos Pireneus, causando ciúme na vizinha Lagolândia, representavam, ao vivo, uma luta entre cristãos e mouros e se constituíam na manifestação mais espetacular da Festa do Divino Espírito Santo ou, simplesmente, Divino. Antiga tradição portuguesa, foi introduzida por descendentes de açorianos que, ainda no primeiro século após a descoberta, emigraram para o Brasil, trazendo arraigada a doutrina milenarista do frade franciscano, Joaquim da Fiore. O Joaquinismo, em sua visão filosófica da história universal, fundada no esquema ternário, fazia seguir ao reino do Pai, Antigo Testamento, e ao reino do Filho, Novo Testamento, uma última etapa correspondente ao reino do Espírito Santo, quando a religião atingiria a perfeição, trazendo, à terra, mil anos de paz e bem.

Ao espírito dominicano, representado por Alberto Magno e Santo Tomás de Aquino, que tentava reconciliar Aristóteles e a *Bíblia*, a filosofia e a revelação, se opunha o espírito franciscano nutrido do neo-platonismo de Santo Agostinho, representado por São Boaventura, que proclamava a independência de princípios entre a Teologia e a Filosofia, orientando a primeira para um pensamento de tipo esotérico. A doutrina de Joaquim da Fiore vinha, de certo modo, dar aplicação prática à doutrina da esperança em germe no espírito franciscano. Espalhou-se rapidamente pelo mundo cristão e exerceu influência em todos os campos. Reavivou, sobretudo, especulações relativas à época da Terceira Idade, enriquecendo o imaginário dos profetas de novos tempos e novas terras. O império do Espírito Santo, como o anunciou Joaquim da Fiore, destinava-se a dominar o mundo durante a última parte da história da humanidade e a penetrar nas mentes para inspirar os homens, fazendo-os seus instrumentos de revelação. A doutrina introduz o princípio de uma grande liberdade espiritual na qual a cada alma é dado descobrir, com a ajuda do Espírito Santo, cuja vinda está perto, verdades escondidas desde o começo do mundo (FAIVRE, 1996, p. 96).

Nos sertões brasileiros, essa doutrina encontrou um ambiente propício à sua penetração na crença, que utiliza a via da imaginação especular, porque atribui caráter de realidade ao objeto, "para afirmar sem outra prova a não ser a força dessa afirmação, a veracidade de determinadas convicções" (DUBOIS, 1995, p. 34). Às crispações de um estômago com fome, às interrogações, sem resposta, sobre as doenças, à morte e à maldade, o sertanejo responde com a resignação da fatalidade ou com a esperança de uma transformação sobrenatural. As cavalhadas, com seu aparato festivo e exótico, ainda hoje excitam o imaginário popular, embora a luta entre os cristãos e os mouros não mais represente a vitória do bem contra o mal, já encoberta pelos aspectos folclóricos e turísticos. Contudo, essa manifestação na festa do Divino, enraizada na doutrina do Terceiro Milênio, exprime a força e a perenidade dos mitos. No reduto de Santa Dica, o Espírito Santo está presente na bandeira, no desejo da realização das cavalhadas e, sobretudo, a doutrina joaquinista forma a estrutura do acervo imaginário da Santa:

> festejos do divino Espírito Santo, cotidiana e columbinamente relembrado na bandeira, embora as cavalhadas em duas tardes evocativas das pelejas entre mouros e cristãos fossem por ora projeto, decerto suplantaria em originalidade e esplendor as de Meia-Ponte dos Pireneus (p. 259).

Santa Dica, instrumento da revelação do Espírito Santo, fala como os profetas do Antigo Testamento, como Savonarola, em Florença, como Thomas Müntzer, na Alemanha, como Antônio Conselheiro, em Canudos, e Padre Cícero, em Juazeiro. Todos esses líderes messiânicos ameaçam e consolam, na tarefa de transformar a espera do Paráclito numa atitude ativa para apressar a chegada do reino; em todos o mesmo propósito: transformar a própria cidade ou região como se fosse Jerusalém. A cidade santa que matou os profetas e o próprio Messias, lugar sagrado para as três maiores religiões monoteístas do mundo, representa, no imaginário religioso, o ponto central do universo, a sede ontológica do sagrado que pode ser representada por outros espaços com o mesmo valor de redenção do arquétipo primitivo – cidade cujo símbolo determina o caráter totalizador e unificador da fé, porta única para o paraíso futuro, única entrada para o inferno localizado nas profundezas da terra, encontro do céu, da terra e do inferno. Desde a visão apocalíptica do Evangelho, os "novos céus" e "as novas terras" convergem seu simbolismo num único centro – Jerusalém.

Ainda antes do descobrimento do Brasil, Savonarola pregava na Florença renascentista: "Esteja segura, Florença, de que se teus cidadãos possuem as virtudes que descrevi, abençoada serás tu, pois logo te tornarás essa Jerusalém Celeste" (DELUMEAU, 1989, p. 212). Em Lagolândia, sertão brasileiro, quatro séculos depois, Santa Dica reuniu os homens e "começou por demarcar os limites da cidade que, qual nova Jerusalém, determinou que erguesse (...) ela própria riscando no chão o alinhamento das casas, ou antes uma fileira circular de casas" (p. 41-42). Lagolândia, novo pólo de redenção, construída nos moldes do mítico centro protetor, configurado não apenas na comparação simbólica do nome, mas até no traçado da cidade em forma circular, abriga os seguidores que a Santa "vem reunindo ali, naquele lugar que há de fazer as vezes de segunda Arca de Noé à beira do Novo Jordão ancorada" (p. 254-255). À distância de cinco séculos, a analfabeta Benedita Cipriano repete a um povo rústico o mesmo símbolo de salvação usado pelo dominicano Savonarola em plena catedral de Florença: "o vós a quem deus escolheu, o vós que estais na arca, cantai um canto novo" (DELUMEAU, 1989, p. 212). Ao começar por demarcar os limites da cidade, a Santa desenvolveu um ritual necessário não apenas para fixar o espaço sagrado transcendental, como se fosse

Jerusalém, umbigo do mundo, mas para estabelecer um novo tempo, um tempo sagrado, ou seja, "era uma vez", *in illo tempore*, "quando o ritual foi celebrado pela primeira vez por um deus, um ancestral, um herói" (ELIADE, 1992, p. 29). O espaço antes profano, com esse rito, transforma-se em sagrado; o que se encontrava fora do espaço sagrado assume agora o valor de templo, de cidade santa, espaço consagrado para união entre o céu e a terra. O espaço profano – Mozandó, Lagoa ou Lagolândia, distrito de Meia-Ponte dos Pireneus – transforma-se, nesse momento, na repetição do ato da criação do mundo, de um novo mundo que também se funda na criação que teve lugar a partir de um centro.

A repetição de um ato cosmogônico projeta, para o tempo mítico, o momento concreto no qual a construção tem lugar; portanto, fica abolido também o tempo profano e as atividades profanas. O indivíduo é lançado para um novo tempo, próprio dos períodos essenciais da existência. No tempo mítico se processa a transformação do homem, tempo de espera e preparação de messianismos e milenarismos.[12] Os movimentos sócio-religiosos, para renovar o mundo ou conquistar o céu, podem ser classificados tanto na conceituação como na tipologia com nomenclaturas próprias e bem definidas do ponto de vista sociológico. Por mais reais que sejam essas distinções, elas não constituem, no entanto, barreiras rígidas, impedindo passagens de um esquema para outro, sobretudo tendo em vista que a mensagem divina dos líderes diverge apenas quanto à forma, permanecendo idêntica quanto à essência. Quando a mensagem divina conflita com a mensagem profana, pode terminar em confronto armado. Então se repetem e se multiplicam os mesmos episódios, os líderes buscam nas forças sobrenaturais instrumentos de combate – Müntzer esperava os trezentos homens armados com a espada de Gideon, e Santa Dica, as legiões de anjos com a espada dos Doze Pares da França.

12. É interessante observar a distinção que faz Maria Isaura Pereira de Queiroz entre messianismo e milenarismo, considerando o primeiro uma das subdivisões do segundo: "O problema do Milênio é mais vasto do que o problema do messianismo. Não é apenas por meio de um enviado divino que se pode inaugurar no mundo o paraíso terrestre; este pode resultar da formação de seitas sem chefes, ou mesmo de práticas mágicas adequadas" (QUEIROZ, 1976, p. 31).

Sete léguas de paraíso não compara Santa Dica a outro líder messiânico, nem filia seu movimento a outros similares, embora haja muitas referências a Canudos, Antônio Conselheiro – o bom Jesus Conselheiro. O romance, porém, possibilita seguir as etapas sucessivas da manifestação do sagrado ao descrever a transformação de uma menina miraculada (que foi agraciada por um milagre), em moça milagreira. O fato de se sentar na cama após receber, pela segunda vez, o banho dos defuntos, a reveste, no imaginário, da mesma força que o milagre exige da santidade para realizá-lo. A menininha "que mal sabendo falar surpreendeu os parentes com as primeiras alegações de vidência, de gaguejados encontros com emissários alados do paraíso" (p. 20), pelo aspecto milagroso de sua ressurreição, inscreve-se "definitivamente nos anais da santidade" (p. 27). A fama se espalha pelo sertão, multiplicando as curas, os espisódios sobrenaturais e a importância das visões, e fica claro no romance que, para os seguidores, desde o começo ela é Santa. Dessa santidade comprovada pelos milagres passados e aumentados, de boca em boca, emanam seus poderes e direitos de líder da comunidade.

O romance enfatiza sua passagem de visionária a milagreira até sua transformação em protetora e salvadora de seu povo, passando então a incorporar, nas suas visões angélicas e proféticas, as concepções milenaristas de Joaquim da Fiore, as visões escatológicas cristãs do Apocalipse aliadas a um sebastianismo otimista de um novo paraíso terrestre. O rei Dom Sebastião, desaparecido na batalha de Alcácer-Quibir, em 1578, retornará, porém, segundo a lenda, para restituir glória e liberdade a seu povo, seu reino será ao mesmo tempo espiritual e temporal, criando um novo paraíso na terra, a Idade de Ouro da humanidade. A morada dos justos de Lagolândia, pela boca de Dica-Sueste,

> a partir de hoje fica sendo a República dos Anjos, e suas terras foram dilatadas para um quadrado de sete léguas que linha invisível traçada por nós a mando do Ser dos Seres separa de outras terras, e contra este quadrado – as sete léguas de paraíso – não vão prevalecer nem a vontade do pai da mentira nem a maldade dos homens (p. 258).

Ao traçar por um sulco os primitivos limites de Roma Quadrada ou os limites do quadrado da Nova República dos Anjos por linha invisível, Rômulo ou o Ser dos Seres cumprem uma função sagrada de separar um quadrado de terra do resto do mundo: estão reconstruindo um novo mundo. A fundação de uma nova cidade ou de um novo país repete a criação do mundo; basta lembrar que qualquer limite, sulco ou fosso se chamava, em latim, *mundus*, o mesmo nome do mundo, do universo. Uma nova terra, como já se provou anteriormente, um novo tempo tornam-se o mito mais representativo da humanidade, com o nome de Idade de Ouro, num Éden de delícias. Do passado mais distante ao tempo atual, o mito da Idade de Ouro, vivo em várias culturas, oferece, na sua permanência, a imagem da felicidade humana sob o olhar de Deus ou dos deuses, como cumprimento definitivo do destino universal e lança luzes que clareiam as estruturas de todas as narrativas, cada vez que a paz, a abundância e a justiça se encontram juntas realizadas numa ordem ao mesmo tempo natural e divina ou ameaçadas por guerra, miséria e injustiça.

Na antiga civilização sumeriana, de onde passou para a *Bíblia*, o Éden se configura como um território limitado, Jardim de Delícias, no início dos tempos. A tradição greco-romana insiste mais na idade inicial da humanidade, *Cronos* para os gregos, *Saturnia regna, tempus aureum* ou *aurea aetas* para os romanos, sem dar muita importância ao espaço sagrado. A *Bíblia* ilustra a íntima unidade entre Jeová e a primeira dupla humana na paz de um jardim. Virgílio, na IV Écloga das *Bucólicas*, anuncia a volta dos *Saturnia regna* num próximo porvir sob a égide de um soberano justo, oferecendo a um povo cansado de revoluções sangrentas, a esperança de novos tempos felizes. As variantes do mito da Idade do Ouro ressaltam concordemente sua natureza de um tempo de paz, abundância e justiça – tríade que estabelece o nó que une todas as narrativas ao mito fundamental (Bénéjam-Bontemps, 1988). O novo Éden, prometido aos fiéis pela Santa, estende-se por sete léguas quadradas para que cada qual desfrute em paz a terra que é de todos e nela produza abundantemente num regime de justiça. A imagem arquetipal do Éden transforma-se em ilha, oásis, em quadrado de sete léguas, com promessa de flores, frutas, plantas às margens de águas correntes.

A justiça, o último dos três elementos que constituem o mito da Idade de Ouro, por sua origem divina, transforma-se em verdadeiro símbolo da humanidade regeneradora, representa a vocação política da Idade de Ouro. Para dar uma definição de bom governante, Platão se reporta ao mito de *Cronos* e Virgílio (1961, p. 34) põe como condição de volta do reino feliz de Saturno o retorno, juntamente com ele, da Virgem Astréia, a deusa da justiça: *Iam redit et Virgo, redeunt Saturnia regna* (VIRGÍLIO, 1961, p. 34). A justiça, como dimensão humana, social e religiosa será o levedo da nova República dos Anjos:

> os que ali viviam e os mais que chegassem comporiam uma só e única família, o pão repartindo-se por igual com o vizinho e os frutos dos seus esforços tão comuns quanto a terra que não pode e não vai ter dono:
>
> – Nunca! Nunca! (p. 42)
> (...)
> até chegar o dia de se repartir tudo direito e então no mundo não se abrirão mais bocas de fome e mãos de esmola. (...) demais que daqui pra frente os anjos vão ditar por minha boca e nós vamos seguir à risca a nossa própria justiça (p. 64).

O mito da Idade de Ouro, brevemente lembrado, põe em luz uma constante: em época de crise, quando tudo parece sossobrar, ele ressurge, num contexto profético, estritamente ligado à visão do fim do mundo. Os profetas hebreus, orientando o povo eleito para uma nova Idade de Ouro, a volta de um Messias, tentam libertar os escolhidos das pressões do tempo profano para colocá-los no caminho da regeneração. A herança que o cristianismo recebeu de toda uma tradição bíblica, robustecida nos entrechoques de culturas diferentes, criou um ambiente favorável às profecias do Apocalipse. O esfacelamento do império de Alexandre e o surgimento do império romano, por sua vez, favoreceram a propagação das profecias de Daniel sobre a fragilidade dos reinos e prepararam a espera de um reino sem fim.

A literatura apocalíptica apareceu nesse contexto e colocou, lado a lado, os dois mitos: o Fim do Mundo e a Idade de Ouro definitiva. Em Roma, o XVI *Epodo*, de Horácio (1961, p. 170-174), e a IV *Écloga*, de Virgílio, no I século antes de Jesus, testemunham a situação de pavor com a previsão do fim de Roma, após um século de guerras civis, e de esperança no retorno aos *Saturnia regna*, com o mesmo tom dos profetas hebreus, fustigando e animando o povo com maldições e bênçãos. A mensagem de medo e de esperança na voz dos poetas e dos profetas revela o acoplamento entre os mitos da Idade de Ouro e do Éden, ficando, porém, o campo aberto às profecias quanto à forma e ao tempo dos acontecimentos. A crença de um reino messiânico intermediário, espécie de paraíso terrestre provisório, intercalado entre o tempo atual e a eternidade dos meios judaicos, passou para os cristãos pelo Apocalipse, onde São João anuncia que "o anjo de Deus acorrentará Satã por mil anos. Então os justos ressuscitarão com Cristo e serão felizes na terra durante mil anos". Assim o milenarismo, sustentado pela espera de um grande dia na fé messiânica de um Salvador, instaura uma comunidade feliz no centro da Terra livre de todo mal.

Da confluência de tantas profecias contraditórias, na descrição de tantos cataclismas, entre o otimismo do milênio de um novo Éden e o medo do Juízo Final, Santa Dica, embora vislumbre, no começo, uma vida terrena feliz em *Sete léguas de paraíso*, opta pela solução do fim do mundo; Lagolândia será a única

> porção de terra destinada a elevar-se qual foguete, conduzindo à bem-aventurança os únicos do gênero humano fadados a sobreviver à destruição do planeta, o que, aliás está prestes a acontecer pelo fogo, pela dor e pelo enxofre (p. 255).

Os eleitos escaparão à morte, mas não às provações e às tentações do Anticristo e de Satanás, que caracterizam o fim dos tempos em todas as profecias messiânicas, milenaristas e escatológicas. Passadas as provas necessárias, o reduto, "rebatizado de Cidade de Paraíso Terrestre, será içado num átimo a cem mil léguas de altura, pousando a um só tempo de esfuziote e mansinho (...) ao rês do trono do Altíssimo" (p. 257).

Desse camarote privilegiado, "após o Exército dos Anjos baixar em gladiatórios remígios para socorrer Lagolândia, varrendo-a de seus inimigos e desimpedindo os caminhos" (p. 255), os eleitos da Santa vão assistir, ao lado do Encoberto ressurrecto, ao Juízo Final – grandioso desfile com os Doze Pares de França, escolta de honra, Sueste, a Rainha Silvéria e Antônio Conselheiro com os seus heróis de Canudos e, atrás, "ondulosa feito um rio, a massa em júbilo de crentes" (p. 256). A visão do

Juízo Final de Santa Dica dá ênfase às belezas de um paraíso celeste repleto de delícias puramente humanas:

> Então, passará a existir somente uma nação em todo o orbe; Lagolândia, festiva, alegre, esplendente, posto que em torno dela tudo o mais será caos e escuridão, abismo hiante e sem termo. (...) Dali seus moradores assistirão, pois é o Dia do Juízo, à danação dos perversos, obtendo de seu turno e viva voz a confirmação do Senhor ao galardão conquistado: a plenitude de gozo, a superna, sempiterna e beatífica felicidade de viverem na etérea mansão, a contemplar Sua face (p. 257).

A história de Santa Dica ilustra a força dinâmica do mito que não envelhece com o passar dos séculos. O mito, sobretudo o da Idade de Ouro, fundamentado na justiça, pode animar e guiar uma aventura política de tal envergadura capaz de criar impérios e impor nova civilização. A avaliação crítica, simbólica e política dos efeitos da mito-história, isto é, o nascimento, a expansão e a vitória de uma idéia ensinam que os mitos religiosos oscilam entre a espiritualidade e a ação, esta última engendrada por forças não espirituais. Transformar um mito em ação política significa transformar o espírito visionário e profético do tempo sagrado em ações concretas do tempo profano. O fim melancólico da efêmera República dos Anjos não trouxe proveitos à causa social, pois Santa Dica estava construindo uma contra-sociedade cujas ambições utópicas[13] não tinham possibilidade de conduzir a uma tomada do poder, nem mesmo provisório.

A utopia e o mito seguem caminhos diferentes: a utopia se apresenta como uma inversão do imaginário mítico-religioso da Idade de Ouro em relação ao tempo e ao lugar, porque, enquanto o mito penetra no tempo e no lugar sagrados, a utopia se reveste do tempo e do lugar profanos. A utopia funciona, portanto, como uma forma de laicizar, tornar profana, a conquista do paraíso perdido. Para Jean-Pierre

13. Lauro de Vasconcellos considera "o movimento de santa Dica um movimento social-religioso utópico, posto que as idéias disseminadas pela dominação foram buscadas na prática por aqueles que ali se achavam". Na luta faltava desde o elemento humano até as armas e o preparo para a guerra, os seguidores contavam, apenas, com a colaboração das falanges dos anjos (Vasconcellos, 1991, p. 125).

Sironneau, o mito é revolucionário e a utopia é reformista. Assim sendo, ela pode se decompor, por ser da ordem da inteligência e cada parte pode ser objeto de discussão. O mito, ao contrário, é irrefutável e não se pode decompor porque é da ordem da vontade. A utopia está presa a um eterno presente, fechada em regras racionais e planos geométricos da cidade ideal, enquanto o milenarismo é um movimento histórico revolucionário, voltado para o devir, em busca da Terra Prometida e do Apocalipse (SIRONNEAU, 1980, p. 10-12). Porém, o mito e a utopia seguem caminhos idênticos em relação ao espaço que deve ser representado por um lugar separado, fechado e cercado. Neste sentido, mito e utopia pertencem à mesma forma de pensamento, encontram-se em ambos os mesmos arquétipos da distinção e da busca do lugar ideal. A separação pertence ao imaginário esquizomorfo, quando indica conflito, e pertence ao imaginário místico, quando se refere à segurança. No primeiro caso, há um corte, um abismo para separar as duas partes; no segundo caso, existe uma continuidade que adere e une as duas partes. Lagolândia, ao ser içada a cem mil quilômetros de distância, apresenta-se ao imaginário como uma ruptura diairética do regime diurno esquizomorfo em relação à terra e se apresenta, em termos místicos, na segurança da morada celeste da qual se transforma em bairro. Ao separar-se, em conflito, do mundo profano e, em segurança, beneficiar-se das delícias celestes do mundo sagrado, Santa Dica e seus seguidores transformam-se em protagonistas de uma narrativa ao mesmo tempo épica e lírica, portanto, romanesca.

O PRIMADO DAS PALAVRAS MÁGICAS: *TUTAMÉIA*

O imaginário criador do artista alcança as raízes do mito, mergulha em seus arquétipos que lhe fornecem as palavras mágicas. O mito aparece, então, como uma estrutura simbólica de imagens capazes de suscitar e dirigir a criação literária. Na relação mito e literatura, esta análise vem procurando elucidar de que modo a obra de arte se constitui num paradigma de alta freqüência simbólica. A mitodologia, até aqui utilizada, apresenta-se, portanto, ainda como uma das veredas, entre tantas, aptas a penetrar na obra de Guimarães Rosa, cujos depoimentos incentivaram este rumo de pesquisa, declarando, repetidas vezes, sua grande dependência do mito em relação ao logos.[14]

A arte é o espaço privilegiado do exercício de uma liberdade, e as formas que tomam corpo pertencem ao tesouro subjetivo do criador, sem negar que elas carregam em si algo que remete a uma região que escapa a seu controle. Toda obra de arte esconde uma zona de sombra que permite ver no artista um intermediário, intérprete e mensageiro de um mundo estranho para ele. O imaginário mítico torna possível esta afirmação pela dificuldade de penetrar no âmago de numerosos atos criativos que parecem sugerir a existência de um reservatório de formas neutras, capazes, quando solicitadas, de tomar corpo definido e sair da nebulosa. Essa exteriorização, contudo, não se dá em forma de escrita automática porque a força que brota do imaginário existe em estado de código genético – o âmago do reservatório se apresenta como um útero no inconsciente do artista, necessitando, apenas, da intervenção do criador.

A fecundidade intrínseca do mito, quando explorada dentro de uma cultura tradicional, acaba por sobrecarregar o imaginário coletivo e, ao mesmo tempo, por esgotar e neutralizar sua força criadora pela repetição. Para que o mito possa continuar a ser um agente ativo da imaginação artística, torna-se necessário que transcenda a simples transcrição de modelos culturais, revestindo-se de novos símbolos. A própria natureza do mito, cuja vida consiste numa reinvenção continuada, sugere que as imagens verdadeiramente míticas devem introduzir o escritor num clima criativo, numa dinâmica operativa, porque elas se prendem sempre a um discurso original: o artista deve sentir-se contemporâneo das origens, uma vez que o desvelamento inicial contém o impulso para o desenvolvimento da obra.

---

14. A Edoardo Bizzari escreve, "ora você já notou, decerto, como eu, os meus livros, em essência são 'antiintelectuais' – defendem o altíssimo primado da intuição, da revelação, da inspiração sobre o bruxulear presunçoso da inteligência reflexiva, a megera Cartesiana" (SOUSA, 1991, p. 58).
A Paulo Rónai que, tendo mandado um questionário ao próprio Guimarães Rosa, recebeu as respostas com a significação, uma por uma, das palavras difíceis, concluindo: "naturalmente, nas respostas acima, você só tem o resíduo lógico, isto é, o que pode ser mais ou menos explicado, de expressões que usei justamente por transbordarem do sentido comum, por dizerem mais do que as palavras dizem; pelo poder sugeridor (...) são palavras apenas mágicas. Queira bem a elas, peço-lhe" (RÓNAI, 1990, p. 35-36).

O mito pode ser interpretado como uma estrutura aberta, matriz semântica que permite engendrar a seu redor um jogo de variações de mitemas, uma nova florescência de narrativas. Quando o artista, diante da página branca, sofre a vertigem de se sentir participante único do ato de criação, naquele instante exato o mito lhe oferece o movimento elementar para fazer nascer uma história. O mito se abre, assim, diante do criador, oferecendo múltiplas variantes para que as matrizes arquetipais possam ser preenchidas. A imaginação mítica libera as forças criadoras do artista, ao lhe mostrar a possibilidade de uma reprise de esquemas, arquétipos e símbolos. Cabe ao artista saber utilizar a potência do mito que está disponível para novas manifestações (WUNENBURGER, 1995, p. 51).

Para Guimarães Rosa, o conteúdo mítico não é nem ilustração de tema nem ação exemplar, os mitos representam uma forja privilegiada da sua imaginação criadora. Não bastassem as confidências epistolares, os quatro prefácios que ele dissemina entre os contos de *Tutaméia* seriam suficientes para reforçar a idéia de que sua criação artística se apóia no mito, na intuição e na transcendência. Longe de ser um anedotário, como pode parecer à primeira vista, cada prefácio analisa uma faceta de sua obra. Convém destacar a parte VI, do quarto prefácio, intitulado "Sobre a escova e a dúvida", onde ele expõe a gênese e a natureza de sua inspiração: "No plano da arte e da criação – já de si em boa parte subliminar ou supraconsciente, entremeando-se nos bojos do mistério e equivalente às vezes quase à reza – decerto se propõem mais essas manifestações" (p. 157). O próprio autor confessa que sua vida se tece de "sonhos premonitórios, telepatia, intuições, séries encadeadas fortuitas, toda sorte de avisos e pressentimentos" (p. 157). Ilustra, em seguida, em tom de chacota, o nascimento do conto "A terceira margem do rio" (*Primeiras Estórias*): "veio-me, na rua, em inspiração pronta e brusca, tão 'de fora' que instintivamente levantei as mãos para 'pegá-la' como se fosse uma bola vinda ao gol e eu o goleiro" (p. 157). A *blague* e a ironia não conseguem disfarçar a verdade que se esconde sob a alegoria, o humor se transforma em instrumento que permite penetrar na profundeza do pensamento do escritor.

Ao revelar a gênese de seu romance *Grande sertão: veredas*, o mesmo tom carregado de humor se dilui na emoção e na fé, como para lhe acentuar a transcendência: "forte coisa e comprida demais seria tentar fazer crer como foi ditado, sustentado e protegido – por forças ou correntes estranhas" (p. 158). Diante da força das coisas impalpáveis que põem em movimento a criação, o autor se sente obrigado a confessar que "há mistérios demais em torno dos livros e de quem os lê e de quem os escreve" e, para concluir, declara: "às vezes, quase sempre, um livro é mais que a gente" (p. 160).

À fecundidade do mito, a sua pregnância, no dizer de Cassirer, deve atribuir-se a liberação dessa força, inspiração "pronta e brusca", como declara Guimarães Rosa. As formas às quais ela dá corpo são manifestações subliminares e supraconscientes de inspiração que se projetam verdadeiramente do mito, a ele pertencem, escondidas como ouro num filão subterrâneo. O artista, ao brincar com a máquina "por preguiça e receio de começar de fato um conto" (p. 158), não assiste ao milagre de vê-lo caindo já feito no papel, do seu tesouro subjetivo jorra um mito que se manifesta "no Verbo até há pouco enfurnado no labirinto das formas prometidas" (WUNENBURGER, 1995, p. 53). Múltiplos os canais através dos quais se escoam os mitos, histórias saídas do mesmo mito podem coexistir como águas que escorrem por vários canais do mesmo reservatório.

Guimarães Rosa traçou, em *Grande sertão: veredas*, o quadro geral de um mundo perdido, dentro de uma perspectiva épica e lírica de aventuras reinterpretadas pelo próprio protagonista, numa linguagem de nova alquimia do verbo. O desenvolvimento da narrativa, a complexidade e a densidade do conteúdo, a multiplicação dos pormenores indicativos do mito, a exploração da saudade do passado e o aproveitamento das conotações emocionais da linguagem definem, ao mesmo tempo, o caráter épico e lírico dos contos de *Tutaméia*, "uma espécie de 'grande sertão' fracionado em pequenas narrativas" (TELES, 1990, p. XI). Em toda parte e sempre, convém repetir, Rosa reflete a coerência do mistério geral tanto nas pequenas como nas grandes obras, nas quais representa o supra-senso das coisas. "Nonada" é a primeira palavra com a qual Riobaldo, em *Grande sertão: veredas*, dá início à sua longa narrativa. *Tutaméia*, nome da coletânea das terceiras estórias, entre outros sinônimos, significa também nonada.

Em Guimarães Rosa, até os detalhes se revestem de sentido. Nonada, como início do romance ou como título de suas estórias, não quer dizer que a aventura de Riobaldo seja uma coisa sem importância ou que os contos sejam apenas "ossos de borboleta". Esse humilde e prudente começo faz parte, ainda hoje, do cerimonial narrativo sertanejo mineiro e goiano, espécie de advertência para que não esperem os ouvintes revelações; o narrador já os previne que não traz acontecimentos capazes de manter a atenção. Longe do ritual "Naquele tempo" e do solene "Era uma vez", o contador do sertão deixa a impressão de que não anuncia nada de importante, assim não cria expectativa, mantém a cautela e previne-se contra o azar e o mau agouro.

Além disso, há, no título da coletânea, um sentido subjacente, mais pessoal e profundo, que o próprio autor escondeu com cuidado, não tão completo, porém, que não pudesse ser descoberto. Na coletânea, já excêntrica pelos quatro prefácios, dois índices, um de leitura e outro de releitura não exatamente iguais, encontra-se, também, um glossário do próprio autor, onde, para a palavra *Tutaméia*,[15] ele anota: "nonada, baga, ninha, inânia, ossos-de-borboleta, quiquiriqui, tuta-e-mea, mexinflório, chorumela, nica, quase-nada; *mea omnia*" (p. 166). Paulo Rónai, no apêndice ao livro de contos, considera o título "vocábulo mágico tipicamente roseano" (p. 194) e afirma que a etimologia de *Tutaméia*, no sentido de *mea omnia*, embora sugestiva, é inexata. Em outro artigo, "A fecunda Babel de Guimarães Rosa", é mais categórico, ainda, ao afirmar que "mesmo uma falsa etimologia pode enriquecer a palavra com novas conotações" (RÓNAI, 1990, p. 27). No entanto, a passagem de *mea omnia* para *tutaméia* se enquadra na maneira típica de formação de novas palavras, própria de Guimarães Rosa, que mistura elementos de várias línguas para conseguir o máximo de significado (RÓNAI, 1990, p. 23-29): *omnia* equivale em latim a *tota*, toda, em português (*tutta*, em italiano), e *tuta*, unida a *mea*, eufonicamente transforma-se em *tutaméia* – simples naturalização de uma palavra latina através do italiano. Essa última significação, separada por ponto e vírgula no prefácio, elimina o disfarce de todas as outras: os contos assumem, dentro dessa última etimologia, toda a importância que o autor dá ao livro surgido em seu espírito como um todo perfeito e único, não obstante a fragmentação dos episódios.

15. Cf. FERREIRA, Aurélio Buarque de Hollanda. *Novo dicionário da língua portuguesa*. "Tutaméia, Tuta-e-meia: ninharia, quase nada, preço vil, pouco dinheiro".

Mea omnia[16] não é um despistamento para confundir, antes é o caminho para a significação pessoal, a verdadeira escolhida pelo autor: o quase nada representa a totalidade, a obra se confunde com o autor, ele está inteiro nos contos e pode ser estudado inteiro num único conto.

O conto, "Esses Lopes", de *Tutaméia*, que possui uma concentração máxima de idéias e uma alta densidade poética, é o escolhido para comprovar a teoria do mito gerador cuja forma arquetipal oferece a possibilidade de enriquecer-se na múltipla evolução: "Tudo está escrito, leia-se, pois, principal e reescreva-se" (p. 155). Atualizar ou transformar um mito configura o próprio caminho da criação literária, pouco importando se o mito ou os mitos informam uma longa história ou se condensam um tema nuclear transformado em conto de quatro páginas. A passagem do romance *Sete léguas de paraíso* – onde o desregramento da fé envolveu um povo inteiro ao redor de uma santa, com mitos e utopias do imaginário sagrado –, para um conto, "Esses Lopes", onde não aparece o mesmo tipo de transcendência, deve-se ao propósito de fugir ao terreno específico do sagrado como manifestação religiosa, e encontrar a existência do mito também no ambiente profano da vida, embutido no imaginário, no próprio mistério da existência. Guimarães Rosa conhece as palavras mágicas com as quais reveste suas histórias, que germinam dentro da memória, amadurecem e frutificam, confirmando a força não apenas da palavra mas também do mito gerador.

O *sermo mythicus* carrega consigo a potência do verbo que se dirige mais à imaginação do que à razão e que, portanto, deve ser procurado além do limite onde se processa o discurso lógico. A alquimia da palavra, necessária para uma leitura do conto, desencadeia na imaginação o processo de purificação da matéria que deve ser produzida livre de escórias e reduzida a sua essencialidade. Pelo poder criador, o conto se compõe de palavras mágicas que guardam sob o significado uma carga potencial que explode em vários sentidos. O processo de Guimarães Rosa, no que diz respeito à palavra, realiza-se dentro do princípio químico do *solve et coagula* dos hermetistas, quando a palavra, depurada da ganga

16. *Mea omnia* lembra as palavras completas de Bias, um dos sete sábios da Grécia, quando teve de fugir da sua cidade com a roupa do corpo: "Omnia mea mecum porto" ("Levo comigo tudo que é meu") (RÓNAI, 1980, p. 127).

impura acumulada, se dissolve, para encontrar sua virgindade primitiva, energia de uma nova vida.

Guimarães Rosa, dentro de sua alquimia verbal, soube desenvolver na língua portuguesa a busca da quintessência e a recomposição do ouro primordial da linguagem. Escrever é um processo químico e o escritor deve ser um alquimista, já que a alquimia do escrever precisa do sangue do coração. Se após várias leituras o texto ainda conserva mistério, palavras e expressões insólitas, é preciso reconhecer que possuem a força de comunicar mais do que as palavras comuns porque possuem alto poder sugestivo: são palavras mágicas. O *sermo mythicus*, através de imagens-símbolos, reduz a língua à sua forma essencial, introduz figuras simbólicas que caracterizam momentos de realidade, cristalizando-os numa linguagem enxuta, densa, concentrada.

Dentro do processo lingüístico de máxima potencialidade, seria impossível reduzir um fato a um esqueleto mais fecundante do que o início do conto "Esses Lopes", onde a força concentrada da palavra, unida à força concentrada do relato, exige a concentração do leitor, necessária para penetrar na totalidade de sua estrutura geral:

> Má gente, de má paz; deles, quero distantes léguas. Mesmo de meus filhos, os três. Livre, por velha nem revogada não me dou, idade é a qualidade. Amo um homem, ele vive de admirar meus bons préstimos, boca cheia d'água. Meu gosto agora é ser feliz, em uso, no sofrer e no regalo. Quero falar alto. Lopes nenhum me venha, que às dentadas escorraço. Para trás, o que passei, foi arremedando e esquecendo. Ainda achei o fundo do meu coração. A maior prenda, que há, é ser virgem.[17]

No início, aparentemente caótico, de seu monólogo, a personagem abre o leque das possíveis interpretações: a luta do bem contra o mal, a fraqueza contra a violência, a esperteza contra a força bruta, o triunfo da inocência contra a injustiça, o sucesso de uma empreitada de mortes, sem remorso, e o prêmio de um amor, no fim de um longo sacrifício. O recurso ao símbolo e ao mito domina, do começo ao fim, o conto,

17. Guimarães Rosa, João. *Tutaméia* (Terceiras estórias). 5.ed. Rio de Janeiro: José Olympio, 1979, p. 45. Considera-se desnecessário mencionar a página nas demais citações – pequenos fragmentos de "Esses Lopes" (p. 45-48).

revestindo e vivificando todo o contexto pela magia verbal em constante efervescência por seu poder de sugestão.

"Esses Lopes": uma viagem iniciática

O conto selecionado de Guimarães Rosa deixa transparecer a forma primitiva da iniciação com a qual possui uma analogia estrutural e simbólica suficientemente reconhecível e estreita. A finalidade da iniciação, quaisquer que sejam os cenários ou as disposições que regulam os ritos, é permitir ao ser humano transcender seu estado anterior, atingindo, através do contato com o sagrado, uma verdadeira transmutação. Ao enfocar "Esses Lopes" sob o aspecto mítico, pode-se perceber um parentesco entre os ritos iniciáticos e a obra literária que, mesmo no domínio não-religioso, apresenta aspectos essenciais, situações fundamentais da vida humana: revela a nostalgia da origem e o desejo de uma renovação definitiva e total da existência. Os sofrimentos e obstáculos que esbarram o caminho do protagonista não diferem das peripécias que as personagens de antigas e modernas epopéias, romances e novelas tiveram que superar para se tornarem heróis. A volta à terra natal, a criação de uma nova pátria, o encontro do Santo Graal revestem-se dos mesmos símbolos iniciáticos que se encontram na conquista de um amor, de um caminho para si próprio ou na fidelidade a uma existência programada.

A persistência da iniciação na vida moderna pode ser constatada nas obras literárias, nos filmes e mesmo nas situações do cotidiano (ELIADE, 1971, p. 185). A psicanálise, por exemplo, pode ser compreendida como uma forma moderna de iniciação. O sujeito, em processo de análise, é levado, com a ajuda de uma guia, a descer em si mesmo, nas trevas do inconsciente, onde vai encontrar sua infância ou, ainda, encontrar os grandes arquétipos de origem, na visão junguiana. Na grande aventura de Riobaldo, a palavra final, travessia, representa a luz que ilumina uma metafísica – as provas e os sofrimentos à procura de um sentido religioso na vida do protagonista. No pequeno conto "Esses Lopes", a iniciação é o fio de Ariadne que guia Flausina, através do labirinto, à posse de si mesma. Tanto em *Grande sertão: veredas*, estuário das aventuras do jagunço, quanto na vereda de pouca água da ex-mulher dos Lopes, as duas vozes narrativas, a primeira num monólogo-diálogo, a segunda num solilóquio, empreendem uma travessia, narrada por trechos autobiográficos que giram em torno de um tema comum – uma viagem iniciática.

Personagens e ações podem trocar de nome e conteúdo sem deixarem de coexistir dentro de um mito que escoa, através de muitos canais, embora a estrutura do conjunto permaneça constante (WUNENBURGER, 1995, p. 51). As semelhanças entre os dois protagonistas encontram-se evidentes tanto nas ações externas quanto na própria busca íntima de cada um. Riobaldo, ex-jagunço e chefe dos jagunços, não se considera um marginal, confessa sem reticências para um interlocutor desconhecido, sem arrependimento, seus crimes e, pelas amizades de que desfruta, pode-se concluir que goza de respeitabilidade e de fortuna dentro dos valores tradicionais da sociedade em que vive. Flausina reconhece que sua "vida foi muito fatal", direta ou indiretamente, pois eliminou cinco pessoas que se interpunham entre a realidade e o sonho, no entanto, sua situação é tão respeitada que se permite ignorar quem critica seu novo amor: "Que podia ser mãe dele, menos me falem, sou de me constar em folhinhas e datas?". Ambos, portanto, sem remorsos, podem gozar do direito de uma vida ajustada na sociedade em que vivem por haverem passado por um conjunto de provas cuja finalidade era a modificação radical de suas vidas; subiram de um estatuto para uma realidade superior.

A iniciação equivale a essa mudança ontológica da condição humana porque, ao fim das provações, os neófitos gozam de uma outra existência, diferente daquela que tinham antes da iniciação. O homem nem sempre repete os gestos dos ancestrais, os ritos exemplares, revelados pelo mito que, através dos tempos, sofreram inúmeras inovações, mas o sentido primitivo fundamental de toda iniciação permanece no cerimonial – o símbolo representado pela morte e ressurreição, porque o neófito morre para um tipo de existência e retorna à vida como homem novo. A morte iniciática pode significar o fim da infância, da ignorância, da passagem do profano ao sagrado, da matéria ao espírito, do sofrimento à alegria. A ressurreição se traduz por um recomeço, uma reativação de forças novas que se manifestam, então, pela primeira vez.

Flausina, após ter enfrentado cada um dos Lopes que quis moldar o seu destino, pôde resgatar o mundo como era antes de ter encontrado um Lopes pela primeira vez em seu caminho, com todas suas virtualidades intactas: "Eu era menina me via vestida de flores". A morte iniciática comporta o retorno a um estado anterior, comumente conhecido como regresso ao útero; é como a volta à vida embrionária, cheia de promessas, mas ainda próxima do nada ao qual é preciso voltar, caso se deseje mudar completamente. O conto mostra que, para nascer de novo, é necessário destruir os outros que "obram a história da gente", trazendo o mal e impedindo a felicidade. Convém insistir na particularidade fundamental da iniciação – não se pode modificar um estado sem antes eliminar o precedente: "Lopes nenhum me venha, que às dentadas escorraço". O estado anterior, de não-vida, de não-amor, de não-liberdade representa a destruição de seu ser, a morte da sua individuação, ser distinto do conjunto mas, ao mesmo tempo, ligado ao rito da germinação que, vagarosamente, amadurece na dor e na própria morte. Daí a obsessão do início, fundamental para qualquer rito iniciático; recomeçar uma outra existência é sempre um avanço do próprio ser: "livre", se declara Flausina, antes mesmo de se declarar feliz e virgem. Começa uma nova vida concebida como verdadeira existência aberta aos valores do espírito, "idade é a qualidade".

Riobaldo, além da travessia do sertão, cumpre outra viagem mística espiritual à procura da salvação pela fé. Busca, na religiosidade, desvendar o mistério da vida. Ao contrário, o conto "Esses Lopes" não representa uma investigação filosófico-religiosa. Na narração de Flausina, Deus é citado duas vezes, de forma impessoal sem outro sentido que não seja destino e fatalidade: "Deus me deu esta pintinha preta na alvura do queixo" e "não fosse Deus e, até hoje, mandavam aqui, donos". Seu relacionamento com o poder superior é considerar-se apenas um instrumento dessa força superior invisível e presente, responsável pela sua pinta preta e pela vontade de exterminar a raça dos Lopes. Sua boca não se abre em preces de louvores ou agradecimentos mesmo que ela diga: "na parede minha unha riscava rezas, o querer outras larguras". Os riscos marcam sinais, pensamentos não explícitos, de íntimos esconjuros, de repúdio e de luta. Em vez de elevação do espírito, a reza é marca na parede, um risco que é fórmula mágica, a desesperada afirmação de sua vontade de viver a própria vida.

No conto, o clima do sagrado se restringe apenas a estes poucos traços e seria inútil procurar as insistentes angústias religiosas encontradas em *Grande sertão: veredas*. Contudo, o tema iniciático, vivo no inconsciente de qualquer homem, se manifesta no contexto de uma tema profano, embebido em aventuras possíveis no cotidiano. A narrativa de Flausina retoma a trajetória dos heróis que, aparentemente, saem em busca de algo exterior a eles, mas, na verdade, buscam a si mesmos. Em linguagem junguiana, estas narrativas reproduzem, simbolicamente, a trajetória iniciática, cheia de dor, obstáculos e sofrimento até o alcance de si mesmo. A autenticidade do desejo inconsciente de reencontrar e ser fiel a si próprio como indivíduo, constitui o processo psicológico da individuação intimamente vinculado à função transcendente, "porque ela traça as linhas do desenvolvimento individual que não poderiam ser adquiridas pelos caminhos prescritos pelas normas coletivas" (JUNG, 1991, p. 427).

O rito da iniciação começa com o aparecimento, na adolescência de Flausina, do primeiro Lopes, o Zé, a primeira fera "de chapéu grandão, aba desabada". O chapéu torna-se imagem-símbolo, elemento para marcar a oposição entre a adolescência e a juventude. A segunda fera, "O Sertório, senhor, o outro, ouro e punhal em mão, inda antes do sétimo dia já entrava por mim adentro em casa", fornece à etapa seguinte novos elementos, concentrados no poder, na riqueza, na valentia e no ciúme. A imagem-símbolo da personagem opõe, por sua vez, sua juventude e sagácia à força descomunal do monstro que a aprisionou, qual Ulisses na caverna de Polifemo. A última prova de Flausina, já mulher experiente e segura de si, reveste-se dos símbolos de máxima sensualidade, num clima de ironia e deboche, ao derrotar o último dos Lopes, o "velhoco"[18] – "o sujeito chupado de amores, de chuchurro".

A heroína, movida por impulsos de sua natureza humana, projeta-se à conquista de uma nova vida, através de provas que não percorrem o caminho da regeneração pela fé, mas seguem um percurso que passa no "fundo do (...) coração", o amor. A função transcendente do amor resgata, perante sua consciência, os caminhos percorridos em oposição às normas coletivas, redimindo-a plenamente do passado. A intenção última de conservar-se fiel a si mesma, levou a heroína a cometer ações, conside-

18. "Velhoco", possível neologismo composto de velho e louco, de sentido pejorativo e fonia engraçada.

radas crimes perante as leis humanas, em legítima defesa, no exercício de um direito natural e sagrado.

Seus anos de vida com os Lopes se transformam em provas, duras provas de tipo iniciático e adquirem, por isso, o valor simbólico de redenção porque foram aceitas como um rito de passagem a uma existência superior. A literatura, ao mergulhar no imaginário, reflete as crises de rumo e a angústia na perda e na reconquista de si mesmo que significam simbolicamente a morte e a ressurreição do próprio ser. Toda existência, por mais ajustada que seja, sempre se apresenta de forma incompleta. No fundo da consciência se processa um julgamento a respeito do passado, "há sempre o receio de ter falhado na própria vocação e de ter traído o melhor de si mesmo" (ELIADE, 1959, p. 281). A permanência desse mito e sua constante renovação prende-se a essa última esperança – poder recomeçar a própria vida, acreditar na possibilidade de uma renovação definitiva, capaz de transformar a existência.

O conto "Esses Lopes" representa a permanência do mito iniciático, a procura da renovação válida em qualquer espaço e em qualquer tempo, no plano alheio às preocupações de ordem sagrada. O desejo dessa renovação configura-se até mais significativo, é a expressão de uma saudade eterna, encrustada nas profundezas, de encontrar um sentido positivo para a vida que aceita o sofrimento, as provas como iniciação – travessia para um mundo superior do ser, um novo nascimento, puramente espiritual, dentro da contingência da matéria, do tempo e do espaço: "Deixo de porfias, com o amor que achei. Duvido, discordo de quem não goste. Amo, mesmo". Palavras de quem superou as provas e entrou na posse da nova existência, cujo significado profundo é este: o reencontro de si mesma.

O tecido do enredo e desenredo

O equilíbrio da mente humana se confunde com a conquista plena da individuação, do próprio destino e reside na integração dos elementos que compõem o imaginário. Os componentes do imaginário de Flausina foram desintegrados pelas forças do mal, os Lopes que apareceram brutalmente em sua vida, e reintegrados pela força interior da menina, aparentemente desamparada. A ruptura caracteriza-se pelo fluxo de associações contrastantes desde o início: "Má gente, de má paz; deles quero distantes léguas". Ela e os Lopes constituem a oposição estrutural na qual se fundamentam todas as demais na constituição do conto que se processa através de um enredo e de um desenredo.[19] A personagem tece o enredo de sua vida e destece a história que não é sua, fingindo aceitar a determinação do destino, enquanto vai destecendo o enredo imposto.

Há três tempos distintos no monólogo: o tempo longínquo da infância, o tempo passado com os Lopes e, finalmente, o tempo presente no qual se torna possível continuar o enredo dos sonhos da infância, realizados na mulher, após desenredar os longos anos de iniciação: "Tão certo como eu hoje estou o que nunca fui". A presença da infância resgatada na vida madura de Flausina valoriza seu estado atual de euforia. No tempo anterior ao presente, nas outras etapas da vida passada, a felicidade era, apenas, um futuro antecipado pela imaginação. Com a consciência da vitória, essa felicidade torna-se presença que dá sentido ao tempo atual como uma dádiva. O enredo começa num passado mais remoto que o próprio passado do desenredo, no entanto, o tempo verbal utilizado para o enredo, iniciado na infância, é o pretérito imperfeito para indicar ação passada, ainda viva na memória, como algo vivido no presente: "Eu era menina, me via vestida de flores", mocinha, "linda eu era até a remirar minha cara na gamela de porcos, na lavagem" e "tirava junto cantigas de roda", sonhadora "eu queria enxoval", noivado, cortesias, igreja, queria resguardar a virgindade, "a maior prenda". O enredo, que recomeça após ter superado as provações, se processa no presente e realiza o desejo da nova vida, no meio de gente sensível: "Meu gosto agora é ser feliz, em uso, no sofrer e no regalo". As palavras de Flausina substituem, com maior síntese e eficiência, a fórmula sacramental do matrimônio e transformam sua ilusão de noivado numa realidade.

O desenredo se processa totalmente no pretérito perfeito porque as provas iniciáticas estão encerradas para ela. O primeiro Lopes apareceu a cavalo, "Zé, o pior". O mundo infantil de Flausina começou a

19. "Desenredo" é um dos contos de *Tutaméia*. O neologismo de Guimarães Rosa dá bem a idéia do tecer e destecer da narração, desmanchando uma história para construir outra.

estremecer perante o olhar do "rompente sedutor" e se recolheu quando, com violência, o homem –" quentes mãos e braços curtos" – a arrastou "para uma casa, para a cama dele". A cama dele forma o contraponto da casa dos pais, oposição assimilada como primeira lição de sobrevivência: "A gente tem de ser miúda, mansa, feita um botão de flor. (...) Calei muitos prantos". Começa o novo período de sua vida com a aparente aceitação: "fiz que quis" são as palavras que fornecem a chave da compreensão do desenredo.

O plano da luta está estruturado nessa aparência. Ao se submeter à força, ela aceita consciente a vida imposta, e inicia o caminho na longa viagem de volta à infância e a ela mesma. O primeiro marco da volta está cravado à beira da estrada: "saquei malinas lábias". Seu caminho não será o caminho dos Lopes, embora se cruzem e voltem a se cruzar repetidas vezes, sempre em direções diferentes. A personagem vai usar "malinas lábias" contra o clã dos Lopes, "má gente, de má paz". Os três últimos monossílabos revestem os Lopes de uma maldade absoluta que nenhum superlativo seria capaz de superar. Flausina saca, em seu instinto primitivo, que o mal absoluto só pode ser vencido por "malinas lábias", armas antigas e poderosas, contra as quais os homens sucumbem: "por sopro do demo, se vê, os homens caçam o mesmo isto que inventam". Lábia, fala mansa, astuciosa, feita para iludir e conquistar, malina, mistura de maldade e travessura própria da criança – doçura e traição que Flausina, nova Dalila, vai utilizar para exterminar os Sansões de sua vida.

Daí para frente, pouco importam os meios utilizados: "o falso alegado" para eliminar o primeiro dos Lopes que nada tinha a ver com a história; o veneno administrado em pequenas doses, "virei cria de cobra", para matar o Zé, segunda vítima; o ciúme cultivado e atiçado com requintes fez o terceiro, Sertório, irmão do Zé, enfrentar o quarto, primo deles, "a tiros e ferro". O quinto, o mais velho, ela eliminou pelos bons tratos com "temperadas comidas" e "agradadas horas". Flausina soube não apenas usar "as malinas lábias" com os Lopes, numa desforra pessoal, mas também, ao mesmo tempo, soube traduzir os sacrifícios em recuperação vantajosa: acumulou bens materiais, amealhou dinheiro e escrituras, enquanto deu cabo dessa raça de feras. Vingada, reata o enredo de sua vida: "Entanto que enfim, agora desforrada".

A oposição entre a vida programada para si própria e a vida com os Lopes constitui a estrutura do conto. A partir do momento em que a personagem se sente oprimida pela brutalidade do mundo para onde foi arrastada, começa sua luta para não renunciar a si mesma, aos seus sonhos de infância, representando, cada etapa vencida, um passo de volta para a origem. Obrigada à renúncia de seu plano de vida, em contrapartida, apenas instalada em casa alheia, começa a tramar o retorno como forma de neutralizar a violência. As atitudes de Flausina tecem o sonho, enquanto destecem o pesadelo: asfixiada, envolvida "em camisolas do demônio", brutalizada pelo "volume do outro", sua mente reage, pensando em "outras larguras". A recordação cumpre seu papel de estar preparando sempre a volta, a matéria da memória transforma-se em atitudes concretas: do Zé teve um filho e se "fazia portar escrituras. Sem acautelar ele me enriquecia" (p. 46); do Sertório teve dois filhos: "Ao Sertório dei mesmo dois filhos?", pergunta-se Flausina brejeira, lembrando-se do tempo que sorria "no bico do beiço" à janela. Pouco importa a paternidade, era necessário cobrar de quem achava de ser o pai: "total, quanto que era dele, cobrei, passando ligeiro já para as minhas posses". Ao último do clã, impôs: "De hoje por diante só muito casada! (...) Daí, tudo tanto herdei, até que com nenhum enjôo".

A cada prepotência dos Lopes responde com medidas práticas de eficácia – "nenhum capim, nenhum leite" para eles. Aprende, com dificuldade, a ler, porque "traçar as letras" é indispensável "para o governo da vida"; esmera-se na arte de sedução, "negociável" e "justiçosa"; e, sobretudo, entende "lição de ter juízo", de ter paciência na execução de planos "até que aquela idéia endurecesse". Transforma a maldade dos Lopes, ardilosamente, em arma de extermínio dentro do próprio grupo. No presente, livre e rica, volta a repetir seu ciclo vital sem nada que possa interrompê-lo. Sente-se dona de seu próprio destino e pode permitir-se o grito da vitória: "Quero falar alto. Lopes nenhum me venha que às dentadas escorraço. Para trás o que passei".

Fiar e desfiar, tecer e destecer são ações que, simbolicamente, acompanham a vida humana do berço ao túmulo. Cloto fia, Láquesis mede o fio e Átropos é aquela à qual não se pode escapar. As figuras míticas das três Parcas serviram e servem de fundo a lendas e contos, pois seu eterno trabalho representa a metáfora infinita da obra da criação que fia e tece a vida em constante metamorfose. Flausina, como as três figuras femininas, vai fiando o seu cotidiano, mas também sabe medir e cortar para recomeçar novamente. Na relação com os homens que a tiveram, ela é capaz de tomar as rédeas, como as deusas do destino, traçando os limites da vida e da morte. Na *República* de Platão, Cloto, Láquesis e Átropos cantam, respectivamente, o passado, o presente e o futuro. Essa ligação com os tempos explica o fato de que as Parcas sejam, freqüentemente, representadas sob a forma das três idades da vida (BRUNEL, 1988, p. 1145). Em "Esse Lopes", a narrativa de Flausina, como já foi dito, está urdida sob os três tempos de sua vida (o tempo da infância, o tempo passado com os Lopes e o tempo presente), cuja retomada revela o percurso iniciático da personagem ao encontro de sua feminilidade – processo de interiorização do mito (BRUNEL, 1988, p. 1147).

Esses fios, tecidos e destecidos, unem o conto de Guimarães Rosa ao arquétipo universal do mito de Penélope: a fiandeira, símbolo da mulher, faz de Penélope, em primeiro lugar, o emblema da fidelidade conjugal. Ao desfazer, à noite, fio a fio, uma única obra recomeçada toda manhã, a obra de sua vida, ao mesmo tempo ela se transforma, também, num exemplo de perenidade do sonho e da vida, da resignação e da resistência. O mito de Penélope, sob estes aspectos, esconde, ainda, um outro subjacente à ação da fiandeira: a essência do mito se enriquece com o produto da fiação – o tecido. A fiandeira tece e destece um lençol que servirá de mortalha para Laertes, um lençol para envolver a morte, o sono e o despertar.

A natureza do tecido opõe-se à idéia de descontinuidade e representa a própria trama da vida no entrelaçamento dos fios que sugerem uma totalidade compacta. Um tecido, ao ser desdobrado, lembra o movimento contínuo de um fluxo de fios que se prolonga harmonioso, como o fio de que é feito. O tecido não apenas ata, projeta-se como uma ligação permanente – ponte estendida para unir os dois lados opostos da margem do mesmo rio. Tecer e destecer acabam simbolizando o mesmo gesto de uma totalidade temporal sem rasgões ou rupturas de um único destino. Enquanto Flausina destece o tecido que os outros "obram" para ela, ela tece a resposta da vida contra o aniquilamento, desce até o fundo do poço para reencontrar a si mesma: "ainda achei o fundo do meu coração".

"Esses Lopes", conto sem tempo e sem lugar, proporciona o encontro de um mito de todos os tempos e lugares que permite anular o tempo e descobrir novas dimensões do ser. O texto, mergulhado na perspectiva mítica, envolve não apenas a jornada de uma sertaneja, mas ressalta a natureza cíclica de toda a aventura humana neste mundo mágico carregado de mitos e mistérios. Por trás do enredo, decantado, desenha-se a repetição do arquétipo da fiandeira que tece a continuidade da vida – resposta à corrosão da morte – como semente capaz de abrir espaço e germinar entre duas pedras. A força da vida transforma a menina em mulher fatal; seu sonho, manter-se fiel a si mesma, arma seu braço de peça consciente de um jogo de xadrez, que, alguém, lá em cima, está jogando: "não fosse Deus e até hoje mandavam aqui, donos".

A roda de fiar, o fuso, a roca, instrumentos relacionados ao trabalho de fiar, são antes de tudo engrenagem essencial na imaginação humana pelo movimento circular que sugerem. Onde quer que apareçam lembram o gesto de tecer e o fio que induz a fantasia a pensamentos unitários próprios da continuidade e da fusão (DURAND, 1989, p. 221). Há sempre um fio condutor que move a vida, um fio do discurso, um fio de esperança, um fio de sonho, levando os homens cada qual a seu próprio destino. No conto "Esses Lopes", as funções textuais se conjugam para dar vida a uma fiandeira que amarra com seu fio ativo e voluptuoso o homem que vai amar, o sonhado desde a infância. A história de Flausina, de submissão e resistência, não assume especificamente a riqueza que emana da simbologia dos instrumentos de fiar, mas se concentra já no produto primitivo da fiação, o fio condutor de sua vida; ela apenas não quer esquecer sua identidade e a defende com a paciência da fiandeira e a resistência da mulher. O fio do desejo a conduz à realização de seu sonho e de seus anseios de moça – conquistar e deixar-se conquistar, seduzir e deixar-se seduzir: "Ele vive de admirar meus bons préstimos (...) boca cheia d'água". O fio se transforma, então, na segurança dentro do labirinto, que é o caminho difícil da idealização à realização.

Com o fio, a nova fiandeira vai, linha envolvente do encantamento, costurando os corpos separados – o corpo dela e o corpo de seu amor, talismã contra o destino: "meu gosto agora é ser feliz, em uso". Como nos contos de fada, é necessário eliminar o monstro para que possa encontrar ou desencantar seu príncipe encantado: "o povo ruim terminou, aqueles. Quero gente sensível". A linearidade do fio vai traçando com ritmo e continuidade a trama do humano feminino capaz de construir o homem que será só dela: "Deixo de porfias com o amor que achei". Flausina, fiandeira do seu destino sabe, por instinto e experiência, que nada é definitivo e que também essa união não será eterna, mas a vida, a sua vida, poderá ser recomeçada.

Pelo movimento da roda de fiar que o produz, o fio está associado à simbologia do círculo, que representa também o eterno recomeço. A longa experiência vivida não lhe permite terminar a narração da história de sua vida com as palavras dos contos de final feliz – e viveram felizes para sempre – porque o fio poderá romper-se ou poderá ser reatado ao longo da fiação. Não se desfaz totalmente dos filhos, mas os mantém a distância: "provi de dinheiro, para longe daqui viajarem gado", pois tendo o sangue dos Lopes também podem constituir-se numa ameaça remota. Mesmo contra eles, está preparada: "Lopes nenhum me venha que às dentadas escorraço". E não se previne somente dos três filhos distantes, mas adverte o homem para quem guardou sua virgindade ideal, o escolhido, atado pelos fios do desejo desde sempre: "Que em meu corpo ele não mexa fácil". Apesar da advertência, ela pensa viver com seu homem uma vida em plenitude, com filhos "modernos e acomodados", que irrompam na vida humana como a esperança da continuidade. Essas palavras subentendem uma entrega não total, podem soar estranhamente na boca de quem deseja agora usufruir uma vida conjugal perfeita e, sobretudo, de quem viveu tanto tempo na secreta esperança de transformar as voltas do fio em abraços reais.

O fio do sonho não operou a metamorfose da mulher em amante, não transferiu a energia dos anos de espera e de luta numa entrega plena ao homem amado. A individuação de Flausina dá início à conquista de um universo de felicidade pessoal; abre-se para ela outro percurso em sua vida que é, em primeiro lugar, a retomada de seu sonho de menina: "De que me adianta estar remediada e entendida, se não dou conta da questão das saudades? Eu, um dia, fui já muito menininha". A questão das saudades do tempo da infância está na base do desejo de conquista do seu próprio tempo, o primeiro do ser feminino, que não se resume na lembrança de se ver vestida de flores, de tirar "cantigas de roda e modinhas de sentimento", mas na sensação de um tempo de anúncios e revelações do amor, um tempo de fertilidade e devaneios.

A fiandeira sabe que para desatar um nó, às vezes, torna-se necessário cortar o fio, daí o valor simbólico do nó na fabricação do destino. No mesmo ponto onde cortou o fio de sua história de mulher dos Lopes, foi preciso reatar o fio que prolonga por um novo caminho seu sonho de menina. Por este caminho, uma vez realizado o percurso da individuação, Flausina vai com seu amor, mas se outro nó imprevisível impedir o desenrolar do fio do sonho, não vai permitir que "outros" obrem sua "história" – acima de tudo sente-se livre e desforrada.

Os conflitos que se escondem debaixo desse gesto de destecer uma história para tecer outra são aqueles de uma alma à procura de si mesma, fiel a si mesma. O mito do duplo aparece, então, como símbolo da procura da identidade, externa e interna, do indivíduo como ser original, corpo e alma, no momento em que esbarra com dois seres distintos numa só pessoa, um verdadeiro duplo, porque o fio costurou a vida imaginária e a vida real numa só pessoa.

A alteridade: o mito do duplo

A alteridade representa um mito sempre que o ser humano se defronta com o próprio destino, como se pode verificar na luta de Flausina para se manter fiel a si-mesma. O fio que liga os dois pronomes dá à expressão uma forma reforçada, apontando o significado de que o ser ou a coisa não podem ser confundidos. O si-mesmo serve para marcar a identidade de uma pessoa em relação às demais, transmite a idéia de igualdade, identidade absoluta, similitude e simultaneidade, significações que, por sua vez, podem ser atribuídas à palavra idêntica num quadro comparativo de distinguir ou opor um ser a outro, o *alter* latino.[20] A alteridade, portanto, designa este outro ser distinto do si-mesmo, às vezes, em contraposição a ele, significando exatamente o oposto.

20. Em sua obra *O si-mesmo como um outro*, Paul Ricoeur aprofunda-se em considerações filosóficas sobre a identidade, partindo da equivocidade do termo "idêntico", correspondente a *idem* e *ipse* latinos. Essas duas formas lhe sugerem a teoria de duas identidades diferentes, a identidade do *idem* – mesmidade e a identidade do *ipse* – ipseidade que corresponderiam às duas perguntas fundamentais: quem sou eu? o que sou eu?

O mitema da alteridade, ou o mitema da sombra inevitável, companheira da luz, na afirmação de Gilbert Durand (1992, p. 275), representa "em primeiro lugar, o mitema da dualidade que se encontra nos mitos clássicos dos Dioscuros, de Epimeteu ou mesmo de Anteu unido a Gea sua mãe". Tais mitos recordam a revolta dos homens contra os deuses, testemunham, de certo modo, o momento de uma transgressão dos limites do ser humano, daí o castigo, simbolizado por um corte abrupto. De Prometeu a Adão, o homem inicialmente uno, em estado de perfeição, ao se revoltar, é castigado transformando-se em homem partido, imperfeito em relação ao homem original. A origem do duplo desencadeia a responsabilidade que o homem passa a ter do seu próprio destino na tentativa de equilibrar e reunificar as partes separadas, em constante conflito dos opostos: corpo/espírito, bem/mal, vida/morte. O mito do duplo, antigo quanto a humanidade e ainda produtivo no século XX, expressa a angústia do homem que se sente partido e luta para recompor sua unidade no decorrer de sua existência.

A identificação de Flausina consigo mesma, sua individuação, caracterizada desde o primeiro parágrafo, leva ao descobrimento da existência do outro no si-mesmo. Ela assume a alteridade no momento em que identifica os valores essenciais e os transforma no motivo único de sua vida – a manutenção do si:[21] "Para trás, o que passei, foi arremedando e esquecendo". Arremedar, imitar é parecer e agir como uma outra pessoa, não mais ela, outra, porém ela mesma como outra porque a alteridade se transforma em afirmação da constituição de si próprio em outro que é como se fosse ele mesmo. A Flausina que queria enxoval, ilusão de noivado, cortesias e igreja é a mesma que calou muitos prantos esprimida em canto de catre; a mesma que de paciente se transformou em

21. "Ao falar de nós mesmos, dispomos de fato de dois modelos de permanência no tempo, que resumo por dois termos ao mesmo tempo descritivos e emblemáticos: o caráter e a palavra considerada. Num e noutra, reconhecemos de bom grado uma permanência que dissemos ser de nós mesmos. Minha hipótese é que a polaridade desses dois modelos de permanência da pessoa resulta de que a permanência do caráter exprime a ação de recobrir quase completamente uma pela outra da problemática do *idem* e do *ipse*, enquanto que a fidelidade a si na manutenção da palavra dada marca o afastamento extremo entre a permanência do si e a do mesmo e, portanto, atesta plenamente a irredutibilidade das duas problemáticas uma à outra" (RICOEUR, 1995, p. 143).

agente numa alteridade plenamente assumida. Não se trata de uma comparação entre duas atitudes diferentes, é antes a constatação de que as duas se superpõem como se fossem uma só.

Flausina faz uma separação de ordem prática dentro de uma lógica primitiva que não corresponde às especulações filosóficas a respeito do corpo e do espírito. Ela usa o critério de sua verdade interior na distinção das funções corporais e das funções psicológicas: sua identidade pessoal decompõe-se em identidade do espírito e em identidade do corpo. Ela vive e acredita nesta distinção – a dualidade do seu ser é noção do seu inconsciente, ela se sente duas. A identidade corporal se encontra na continuação de sua vida física de menina pobre, através do tempo, com seu bonito corpo e toda a organização de seus atos exteriores que determinam, dentro de um comportamento natural, o seu caráter. A identidade psíquica é a constância do propósito, uma espécie de fidelidade a uma íntima vocação à manutenção do si, sempre presente na memória.

Os casos corporais não fazem parte de sua identidade psíquica, por isso ela os esquece; como mulher dos Lopes ela é apenas uma personagem que faz de conta – "fiz que quis" – representa o papel que os outros determinam em sua história. Seu relacionamento com eles é apenas corporal, agüenta os casos corporais, entrega-lhes o corpo, produz filhos, assumindo seu papel de esposa que sabe viver esprimida e calada. Vez por vez, ao enviuvar, comporta-se "conforme os costumes certos", "jogando o cisco para a rua depois do enterro", chorando inconsolável "na beira do meu terreiro". Seu espírito, porém, saca "malinas lábias", vira "cria de cobra" com o primeiro Lopes, endurece seu propósito de acender no outro marido e no outro pretendente uma fogueira de ciúme mortal. No fim, quebra metade da cabeça para enterrar o último Lopes.

Embora corpo e espírito formem uma unidade,[22] as manifestações de um e de outro no conto diferem de tal maneira que se torna possível

22. Sobre este assunto, é importante lembrar o que diz Jung: "A enigmática unidade da natureza viva traz consigo que a característica corporal não é simplesmente corporal e a característica psíquica não é simplesmente psíquica, pois a continuidade da natureza não conhece aquelas incompatibilidades e distinções que a razão humana precisa colocar a fim de poder entender. A separação entre corpo e alma é uma operação artificial, uma discriminação que se baseia menos na natureza das coisas do que na peculiaridade da razão que conhece" (JUNG, 1991, p. 483).

examiná-las separadamente. Pertence à vida corporal o propósito de calar o pranto e aceitar o amor físico, mas o intuito de transpor para seu mundo subjetivo esses sacrifícios já se posiciona no mundo de sua psique. A separação entre a vida corporal e a vida psíquica só é possível na teoria, porque na prática cotidiana elas formam uma união indissolúvel – corpo e espírito se traspassam. A protagonista do conto admite, com amargor, a impossibilidade de separar sua vida de personagem de sua pessoa: "Aquilo tange as canduras da noiva, pega feito doença, para a gente em espírito se traspassa". "Aquilo" resume o duplo martírio de entregar seu corpo a quem a tratava com tantos abusos: "a gente, eu delicada moça cativa assim, com o bafo daquele, sempre rente, no escuro".

A mudança não afeta a estabilidade das disposições que constituem o caráter, assegurando a permanência no tempo da identidade pessoal dentro da continuidade ininterrupta dos acontecimentos. O tempo pode ser fator de diferenças, como nos retratos tirados em idades sucessivas da vida, mas existe uma relação invariada que se baseia em signos distintivos não afetados pelos acontecimentos. No confronto do duplo da personagem, Flausina de si-mesma e Flausina mulher dos Lopes, verifica-se que as mudanças não afetaram sua forma de agir. A menina que se vestia de flores sabe como se defender do primeiro Lopes brutamonte – "regi por alisar por fora a vida"; já com os outros experimenta finuras novas, tomando ar de mais donzela, sorrindo debruçada à janela. O comportamento nos anos de sujeição, mulher dos Lopes, difíceis para Flausina, como pessoa, não a afasta de sua identidade pessoal, antes parece enriquecer sua personagem.

O relacionamento sexual, no conto, passa de um primeiro momento de sacrifício corporal, renúncia ao sonho da delicada moça, para uma atividade quase agradável exercida com "gentil sujeição" e, no fim, transforma-se em requinte de safadeza: "bem demais e melhor tratei". A cama – "o homem (...) me levou para a cama dele" – deixou de simbolizar o poder masculino, na expressão de sua força e violência, para se transformar em símbolo do poder feminino feito de encantos e venenos. Emblemática é a lição que recebe, tarde e sem proveito, o último dos Lopes, o velhoco, na "idade inferior": "Tudo que é bom faz mal e bem".

A dualidade da mulher portadora do bem e do mal faz de Flausina a encarnação modelo da mulher-fatal – mito de Pandora, a primeira mulher, que, como Eva, teve em suas mãos a sorte da humanidade. A transposição do mito da primeira mulher a todas as mulheres se reveste de uma complexa rede de ligações referenciais, que não se esgotam na abertura simbólica da caixa de onde saíram todos os bens e, daí para frente, os seres humanos foram castigados por todos os males, mas se completam com a dádiva única que ficou para a humanidade – a esperança.[23] O homem vive de e pela esperança, idéia à qual se contrapõe outro aforisma: esperar não é viver. Essa contradição pode ser traduzida por: enquanto vive o homem espera, enquanto espera não vive, finge viver. O mito da alteridade liga-se, pois, ao mito de Pandora no constante fingimento que é a vida humana feita de esperanças, em que se torna difícil separar os papéis da realidade daqueles da ficção – um tênue fio separa a máscara, do rosto; a personagem, da pessoa.

Flausina, representando os vários papéis e esquecendo-os em seguida, vive sua vida enquanto vive uma vida imposta pelos outros, na esperança de que a verdadeira seja a que vai viver depois. A representação de si-mesma, continuação moderna do mito do duplo, reveste-se de pessimismo existencial na literatura, a angústia de se sentir uno e, ao mesmo tempo, ninguém e múltiplo. Todos se sentem múltiplos entre inumeráveis espelhos, que distorcem em reflexos falsos, uma única realidade anterior que já não é de ninguém e, ao mesmo tempo, é de todos.

Guimarães Rosa representou, em *Grande sertão: veredas*, o homem dentro de uma crise permanente do princípio unitário da natureza humana. Suas personagens se encontram no sertão, fronteira entre o bem e o mal, tentando unificá-los.[24] No conto "Esses Lopes", o escritor põe uma menina em conflito entre a vontade ideal subjetiva e as determinações objetivas de um mundo exterior, relação contrastante entre a

---

23. "Segundo uma variante, a jarra estava repleta não de males, mas de bens. Ao abri-la irrefletidamente, no entanto, Pandora deixou que eles escapassem e retornassem à mansão dos deuses. A esperança, porém, ficou conosco" (BRANDÃO, *Dicionário*, 1991, v. II, p. 235).

24. "As suas histórias são fábulas, *mythoi* que velam e revelam uma visão global da existência, próxima de um materialismo religioso, porque panteísta, isto é, propenso a fundir uma única realidade, a Natureza, o bem e o mal, o divino e o demoníaco, o uno e o múltiplo" (BOSI, 1995, p. 431).

personagem – representação de íntimo imaginário do vir-a-ser e a personagem – representação do mundo baseada nas relações substanciais da vida real. A virgindade, como emblema de sua vida espiritual, e o uso do sexo, como a distribuição judiciosa do seu corpo para atender a propósitos definidos, constituem-se em alteridade claramente assumida. Essa dualidade identifica Flausina como figura heróica porque este elemento de lealdade incorpora-se ao caráter e o transforma em elemento de fidelidade, portanto em manutenção de si. Paul Ricoeur (1995, p. 147) tem um pensamento que sintetiza essa afirmação: "a identificação de um herói se concretiza no momento em que ele põe uma causa acima da sua própria vida". Para Flausina, a virgindade do espírito representa a couraça mágica para a grande batalha da vida – talismã protetor a lembrar Joana D'Arc, guerreira e virgem: "A maior prenda que há é ser virgem (...) Todo mundo vive para ter alguma serventia".

Os arquétipos da jornada heróica

Mitos e contos populares possuem uma origem comum, embora seu desenvolvimento se processe de maneiras diferentes: enquanto o mito supõe uma fé criadora com a força própria da iniciação, o conto vive num mundo próprio e nem sempre respira um clima religioso (JOLLES, 1997, p. 93). Contudo, tanto o mito quanto o conto popular conservam os mesmos arquétipos da origem comum provenientes do diálogo com o inconsciente ou do consciente consigo mesmo. Esse diálogo representa um dado antropológico fundamental, suficiente tanto para revelar os arquétipos formadores da estrutura dos mitos, quanto para perceber a gênese das representações do imaginário, tal como se expressam através de qualquer forma de manifestação artística. Uma das funções do conto consiste justamente em devolver ao mito tradicional sua mobilidade e plurissignificação, ampliando e enriquecendo, por acréscimo, os mitemas arquetipais, núcleos vitais do mito (FRANZ, 1990, p. 33-34). Os contos são a leitura do mito e, por sua própria essência, tendem a pluralizar-se do mesmo modo que o mito perde o seu caráter universal e coletivo para se tornar uma pequena história.

"Esses Lopes" não pode ser classificado como conto popular, cuja origem se confunde com o mito, porque a aparente simplicidade esconde características que o fazem participante, ao mesmo tempo, da natureza do conto popular e da estrutura mental de um autor, artista que escreve para um grupo de iniciados.[25] A enunciação pertence ao narrador-personagem, protagonista capaz de conduzir sozinho a ação, partindo de uma inocência primitiva e extrema penúria e percorrendo, por etapas, um caminho, povoado de monstros. Flausina é a única voz do conto monológico que relata e analisa, numa visão pessoal e restrita, sua luta com os Lopes, elevando-se de uma situação de inferioridade para uma outra que lhe permite colocar-se acima dos monstros do percurso, transformá-los em instrumentos de seus desígnios e, em seguida, eliminá-los.

Cada etapa da jornada heróica define-se por uma tarefa específica que deve ser assumida pelo protagonista, nem sempre, porém, em seqüência linear; às vezes no percurso se acumulam várias etapas simultâneas. O percurso heróico no mito ou no conto popular identifica-se com aquele da personagem, no referido conto de Guimarães Rosa, até mesmo no motivo da caminhada, força que move os passos dos protagonistas à ação. A análise mitológica do conto abrange a totalidade dos objetivos e explica as causas interiores e exteriores do enredo, porque a interpretação dos mitemas arquetipais, além de possuir a plurissignificação das metáforas, engloba a dualidade conto-mito na leitura do mito.

Protagonistas e figurantes nos contos populares dão sempre a impressão de agir como sonâmbulos, seres estranhos a si mesmos, autômatos guiados por gênios extra-terrestres, o que lhes permite entregar-se totalmente, numa disponibilidade absoluta, ao cumprimento de uma missão definida. No conto de Guimarães Rosa, Flausina, protagonista solitária que se mantém, lúcida, ao centro da ação, não conhece forças estranhas a ela nem se sente protegida por seres superiores. Ela enfrenta a jornada do herói movida apenas por uma força interior que traça um rumo para sua vida – sujeito e objeto se confundem na mesma personagem. Esse imbricamento do objeto e do sujeito na personagem tipifica o conto da busca de si mesma, da sua própria identidade. A exterioridade da ação ou sua interioridade não mudam os arquétipos subjacentes ao conto;

25. André Jolles (1976) faz uma nítida diferença entre as formas simples, que incluem o mito, o conto popular, e as formas artísticas, onde se insere o conto literário.

o empenho no propósito, em vez de separar, nivela os grandes e pequenos feitos. A dedicação absoluta à causa interioriza o enredo, a história de Flausina é a trama da eterna esperança, sede e fome da humanidade, lugar comum que se repete com variantes.

As concordâncias fundamentais apontadas entre o mito e o conto popular realçam o caráter dos contos rosianos, que se estruturam num permanente exercício de renovação de temas, de formas e de técnicas, indo do erudito ao popular e do regional ao universal. O conto enraizado na oralidade sertaneja realiza-se, contudo, numa construção refinada; o mito primitivo atualiza-se na convivência dos modos do sertão e reveste-se de uma nova dicção poética, qual hera que envolve de novas folhas a velha planta. A originalidade do presente, sem perder a identificação com o passado, dá ao conto a força de um mito renovado, palpitante de outra vida.

Não se pretende enfocar o conto sob outros aspectos que não sejam os mitodológicos – o mito não como moldura, mas ele mesmo como se apresenta, instrumento válido de crítica. A análise, no plano das estruturas antropológicas, permite o estudo de "Esses Lopes" acoplado aos contos de origem popular: o caminho de Cinderela cruza com o de Flausina. As etapas são as mesmas tanto pelas estradas do mundo como pelos meandros através do consciente e do inconsciente; são as etapas que o imaginário oferece para o reconhecimento do herói sustentado de modo inequívoco no poder antropológico do mito. O arquétipo heróico fixa-se, em geral, na figura do guerreiro; porém, no desenvolvimento psicológico do ser humano, há uma seqüência de atitudes emergentes do inconsciente coletivo que, partindo de uma inocência primordial, através da angústia e do sacrifício, chegam à autodefinição e à salvação. Por trás desse enredo, configura-se a identificação do mito a partir da presença de mitemas arquetípicos que tornam possível traçar o roteiro da história individual de cada ser humano.

Mais do que o sentido geral da vida, Flausina quer encontrar o caminho de sua própria vida. O conto permite reconhecer, nas várias etapas do percurso da protagonista, que assume desde o começo o risco de ser ela mesma e única, alguns dos arquétipos que Jung e, com ele, a psicologia moderna identificam como predominantes no processo de individuação. Segundo Carol S. Pearson, em *O herói interior*, seis são os arquétipos que orientam a vida humana: o inocente, o órfão, o nômade, o mártir, o guerreiro e o mago.[26] Os elementos fundamentais que caracterizam as funções de cada arquétipo estão em sintonia com a teoria das estruturas antropológicas do imaginário. O regime diurno manifesta-se por antítese polêmica que põe em evidência os princípios de exclusão em relação aos outros e de identidade em relação a si mesmo. Separar e separar-se, verbos antitéticos por excelência, determinam os arquétipos que envolvem o herói em seu estado de graça, na queda posterior, no sacrifício, na luta e na vitória.

Na jornada heróica, Flausina passa pelas diversas etapas configuradas nos arquétipos – enredo de uma jornada singular de um herói singular para demonstrar seu singular heroísmo. As etapas dessa caminhada levam a protagonista ao mito de Eros, primordial na espécie humana, porque ligado diretamente ao destino de cada indivíduo pela multiplicação de suas funções. O conto não deve ser compreendido como uma simples seqüência de uma série vulgar de homicídios, com final feliz. O mito de Eros dá à trama a coesão interna, aspecto que não escapa à crítica voltada para uma leitura mítica, porque tudo gira em torno do amor, sexo e paixão – "a finalidade do sexo é o alívio da tensão enquanto Eros é o desejo, a ânsia e a eterna procura da expansão" (MAY, 1973, p. 80). Flausina, como se verá através dos mitemas encontrados no conto, personifica a mulher de um erotismo definido no qual ela separa, em corte vertical e definitivo, o Eros, força fundamental do seu mundo, e a realização do sexo como simples ato corporal, alívio dos Lopes. Todo o conto se constrói ao redor desse núcleo. O primeiro arquétipo, por exemplo, o da inocência, que representa o estado de pureza inicial, para Flausina é sinônimo de virgindade: "a maior prenda que há é ser virgem

26. Assim a autora analisa os seis arquétipos na evolução humana: "O Inocente e o Órfão dão início à ação: o Inocente vive no estado de graça anterior à queda; o Órfão enfrenta a realidade da Queda. Os próximos estágios constituem estratégias para viver no mundo depois do pecado original: o Nômade inicia a tarefa de se perceber separado dos outros; o Guerreiro aprende a lutar para se defender e mudar o mundo segundo sua própria imagem; e o Mártir aprende a dar, a confiar e a sacrificar-se pelos outros. (...) Aprendendo a confiar no *self*, o Mago completa o ciclo e, assim como o Inocente, descobre que pode confiar" (PEARSON, 1992, p. 29-30).

(...) mocinha fiquei sem da inocência me destruir". A inocência, contudo, é algo mais abrangente do que a virgindade porque a inocência confere a plenitude da graça em perfeita comunhão com o cosmo, enquanto a virgindade, da qual se orgulha Flausina, é a pureza espiritual, dádiva reservada para o Eros, bem distinta, no conto, da virgindade física perdida contra sua vontade na realização do sexo apenas corporal.

Ao descobrir o sofrimento como parte da existência materializada, na falta do necessário, a heroína entra a fazer parte da segunda etapa da sua jornada – a orfandade: "Eu era menina me vestia de flores. Só o que mais cedo reponta é a pobreza. Me valia ter pai e ter mãe, sendo órfã de dinheiro?". Como órfã, ela aprende a "estremecer" de medo, de raiva, de desespero, sentimentos provenientes da sensação de abandono: "pai e mãe não deram para punir por mim". Sua limitação parece ser total; não pode nem mesmo mudar o nome de Flausina que ela reprova por achar falso e sem sentido. Se pudesse trocaria pelo nome que soa como resumo de todos os de mulher, Maria, seguido de Miss, só reservado à beleza: Maria Miss. O fato de não lhe ser permitido evitar que seja "espiada e enxergada" por quem não ama, ameaça seu instinto de sobrevivência e a vontade da realização de seu sonho. Nesse momento de impotência, abandona sua orfandade, evita chorar – "calei muitos prantos" –, e assume o arquétipo do nômade, fazendo tesouro da lição aprendida no estágio anterior: "Mais aprendi lição de ter juízo". Como nômade, o herói sente-se aprisionado e precisa abrir o caminho para a libertação; antes, porém, deve encontrar sua própria verdade que lhe servirá de rumo no caminho: parte de uma situação de dependência e incapacidade que ele vai inverter, encaminhando-se, bom andarilho, na direção desejada. O mitema do nômade, na jornada de Flausina, não se consubstancia com atos exteriores. É ato da sua vontade que unifica a trama do conto – chegar ao Eros, enfrentando antes os casos corporais do não-Eros.

O leitor assiste à explosão de duas energias: a dos Lopes, ligada estritamente ao apelo do instinto sexual; e a de Flausina, movida pela vontade de uma entrega total ao homem que ama – "Amo um homem. Amo mesmo". Ao enfrentar os casos corporais com os Lopes, a heroína se transforma em mártir e, ao mesmo tempo, em guerreiro, enquanto a força volitiva do nômade continua a reger as ações exteriores tanto do mártir como do guerreiro. Os três heroísmos acontecem simultaneamente porque, sem o nômade, não há força nem para o mártir nem para o guerreiro. O sacrifício faz parte da história da humanidade como símbolo de perdão e redenção. Mártir é aquele que renuncia a tudo, até à vida, só não renuncia a sua fé. O martírio de Flausina se apresenta de tipo diferente, não pelo seu ineditismo, mas porque o sofrimento a que está submetida nem é levado em conta de tormento: "ninguém põe idéia nesses casos". Ninguém supõe que seja doloroso o fato de "eu, delicada moça", ficar deitada, esprimida ao lado do homem que odeia: "de se estar a noite inteira em canto de catre com o volume do outro cercando a gente, rombudo, o cheiro, o ressonar, qualquer um é alheios abusos. A gente, eu, sempre rente, no escuro".

Flausina, ao narrar sua história, resume com detalhes de realismo, bem gravados na memória, o martírio dos sentidos (o cheiro, o ressonar, no escuro, sempre rente), e a renúncia à liberdade física, tolhida em seus movimentos, esprimida em minúscula prisão entre a parede e "o volume do outro cercando a gente". No canto de catre, instrumento incomum de suplício que expressa simbolicamente a prisão e a tortura, consome-se, monotonamente, noite após noite, "como um dia come o outro", o martírio de Flausina. O herói quanto mais é esprimido e aniquilado, tanto mais se eleva; quem decai e fica em situação aviltante é o algoz, aquele que aparenta uma posição privilegiada. Em nenhum momento da história, Flausina é mais senhora de si mesma do que naquele em que, cercada no cantinho do catre, só consegue riscar rezas na parede, sinais externos de sua fé "em outras larguras".

O guerreiro desponta exatamente neste momento da história; o mártir e o guerreiro são duas faces da mesma moeda; o mártir renuncia, enquanto o guerreiro afirma sua verdade interior, sua fé no "querer"; o ato volitivo se impõe e supera o martírio, ditando as normas para a ação. Os guerreiros devem ser duros e realistas para exterminar os dragões; Flausina, sem piedade e sem remorsos, explora a parte fraca dos brutamontes: "por sopro do demônio, se vê, uns homens caçam é mesmo isso, que inventam". A luta se desenvolve dentro de um plano no qual não se nega a que usem seu corpo; finge sujeição e, com astúcia, administra venenos mortais, pouco importando que sejam poções, palavras ou carinhos. Os dragões morrem ou se matam entre si, subjugados ao apelo do sexo, "tesos", "desatinados" na "bramosia" ou no "ciúme", até o último que, embora velho, bastou vê-la para se sentir fascinado: "me viu e me botou na cabeça".

A eliminação dos Lopes é narrada pela protagonista em primeira pessoa não como se fosse uma catarse para seus feitos, mas antes como um canto de louvor por uma proeza consumada conscientemente sob o impulso do arquétipo do nômade. O próprio tom de sua linguagem se faz mais ufano na medida em que, com habilidade nem repete as estratégias, bem sucedidas, na forma de executar o plano do extermínio. Flausina, na situação incomum de mulher de vários homens da mesma família, que nem chegam a desconfiar de tantas viuvezas sucessivas, "três vezes viúva", pode proclamar com orgulho sua vitória e permitir-se requintes de cinismo na utilização do sexo negociável até o limite extremo. Sua vida com os Lopes foi, portanto, um ato de heroísmo feminino, como mártir,[27] "custoso que nem guardar água em cabaça", e como guerreira, com a vitória final compensadora: "Daí, tudo tanto herdei".

O mitema do mago reporta Flausina ao estado inicial, o do inocente, revestindo-se do poder da plenitude da vida – a restituição daquilo que lhe foi tomado. As etapas de sua vida não constituem um roteiro de peregrinação à procura de si mesma, mas de uma aventura que termina na certeza da própria autenticação – ela "ainda quer dar conta das saudades", sabe que pode viver agora os sonhos da infância. A magia da vitória da manutenção de si oferece a Flausina a confiança de que tudo é possível, como é possível refazer a própria vida, é possível recriar o mundo onde se vive. O heroísmo do mago não deve ser confundido com o poder das fadas e das bruxas que, por passe de mágica, realizam prodígios. O mitema do mago, no conto, demonstra justamente o contrário, ou seja, que a força íntima que opera o milagre está dentro de cada ser humano – o querer, explosão que permite criar não apenas o que jamais existiu, mas permite também permanecer si mesmo, amar quem se quer e da forma que se quer. "O querer" de Flausina encarna o mito universal de Eros, mito que oferece um prazer completo terreno e divino, sexual e espiritual, temporal e eterno.

---

27. A entrega do corpo que tipifica o martírio de Flausina lembra a figura de Santa Maria Egipcíaca, que pôde chegar à redenção, pagando, com seu próprio corpo, a travessia para Jerusalém.

O heroísmo da personagem - pela multiplicidade dos efeitos produzidos pelos arquétipos do inocente, do órfão, do nômade, do mártir, do guerreiro, do mago e pela plurissignificação do mito que unifica o conto, no caso Eros -, foge a uma rígida classificação dos modos do heroísmo e se enquadra, simultaneamente, no conjunto das estruturas antropológicas com base nas quais este estudo fundamenta os gêneros literários. As atitudes do herói, nas várias etapas, não devem ser julgadas nem por critérios morais, nem pelo parâmetro comparativo das possibilidades humanas, em que o herói se situa no mesmo plano do comum dos mortais. Flausina não manifesta seu heroísmo em gestos de rebeldia e ações de força, mas na vileza das traições e no aviltamento do próprio corpo, tornando seu código de moral prática equivalente ao de seus vilões. À brutalidade, à força, à bramosia do clã dos Lopes, ela responde com o fingimento, com a falsa submissão e com a perfídia, todos sentimentos igualmente baixos. Embora Flausina tire bom proveito de ordem econômica da sua vida de entrega e simulação, isto não é suficiente para considerá-la como figura representante do heroísmo picaresco. Ela se ri das desgraças que provoca, fingindo chorar; pavoneia-se na realização do cômico ato final, da tragédia do velho Lopes; contudo, em momento algum põe a máscara de palhaço; antes, age com astúcia e prudência, transformando sua entrega do corpo em bens e dinheiro essenciais para sua nova vida.

A análise do conto já pôs em destaque os dois níveis distintos que informam o enredo da história. Os vilões são movidos por uma força instintiva que os cega e os faz agir quase automaticamente, força identificada no sexo, como apelo incoercível da natureza que lhes dá direito, portanto, ao corpo de qualquer mulher para alívio da tensão: "ouro e punhal na mão". A obsessão pela posse a qualquer preço torna os vilões vulneráveis diante da mocinha que possui, juntamente com a perfídia das malinas lábias, "o governo" de sua vida. O motivo do sexo funciona na estrutura do conto como divisor de águas: de um lado, o erotismo da heroína; do outro, a procura de prazer dos vilões. Dois mundos distintos: o sexo como finalidade única na vida, desabafo corporal dos Lopes, e Eros, que representa o coroamento dos desejos profundos do inconsciente, numa vida regida pelo amor. Em outras palavras, assiste-se a um debate entre exterioridade e interioridade; a relação de Flausina consigo mesma e a relação dela com o mundo que a oprime; seu mundo interior contra o mundo exterior – contraste que se transforma numa reação do seu espírito contra o mundo, produzindo uma síntese final das estruturas do imaginário e, conseqüentemente, dos gêneros literários, lírico, épico e dramático.

Uma das etapas da aventura de Flausina, que apresenta grande número de sinais emblemáticos, dá-se quando a personagem é trancada num espaço, aparentemente sem saída, prisioneira, num canto de catre, entre o corpo rombudo do primeiro Lopes e a parede. Na monotonia do suplício, longo pesadelo, ela se vira para a única porta que se abre para a liberdade, espécie de terceira margem – a parede –, onde grava os sinais da sua fé, suas "rezas", na certeza de sair do inferno para a conquista do céu. O episódio se enquadra, em primeiro lugar, numa prova de iniciação em que se identificam os arquétipos fundamentais que orientam a vida humana do aniquilamento à ressurreição. Esse cenário iniciático comporta, de imediato, uma passagem para os três regimes do imaginário, porque a personagem, presa neste círculo, estabelece uma troca de forças objetivas e subjetivas que a torna participante, ao mesmo tempo, do regime diurno heróico, do regime noturno místico e sintético.[28]

A dinâmica particular das imagens não se manifesta pela exterioridade de ritos iniciáticos, mas sob a forma de símbolos. No estreito espaço do catre está um ser que pretende conservar o estado de inocência, órfão de qualquer ajuda, aceitando um martírio de aniquilamento da alma e do corpo: "Deitada é que eu achava o somenos do mundo, camisolas do demônio". O mártir não elimina o algoz, antes deixa-se atormentar, num ato de volição positiva, que não se confunde com a simples aceitação, de tal forma que o mártir sujeito possa confundir-se com o objeto de sua fé – passando do sofrimento à redenção, da morte à ressurreição. O mártir vive em si uma dupla realidade: Flausina sofre, mas, ao riscar rezas na parede, se alegra pensando na futura liberdade – sofrimento e felicidade deixam de ser termos antitéticos no regime místico,

28. "De fato, e isto não contradiz em absoluto as teses de Gilbert Durand, o cenário iniciático comporta uma passagem pelos três regimes, o que mostra sua grande riqueza do ponto de vista do imaginário e sua forma exemplar" (VIERNE, 1987, p. 98).

porque eles se confundem na alma do mártir como um sentimento único, inseparável, por analogia o sofrimento é prazer. A capacidade do sacrifício se interioriza na profundeza da alma para encontrar a força superior. Há uma dependência direta entre a vocação ao martírio e a fé que a alimenta – por isso, quanto maior a fé maior a força de aceitação do mártir. A sintonia entre o sofrimento e a fé no momento da prova reveste-se de um elemento fundamental das estruturas místicas que se constitui no esquema verbal, forma de movimento interior expressa nos verbos descer, possuir, penetrar – a fé representa o elemento misterioso que vem do alto para possuir e penetrar a alma do mártir.

O gesto de rebeldia, de separação se opera no momento em que Flausina, "esprimida mais pequena", se volta para a parede – voltar-se ou revoltar-se dá início a uma luta: "o querer" outras larguras. Na verdade, o verbo querer constitui não só o elemento chave da construção artística do conto: "Quero falar alto", "Quero o bom bocado que não fiz, quero gente sensível", "eu queria enxoval", "Eu queria me chamar Maria Miss", mas também a imposição de uma vontade que se eleva acima dos outros, caracterizando a estrutura heróica do guerreiro. As rezas que riscou, cruzes e sinais, marcas de seu querer, simbolizam o início de uma ação como quem estuda planos, para engendrar as estratégias de futuros combates. A estrutura heróica do guerreiro torna-se, nesse momento, antagonista da estrutura mística por se constituir de imagens que se relacionam com o gládio que corta e separa. Por isso, a primeira reação é separar-se; o herói guerreiro é um ser à parte, sempre em antítese polêmica. A separação, simbolizada até fisicamente no gesto de virar as costas, configura aquela outra posição que se concretiza por um corte definitivo entre o modo de ser dos Lopes e o modo de ser de Flausina. As primeiras palavras do conto já antecipam esta aversão física e espiritual – "Má gente, de má paz; deles, quero distantes léguas" –, para, nas últimas, confirmá-la com veemência e ódio: "Lopes não! – desses me arrenego". Pouco importa que Flausina não empunhe a espada dos heróis, combata apenas com as armas que Deus lhe deu: o que importa é o resultado final.

No conto de Guimarães Rosa, o cenário mítico é construído com imagens da noite que absorvem a luz da intimidade, imagens da imersão que não admitem separação, renegando qualquer antítese – o sofrimento e a fé do mártir; e com imagens claras da luz do dia, da distinção, da separação que não admitem imersão, fazendo da antítese seu paradigma – o herói contra o monstro; o anjo contra o animal; a luz contra as trevas. Os dois regimes, noturno e diurno, antitéticos por excelência, encontram-se artisticamente imbricados no pequeno conto de Guimarães Rosa que é, ao mesmo tempo, heróico e místico: épico, a personagem luta e aniquila os vilões; lírico, a personagem vive mergulhada numa outra realidade interior de onde extrai uma força misteriosa sintonizada no profundo do ser.

Desde o início tem-se insistido na apreciação dos gêneros literários em função dos regimes do imaginário. Até agora, a atenção concentrou-se no heróico e no lírico. O conto, "Esse Lopes", oferece, contudo, a terceira atitude do imaginário, ou seja, aquela que liga as duas polaridades conflitantes numa espécie de síntese onde os contrários desaparecem no grande sonho dos alquimistas. As estruturas sintéticas, que tentam reconciliar as antinomias que o tempo implica, pelo questionamento das valorizações positivas ou negativas das imagens, ligam-se às estruturas místicas, por pertencerem ambas ao regime noturno. O fundir do místico e o ligar do sintético estão em oposição ao cortar do heróico; a taça mística e redonda bem como o denário sintético são bem diversos da espada. No momento em que Flausina volta as costas ao algoz, traça os sinais que transformam a parede em porta da liberdade, ela liga seu sonho de inocente a uma nova realidade. A passagem do sofrimento à felicidade, através do martírio e da luta, é uma ressurreição iniciática que representa a perenidade da vida, eterno recomeço, o ciclo vital simbolizado pela roda de fiar: "Os esquemas cíclicos e progressistas implicam assim quase sempre o conteúdo de um mito dramático" (DURAND, 1989, p. 194). A vida de Flausina foi analisada como um ato de tecer e destecer, magia da renovação e poder de recomeçar sempre de um ponto inicial, quando os antagonismos são harmoniosamente superados: a própria morte leva à ressurreição, a desagregação à agregação, o sofrimento se transforma em felicidade e, sobretudo, no caso de Flausina, a separação é o começo da integração num mundo superior. O regime noturno sintético ou dramático está nessa reconciliação de Flausina com uma vida social e afetiva em estado melhor do que o sonhado, para frente o futuro, para trás o passado: "De que me adianta estar remediada e entendida, se não dou conta de questão das saudades?".

As estruturas do imaginário aparecem evidentes no conto de Guimarães Rosa: do regime místico-lírico passa-se ao regime heróico-épico e deste volta-se ao primeiro; do impulso interior lírico passa-se à luta exterior épica, em alternância constante no enredo. A terceira estrutura do imaginário aparece, quando se conclui a operação que exige a *coincidentia oppositorum*, que só a síntese pode realizar: "Meu gosto agora é ser feliz, em uso, no sofrer e no regalo. (...) Para trás, o que passei, foi arremedando e esquecendo". O lírico unifica os sentidos opostos, o sofrimento é como a felicidade; o heróico os separa definitivamente, o sofrimento não é a felicidade, cabendo ao sintético o poder de ligá-los, o sofrimento é o começo da felicidade.

Poderia parecer descabido o encontro de tantas configurações simbólicas num conto de quatro páginas incompletas, não se tratasse de Guimarães Rosa, que se projeta na literatura como autor de uma linguagem lírica, alquímica, profundamente ligada ao mito e que descortina ao leitor uma nova metafísica. Para entendê-lo, precisa-se crer nele, partindo do pressuposto de que tanto nas grandes obras quanto nas pequenas, o roteiro se realiza por uma única estrada, mas dentro de uma encruzilhada onde afluem e repartem os caminhos possíveis e impossíveis da vida. O conto "Esses Lopes" se alicerça num único mito, reflete a estrutura de uma ampla mitologia ou é apenas uma fábula para divertir, uma parábola para admoestar ou uma alegoria da vida humana?

A pequena história, que é o conto "Esses Lopes", situa-se também na encruzilhada rosiana, reveste-se de mistérios que vão dos mitos iniciáticos ao destino da vida e de Eros. Dessa mitologia, não resta dúvida, nasce a força que permitiu a Flausina manter-se fiel a si mesma. Mas será apenas a decifração desse sentido o desejo do escritor e a procura do leitor? A resposta pode ser encontrada dentro da filosofia jocosa e profunda dos prefácios de *Tutaméia*[29] que orientam a leitura de seus contos:

> Por onde, pelo comum, poder-se corrigir o ridículo ou o grotesco, até levá-los ao sublime; seja daí que seu entrelimite é tão tênue. E não será

29. Para Gilberto Mendonça Teles, é com Guimarães Rosa, "através dos quatro prefácios de *Tutaméia*, que a teoria do conto moderno encontra no Brasil a sua mais perfeita formulação" (TELES, 1979, p. 289).

> esse um caminho por onde o perfeitíssimo se alcança? Sempre que algo de importante e grande se faz, houve um silogismo inconcluso, ou, digamos, um pulo do cômico ao excelso (p. 11).

Não haveria nessas palavras o encontro da unidade tão procurada pelos seguidores de Hermes? Guimarães Rosa, misturando o regional e o universal, a aventura humana e a cósmica, o popular e o erudito, realiza a unidade do múltiplo, pela alquimia de seu verbo.

4

Por uma mitocrítica do dramático

> Realmente custa a crer que a novidade, que a surpresa passe sem surpresa e que o público aceite o nunca visto com a mais cordial naturalidade.
>
> Nelson Rodrigues

As estruturas sintéticas e o gênero dramático

Na relação que vem sendo estabelecida entre as estruturas antropológicas do imaginário e os gêneros literários, interpretados como expressões estéticas de atitudes humanas fundamentais, o dramático encontra seu lugar junto às estruturas sintéticas que procuram conciliar a antinomia que o tempo representa para o ser humano: o terror diante do tempo que foge e a confiança numa vitória sobre a temporalidade. O imaginário dramático organiza-se nessas duas configurações que vão compor o movimento cíclico do destino, repetição infinita dos ritmos temporais, e o ímpeto ascendente do progresso temporal, domínio do devir. Os esquemas cíclicos e progressistas implicam o conteúdo de um mito dramático porque põem em jogo, simultaneamente, as valorações positivas e negativas da imagem. Pelo poder da *coincidentia oppositorum*, o regime sintético faz confluir e ultrapassa os dois regimes antagônicos: o diurno dos esquemas diairéticos e o noturno da dominante mística. À idéia de separação do épico e de fusão do lírico, o dramático opõe seu gesto verbal de ligar, atar as contradições pelo fator tempo.

Regidas pelo princípio da causalidade, as estruturas sintéticas gravitam, com sua constelação de símbolos, em torno do domínio do tempo. Por ser a questão temporal o fundamento desse regime do imaginário, Gilbert Durand escolhe duas figuras do Tarô, o denário e o pau, para resumir as imagens do ciclo e das divisões circulares do tempo, e os arquétipos do progresso temporal que a redução simbólica da árvore contém. O círculo, que se diversifica segundo as civilizações, representa a vitória cíclica e ordenada da repetição temporal contra a aparência fugaz e movimentada do devir. A invenção da roda, primordial para a humanidade, originou-se no esquema imaginário de um ritmo cíclico e temporal da mesma forma que a produção do fogo, cuja simbologia está ligada ao movimento giratório, à fricção rítmica e à sexualidade. Pela fenomenologia do fogo, o tempo já não é vencido apenas pela segurança do retorno e da repetição, mas pela combinação dos contrários, de onde sai um produto definitivo, um progresso que justifica o futuro – a produção do filho. Esse movimento erótico, que pode reconduzir o ciclo à transcendência, leva ao arquétipo da árvore, capaz de reunir as duas faces do tempo pela ciclicidade vegetal, simbologia do retorno, e pelo progresso temporal, "imagens teleológicas da flor, do cimo, e desse Filho por excelência que é o fogo" (DURAND, 1989, p. 236).

O imaginário sintético ou dramático desenrola-se seguindo o fio do tempo e engloba quatro aspectos definidos: a harmonização dos contrários, o caráter dialético ou contrastante, a estrutura histórica e a estrutura progressista de domínio do tempo. A síntese não representa uma unificação como no regime místico, não leva tampouco à confusão dos termos mas a uma coerência, em que as oposições são mantidas. Em publicação posterior às *Estruturas antropológicas do imaginário*, Durand esclarece que a denominação de estruturas sintéticas do regime noturno, utilizada nessa obra, não pretendia sugerir que essas estruturas fossem o resultado de uma dialética totalizante como a de Hegel. Acredita que seria mais apropriado chamá-las de diacrônicas, na acepção de Lévi-Strauss, ou disseminatórias, na esteira de Derrida, uma vez que se trata de estruturas que integram o tempo, conseqüentemente o tempo da narrativa, e estruturas que não se reduzem a uma síntese, todavia marcam uma multiplicidade generativa e irredutível (DURAND, 1992, p. 24). Simplifica, ainda, achando que elas poderiam ser chamadas apenas de dramáticas, constituindo um terceiro regime do imaginário (DURAND, 1982, p. 79).

Na procura exata do lugar lógico do drama, Käte Hamburger (1975, p. 147-155) considera a problemática temporal dramática e não a épica como realmente legítima. O tempo, na narrativa épica, é um elemento fictício, um elemento material do mesmo modo que o espaço nela descrito, podendo manifestar-se como problema estrutural, ligado ao curso do enredo, ou tornar-se tema enquanto tal, o que ocorre com freqüência na épica moderna. O mesmo valeria para o drama, se ele existisse somente como obra literária. No entanto, o tempo da narração do drama deve ser transformado em tempo de encenação, por isso a obra dramática precisa considerar as condições da realidade tempo-espacial, para passar do modo da imaginação ao modo da percepção sensorial do microcosmo cênico. Neste sentido, para Käte Hamburger, a teoria clássica, apesar dos recursos que o progresso da técnica teatral vem possibilitando, está menos ultrapassada do que se poderia pensar: ela permanece na poética dramática moderna, na compreensão teórica de que o tempo do drama é o presente. A estrutura do drama representa a conciliação do fenômeno da encenação e de seu relacionamento com a composição dramática, o que faz do tempo uma questão essencial do gênero.

Ao relacionar a antropologia do imaginário com os gêneros literários, a problemática temporal também se coloca na base do dramático, não porém como resultante da dualidade texto literário e encenação. A obra pode conservar-se na sua natureza literária e nunca passar ao teatro, ou nem se prestar bem a essa integração, do mesmo modo que há formas de teatro que não se apóiam em textos dramáticos fixos. Insistir nesta indagação – se o drama é criado pressupondo idealmente uma integração cênica – ou se o texto escrito se basta como forma artística completa, sendo o teatro uma tradução cênica, foge aos objetivos da tese. O que se quer enfatizar, apenas, é que o dramático corresponde melhor ao gênero literário na medida em que pode ultrapassar a literatura e se entender como teatro. No entanto, a problemática temporal do gênero dramático deixa de ser uma questão formal do tempo da encenação, para ser compreendida como um movimento antropológico, arquetipal, raiz dos gestos primários do ser humano. O dramático nasce dos sentimentos contraditórios de terror e de triunfo ligados ao tempo.

Poder-se-ia argumentar que a questão temporal é o fundamento de qualquer obra narrativa, como o demonstra Paul Ricoeur (1995, p. 15): o tempo torna-se humano na medida em que está articulado de modo narrativo; por sua vez a narrativa torna-se significativa na medida em que esboça os traços da experiência temporal. Essa concepção, contudo, sem anular a formulada sobre o dramático, a partir da teoria do imaginário, pode englobá-la. Enquanto Ricoeur busca compreender a dimensão temporal no conjunto das narrativas humanas, afirmando a dependência recíproca, o presente estudo quer mostrar que as estruturas sintéticas do imaginário e o gênero dramático põem em jogo a contradição do tempo com sua face trágica e sua face triunfante – confronto entre a experiência de passado e a esperança de futuro.

O germe do dramático encontra-se na hipotipose, ou seja, na representação viva do ato, que os dois matizes do imaginário sintético permitem: a repetição cíclica inaugura a hipotipose do passado e a estrutura progressista leva à hipotipose futura. A presentificação do ato representa a possibilidade de enfrentar e dominar o tempo. Em outras palavras, a representação possibilita, através do princípio de causalidade, ligar as contradições e, de modo diacrônico, seguindo o tempo da narrativa, projetá-las para frente. Ao invés da analogia do lírico, que dilui as fronteiras e busca as semelhanças, ou da exclusão antitética do épico, que identifica e separa, no dramático prevalece o princípio da causalidade, em todas as suas formas (final, eficiente), construindo a tensão que move a dialética dos antagonistas.

A estrutura de harmonização dos contrários, que se manifesta de modo evidente na música e em outros sistemas, como a astrobiologia e a astronomia, funciona plenamente em relação ao gênero dramático. Os movimentos interiores concentrados no microcosmo dramático exigem a pergunta "por que razão" e são desencadeados por uma proposição, um lance antecipado cuja necessidade de resgate final empurra para frente o devir da obra, organizando, num todo, as diferenças e os contrastes. O pensamento de Etienne Souriau (1993, p. 9), vem ao encontro dessas idéias, ao afirmar que na invenção dramática há a "necessidade de uma espécie de cálculo (...) das forças humanas em confronto; em suas combinações; nos aspectos morfologicamente diversos que assumem suas organizações dinâmicas". O dramático é, assim, um "sistema de forças em ação, em crispação" (SOURIAU, 1993, p. 33) que busca alcançar uma organização total do conjunto, uma harmonização dos contrários.

Ao falar em harmonia, exclui-se a idéia de que o drama deva ser um todo fechado, perfeito, dotado de começo, meio e fim, como exigência de composição uniforme. Esse processo de harmonização não visa a unificar as diferenças ou oposições, mas, devido ao caráter dialético da mentalidade sintética, mantê-las funcionando dentro de um sistema.

Assim sendo, o dramático concebido como um sistema de forças contrárias, capazes de progredir, inclui tanto obras dramáticas clássicas como qualquer daquelas de vanguarda em que ação, tempo e espaço apresentam-se fragmentados, com independência das cenas e sem conexão lógica da intriga. O que está em debate é o movimento interior do dramático de harmonizar as contradições – a coerência no contraste – fazendo-as avançar no tempo.

No jogo de forças em que se constitui o dramático, a dialética própria do gênero leva os antagonistas a decidirem e agirem dentro do universo fictício, fazendo do diálogo a essência do drama. O diálogo cria uma tensão e estabelece a interdependência das partes: nenhuma situação se basta, necessitando sempre de complementar-se, o que também é insuficiente, gerando uma nova questão que exige novo complemento – multiplicidade generativa em que uma situação jamais se reduz a outra. Do próprio gênero decorre o lugar central da pessoa, uma vez que o mundo se apresenta aí sem mediador: são as personagens que constroem as situações dramáticas, produzindo-se mutuamente no diálogo. Mais do que mera comunicação, trata-se da necessidade de influir no presente, preparar a decisão ou levar a ela – o discurso dramático tem significado quando expressa a vontade projetada para o futuro. No dizer de Anatol Rosenfeld (1993, p. 41) "o diálogo é a arquiforma de toda a dialética, é contradição e síntese ao mesmo tempo".

A forma contrastante vai levar o dramático à estrutura histórica do imaginário que consiste em utilizar a hipotipose do passado, a presentificação do ato, como recurso para anular a fatalidade da cronologia. O modo de ser do pensamento histórico reside no sempre possível presente da narração que recupera o passado pela via da representação. A compreensão histórica se dá a partir da reflexão presente inserida na lógica do tempo passado. É preciso esclarecer que não se entende por estrutura histórica o fato de o texto dramático ocupar-se com temas históricos, embora haja dramas voltados para essa temática. Não se quer referir tampouco à dramaturgia que se volta para a tomada de consciência do processo histórico. Entendida como tema, a questão histórica é própria também do épico e do lírico que se expressam desse modo. A estrutura histórica do imaginário sintético, relacionada ao dramático, significa que existe na natureza do gênero a possibilidade do passado ser representado no presente: é o eterno retorno possível no gesto cíclico de dramatizar. Refletindo sobre o teatro de nosso tempo, Gerd Bornheim (1993, p. 19) considera como um fato atuante a consciência histórica que acompanha a montagem de cada texto pertencente ao passado da dramaturgia. A consciência histórica traz, portanto, para o presente, a condensação da totalidade da dramaturgia contida no repertório teatral.

Ao lado da promessa de retorno, própria da imaginação histórica voltada para o passado, perfila-se a outra estrutura orientada para um progresso, no estilo de dinamização do presente. Esse outro aspecto do imaginário sintético "manifesta-se através da hipotipose futura: o futuro é presentificado, é dominado pela imaginação" (DURAND, 1989, p. 241). A hipotipose do passado exerce papel importante no gênero dramático, permitindo aos textos serem resgatados historicamente, mas a história vivida também pode ser exemplo e preparação do futuro, que pode ser antecipado dentro de uma estrutura progressista do imaginário. A encenação dramática, por exemplo, tanto pode resgatar o período histórico do texto, quanto propor uma dinamização, em que o antigo antecipa a mentalidade contemporânea – há na natureza do texto dramático o germe da repetição, do retorno cíclico, mas existe também a tentativa de acelerar a história e o tempo para assim os dominar.

Quando se fala em encenações, não se pensa certamente em atribuir ao dramático a função exclusiva do teatro, como já foi dito, embora seja nele que o gênero realiza sua expressão mais intensa. A relação entre literatura e teatro tem sido objeto de controvérsias que vão desde a separação entre texto dramático e representação, considerando-se o primeiro a forma artística completa e o segundo as traduções por parte de atores e diretores, até a compreensão de que o texto escrito só revela suas profundezas ocultas através da interpretação cênica, sendo ela a responsável pela construção do dramático (CARLSON, 1997, p. 354-358). Ao teorizar sobre os gêneros literários, Emil Staiger (1975, p. 119-159) acredita que o dramático não deve ser compreendido a partir do teatral, mas, ao contrário, que a existência do palco decorre da essência do estilo dramático, cuja tensão é criada pelo *pathos* e pelo problema.

No enfoque antropológico do presente estudo, também se compreende a encenação como decorrente da essência do dramático: a obra literária, ao se realizar na estrutura temporal, dialética entre a representação do passado e a presentificação do futuro, o faz de modo dramático. O dinamismo específico do gênero nasce do "afrontamento eterno da esperança e do tempo mortal" (DURAND, 1989, p. 239) – a tensão reside no jogo de forças, que tendem a se convergir num dualismo concêntrico, harmonizado pelo tempo.

O MÍTICO EM *ANJO NEGRO*

O tempo da vida natural do homem divide-se em etapas, como as estações do ano, em cíclico movimento: nascer, renovar, cair e morrer – eterna repetição. O ser humano repete o ato da criação em sua forma de atração e repulsão. Em *Anjo negro*,[1] como em toda a sua obra, Nelson Rodrigues movimenta-se entre nascimentos e mortes, entre berços e caixões, limites que definem o ciclo vital – começo e fim – mitos sintéticos que tentam reconciliar o pavor diante do tempo que foge e a fome de imortalidade que há no homem, esperançoso de perpetuar a vida no filho pela procriação.

Nelson Rodrigues é um Sísifo, consciente do mito que o obseda. A matéria-prima de seu teatro é o parto e a morte, elementos que em *Anjo negro* são levados ao extremo da obsessão. As forças antagônicas lançadas umas contra as outras vão, na última cena, convergir para uma coincidência do desejo dos protagonistas. No convite que a branca Virgínia faz ao negro Ismael – "Vem. O nosso quarto também é apertado como um túmulo"[2] (o quarto da intimidade, do sexo, do filho e da morte) –, concretiza-se o ato que resume as imagens do ciclo da vida humana. Da combinação dos contrários, sai a síntese final: o sexo, fonte da vida, alimenta a morte. A vida prega ao homem uma peça, um logro, como castigo ou estigma indecifrável.

---

1. *Anjo negro*, tragédia em três atos, de Nelson Rodrigues, foi escrita em 1946 e apresentada, pela primeira vez, no Teatro Fênix, Rio de Janeiro, em 2 de abril de 1948, depois de ter sido interditada em janeiro do mesmo ano.

2. Rodrigues, Nelson. Anjo negro. *Teatro completo*. Rio de Janeiro: Nova Aguilar, 1994. p. 623. As demais citações da peça serão seguidas apenas do número da página.

A dramaturgia da lama

Antes de se tornar uma forma tradicional de literatura, o teatro é uma expressão da vida estritamente ligada ao mito por ser a representação dos atos divinos. Os dramas rodriguianos parecem pôr em cena personagens anteriores à história e à civilização, no instante da queda original, com as degenerações todas de exilados do convívio com os deuses ou do paraíso terrestre, sozinhos, abandonados a um destino implacável. As convenções impostas pela sociedade a uma existência civil ainda não existiam para encobrir e atenuar os efeitos dessa queda. A civilização castra os impulsos naturais e as convenções sociais disfarçam as taras em valores culturais da raça para possibilitar a continuidade da vida.

A relação entre a vida racional da consciência e a emocional do inconsciente sugere a co-relação de duas realidades distintas – a vida e o teatro. A síntese que Nelson Rodrigues faz dos dois planos, o necessário e o supérfluo, o humano e o mágico, o racional e o emotivo, traduz-se em obras dramáticas em que não mais existe a separação entre a realidade da vida e a realidade do teatro. Atualmente, pelos recursos da tecnologia, pode-se afirmar que, muito do que se vê, sobretudo na televisão e no cinema, são montagens, jogos de cena, truques de computação; são arranjos que mostram como real o que, na verdade, é fictício. Neste caso quem afirma: "só acredito vendo", pode ainda duvidar do que vê. A realidade pode estar além das aparências. Os métodos que levam ao conhecimento de uma verdade são tantos e discutíveis quanto a própria Verdade, ou as múltiplas verdades.

À parte do homem que pensa e que verbaliza, que se reconhece através de sua historicidade, deve-se acrescentar uma outra parte invisível, cujas raízes perdem-se no passado de uma nebulosa e obscura existência. A vida de cada ser é como a longa cauda de um cometa que vai arrastando a poeira do cosmo, contributo à vida individual, que está fora dos milênios que a precederam. Mais pessimista, Nelson Rodrigues afirma:

> qualquer um tem seus íntimos pântanos, sim, pântanos adormecidos. É preciso não despertá-los. Mas certos acontecimentos acordam a lama de

> seu negro sono. Quando isso acontece, a alma começa a exalar o tifo, a malária, e a paisagem apodrece.[3]

Em *Anjo negro*, o tifo se manifesta pelo suor. Suar é uma função natural e necessária como tantas outras do corpo humano, mas suar sangue, como Cristo no Horto, é sinônimo de uma paixão maior que a morte. "Meu suor negro", de que fala Ismael, significa mais do que simples transpiração, é a convocação de forças que conduzem o espírito à origem de seus conflitos, a exalação da lama ancestral. Na tragédia, a imagem repetida tem o poder de representar a não aceitação, o repúdio, o ódio que esse suor desencadeia:

> É castigo... Sempre tive ódio de ser negro. Desprezei, e não devia, o meu suor de preto... Só desejei o ventre das mulheres brancas... odiei minha mãe porque nasci de cor... Invejei Elias porque tinha o peito claro... Agora estou pagando... Um Cristo preto marcou minha carne... Tudo porque desprezei meu suor (p. 600).

Como a peste, o suor preto de Ismael exterioriza um fundo de crueldade latente que vai tomando conta do lugar e das pessoas, fazendo aparecer as possibilidades perversas do espírito: "a transpiração dele está por toda a parte, nas paredes, no ar, nos lençóis, na cama, nos travesseiros, até na minha pele, nos meus seios (...) E nos meus cabelos, meu Deus!" (p. 586), angustia-se Virgínia.

Anjo negro não é um libelo contra os brancos que segregam os negros. Nenhum grito de revolta contra as injustiças abertas e veladas que se praticam, só o asco e o desespero, como se pode ver na fala de Virgínia: "Se eu fugisse a transpiração dele não me largaria; está entranhada na minha carne, na minha alma" (p. 588). Trata-se da tragédia de um negro revoltado por ter nascido negro, num ódio profundo à sua cor

---

3. Rodrigues, Nelson. *O óbvio ululante*. Rio de Janeiro: Nova Aguilar, 1994. p. 23. Nessa mesma página, Nelson Rodrigues relata que no dia 24 de dezembro telefonou a Alceu Amoroso Lima, para desejar-lhe felicidades pelo Natal. A conversa continuou e chegava a ser irreal, quase um pesadelo humorístico. Subitamente o crítico suspira: "Ah, Nelson, você aí nessa lama!" "Exatamente: – lama. Começo a ter medo do resto. Dr. Alceu dizia 'lama' familiarmente, como se falasse de minha tia, bem idosa e até estimável. Tive a idéia de responder-lhe: – "Minha lama vai bem. E a sua Dr. Alceu?".

natural e ao mundo que o vê negro. Ismael sente-se prisioneiro de sua origem, estrangeiro de si mesmo. Como observa Kristeva (1994, p. 9),

> estranhamente, o estrangeiro habita em nós: ele é a face oculta da nossa identidade, o espaço que arruina a nossa morada, o tempo em que se afundam o entendimento e a simpatia (...) o estrangeiro começa quando surge a consciência de minha diferença.

A denominação de tragédia mítica mostra-se adequada a *Anjo negro*, no que diz respeito à inspiração no modelo grego, no grande teatro de Ésquilo, de Sófocles, de Eurípedes, em que a fatal multiplicidade de violência enceta a extensa cadeia de crimes. Na peça, são retomados mitos clássicos como os de Electra e Édipo, ou ainda de Medéia, numa trama situada fora de um espaço comum, sem indicação de tempo e lugar – ausências criadoras do universo mítico. O delírio, o pessimismo, ao destruir todas as convenções que impedem os impulsos primitivos de virem à tona, extravasam um sentimento de auto-punição e expiação. As personagens agem num mundo fora das leis e normas do bem, acima do viver civil, mas são fiéis ao clima próprio do mito: crimes e crueldades têm a punição interior, o remorso é a cadeia pessoal e a morte, a expiação possível.

Essa direção universalizante, contudo, vai seguir um percurso particularizado. Se, por um lado, os temas da tragédia grega, como o amor e o ódio nas relações familiares, o incesto, a maldição, a voz profética do coro, são retomados no teatro de Nelson Rodrigues, por outro, a tragédia *Anjo negro* é a revelação das possibilidades perversas do indivíduo às quais se acrescentou o ingrediente da cor: brasileira, portanto, a tragédia de Ismael desnuda a dissimulação da diferença num contexto nacional. O assassinato dos filhos pequenos não é provocado pela inexorabilidade do destino ou pela vontade dos deuses. O movente da ação dramática é a cor, a cor negra do protagonista que aciona a atração e a repulsão, o ódio e o amor, a vida e a morte:

> Virgínia (com rancor) – Já tive três filhos. Nenhum dos três brancos. É por isso que eles morrem – porque são pretos.
> Elias – E se fossem brancos? Não morreriam também?
> Virgínia (terminante) – Se fossem brancos, não. Juro que não morreriam.

> Se não vier, desta vez, um filho branco – é outro que dou à morte. Ouviu bem? (p. 589)

As tragédias de Nelson Rodrigues rejeitam a concentração dramática ao redor de um único crime fatal, caminho seguido pela tragédia clássica. Ao contrário, encontra-se uma verdadeira inflação de incestos, de homicídios e suicídios, uma repetição obsessiva dos mesmos crimes em quase todas as tragédias e até numa só.[4] *Anjo negro* chega a criar um clima de paroxismo: a mãe branca, Virgínia, afoga, num tanque, todos os filhos negros que nascem de sua união com Ismael, médico negro. Esse, por sua vez, quando a mulher tem uma filha branca, queima-lhe os olhos, para impedi-la de ver sua cor, como já havia feito com seu quase-irmão, Elias, e pai de Ana Maria.

A alta densidade dramática, expressa na tragédia clássica por figuras revestidas de divindade ou de realeza, é representada por pessoas comuns, às vezes de boa reputação e respeito na sua vida cotidiana, que se revelam mais como "figurações do instinto selvagem do que como imitadores de ações humanas" (GUIDARINI, 1994, p. 270). Em *Anjo negro*, Ismael é um doutor de muita competência, clinicando numa cidade do interior sem nome: "doutor de mão cheia" (p. 575), como dizem os carregadores de caixão dos filhos mortos. Jonas, o patriarca do *Álbum de família*, é considerado Varão de Plutarco e se enforca (ou é assassinado), quando se preparava para ser senador. Misael, em *Senhora dos afogados*, é herdeiro de uma tradição de quinhentos anos. Aurora, em *Perdoa-me por me traíres*, funcionária pública, prostitui-se, para salvar as aparências, como necessidade de receita extra. No caso de Nelson Rodrigues, não há como falar de uma peça sem lembrar de outras; o parentesco perceptível "faz com que as semelhanças saltem além das aparências" (MAGALDI, 1994, p. 44).

Os protagonistas são todos formidáveis, bem conceituados; no entanto, são assassinos cruéis, incestuosos, causadores de peste, de tifo

---

4. Quando *Álbum de família* foi censurada, em 1946, o crítico Álvaro Lins do *Correio da Manhã*, "mantendo a postura de condenar a interdição da peça, arrasou-a como teatro. (...) Que família! 'Se todos são incestuosos, onde está a tragédia?', perguntava. Álvaro Lins preferia que houvesse em cena um único incesto, como em *Édipo rei*, de Sófocles, para que ele parecesse singular, anormal e extraordinário" (CASTRO, 1992, p. 197).

e de todas as maldições. Remexer na lama, no fundo do inconsciente, onde a violenta pressão que vem de tempos imemoriais, sob forma de civilização, confinou e escondeu as raízes do homem, desencadeia os desejos inconfessáveis e, freqüentemente, ignorados. Há um anagrama perfeito entre as palavras lama e alma, aproximando-as, neste contexto. A lama, barro primordial, matéria dos instintos, está sedimentada no fundo da alma. Nelson Rodrigues lanceta a pústula em público e deixa escorrer a podridão, pondo à mostra um mundo de obsessões e taras escondidas. Não teme o exagero, carrega nas tintas e multiplica as taras numa apresentação crua, direta e em linguagem enxuta, despida de franjas: é a expressão concreta da técnica do choque.[5]

Daí as divergências dos críticos, divididos entre os que reconhecem a necessidade do desnudamento da natureza humana, para acordar o pântano do seu sono negro e chegar à origem dos conflitos, e os que rejeitam as amostras obsessivas de revelações contrárias ao bom senso e à moral comuns, agravadas pela falta de cerimônia no tratamento direto dos incestos, dos excessos de sexualidade e das taras todas que envergonham o homem civilizado. O dramaturgo "parecia ferir de propósito, pelo prazer de derrubar barreiras morais e estéticas, tanto o bom senso, quanto o bom gosto" (PRADO, 1994, p. 271). O próprio Nelson Rodrigues confirma essa idéia, ao responder, em 1949, a críticas desfavoráveis em relação às suas obras que ele mesmo chamou de desagradáveis: "continuarei trabalhando com monstros. Digo monstros, no sentido que superam a moral prática e cotidiana".

Dissiparam-se, após duas décadas de sua morte, as nuvens de luz e sombra, que envolveram a obra do dramaturgo. Os elogios de admiradores apaixonados ou a crítica de detratores ferozes deixaram o campo para uma apreciação mais serena de uma obra que foi o espelho de uma vida marcada por tragédias familiares e pessoais. O impacto de suas obras revolucionou o teatro brasileiro. O afã de Nelson em colocar, na expressão de Sérgio Milliet (1994, p. 208), "um ferro em brasa numa

---

5. "Quando a peça estreou, um crítico, o futuro ator Ruy Affonso Machado, deliciou-se em listar os crimes cometidos pelos personagens de *Anjo negro*, cada qual mais tenebroso: 'homicídios com agravantes, indução à lascívia, três infanticídios, adultério, corrupção de menores, lesões corporais graves, estupro e cárcere privado'" (CASTRO, 1992, p. 202).

ferida comum a todos, localizada no fundo do inconsciente, e que todos desejam ignorar", continua a provocar um certo mal estar, apesar de passados vários anos. Se o autor ainda parece o mais completo dramaturgo brasileiro, é certamente porque foi entre todos "o que mais ousou desafiando ao mesmo tempo a moral, a lógica e o decoro artístico" (PRADO, 1994, p. 277).

A dramaturgia rodriguiana manifesta-se como um mecanismo quase incontrolável de uma imaginação potenciada, no sentido dado a esta palavra por Starobinski (1975, p. 294), como correlativo, na criação literária, daquelas ficções delirantes que fazem cair os limites entre a realidade e a irrealidade, como ocorre em *Anjo negro*, em que a rubrica inicial já avisa: "Cenário sem nenhum caráter realista" (p. 573). Ao renunciar à objetividade, soberba intelectual do raciocínio na investigação do inconsciente, o artista escolhe um caminho onde, antes de tudo, deve desprezar uma garantia que, desde sempre, deu segurança e equilíbrio aos homens em suas pesquisas – a verdade através da objetividade. Na tentativa de decifrar o espírito humano, o artista tira o véu e faz com que a realidade apareça como ela pode ser, não apenas como ela é: alavanca os instintos e penetra no imaginário mítico, para buscar uma outra realidade no mundo da emoção e do sonho. No terceiro ato, por exemplo, após o nascimento de Ana Maria, uma das senhoras do coro lembra: "Há dezesseis anos que não faz sol nesta casa. Há dezesseis anos que é noite" (p. 606). Nelson Rodrigues recusa a segurança que provém de pensar como a maioria, renuncia ao senso comum e vomita sua natureza profunda, o avesso de qualquer padrão estabelecido.

O tratamento de choque, introduzido por dramaturgos modernos, como O'Neil, Pirandello, Ionesco, entre outros, provocou uma verdadeira renovação do teatro, ao projetar no palco imagens oníricas e alucinantes que perturbam a consciência dos ouvintes, arrancando-lhes aquela certeza de realidade. Para Nelson Rodrigues, não existe uma realidade mais real do que a outra, o que parece é tão real como o que se acredita ter visto.[6] Cada verdade, ou cada versão da verdade, é, portanto, uma realidade, e logo cada verdade é uma realidade. A descida do consciente

6. Fórmula recorrente no teatro de choque, a qual já havia se constituído mesmo em título de uma peça de Pirandello, *Assim é, se lhe parece*.

para o subconsciente e deste para o inconsciente coletivo é uma caminhada para se chegar à verdade não revelada, mas desvelada. Este é o caminho da renúncia de ver para crer, isto é, a renúncia das explicações lógicas para crer nas realidades que a emoção é capaz de mostrar: crer para ver, invertendo os pólos de uma verdade proverbial.

A imaginação potenciada leva o dramaturgo ao paradoxo de ser chamado de realista que tem horror da realidade, como o fez Sábato Magaldi, porque consegue conjugar a realidade do mundo externo com a realidade do mundo interior; as realidades objetivas ligadas à sociedade, à família, ao indivíduo, com as realidades arquetípicas que ultrapassam qualquer compromisso substancial com o mundo objetivo. O imaginário se entrelaça à vida real de modo que as personagens míticas são reais e vivas como aquelas que se movimentam no dia-a-dia do subúrbio carioca: real é Ismael, em *Anjo negro*, como Boca de ouro, no delírio comum de renegar e exorcizar o ventre materno e de poder operar o milagre da transmutação de suas vidas.

Se tudo é possível nesse universo, não estariam suas peças rompendo com a causalidade, princípio que sustenta as estruturas dramáticas? Isso ocorreria se a manifestação de causalidade fosse compreendida apenas dentro dos limites da razão e da lógica. No entanto, um curioso tipo de relação causal, entre psicológica e mágica, paira sobre as pessoas e os acontecimentos, mesmo quando a obra ultrapassa a noção de realidade objetiva e entra no absurdo, numa espécie de superação para o mundo irreal. Ismael renega a mãe, por isso recebe dela a maldição. A prisão a que Ismael submete Virgínia, engendra a infidelidade e os crimes. A mulher mata os filhos porque são pretos, para não perpetuar a raça. A obsessão da tia para que as filhas deixem de ser virgens e solteiras, leva cada uma delas a um final trágico. O mergulho no imaginário torna real tudo o que se imagina.

O poder de imbricar o mito na vida real é o que configura o dramático em Nelson Rodrigues: o real e o imaginário, a vida e a morte, o bem e mal, o eterno e o transitório, ultrapassam-se enquanto pares heterogêneos e atingem um dualismo concêntrico. O crítico Mário Guidarini considera os opostos intercomplementares como a espinha dorsal do teatro nelsoniano. Para ele, "há um pessimismo disseminado sobre a sociedade repressiva no corpo de cada texto. E, ao mesmo tempo, um otimismo difuso na força de renovação imanente à própria natureza humana" (GUIDARINI, 1994, p. 268). Há, também, em todos os textos, a convivência de uma moral velha assumida pelas personagens no compromisso com as normas sociais vigentes, e a presença de uma moral nova, preocupada em romper barreiras e fazer prevalecer a energia vital.

Todos os opostos que se misturam na obra de Nelson Rodrigues estão ligados, na verdade, a uma única obsessão – a vida dentro da morte – fundamento básico dos mitos sintéticos ou dramáticos que tentam reconciliar o terror diante do tempo e a esperança na realização do devir. Por isso, o sexo, como procriação, possibilidade de vencer a temporalidade, e como paixão, sofrimento inerente à condição humana, ocupa lugar central na sua dramaturgia. A vida gerada no sexo gera a morte: "Ter filho para morrer" (p. 581), diz Virgínia. O parto e o enterro marcam aqueles limites de escuridão, sínteses do antes e do depois, do ser e do não ser. A síntese dramática não confunde nem distingue, mas liga o nascimento à morte. O berço não é o túmulo, nem o túmulo se eufemiza em berço de nova vida, como no regime místico-lírico, nem tampouco o parto é a vitória do ser contra o não ser e a morte a sua derrota, como no regime heróico-épico.

No regime sintético-dramático, a vida e a morte – o parto e o enterro – são representações que ligam diacronicamente as contradições dos antagonismos pelo fator tempo. A peça *Anjo negro* começa com um enterro de "um menino tão forte e tão lindo!" (p. 573), esse, porém, é "o terceiro que morre" (p. 573), após dois outros que cumpriram o ritual de parto e de morte prematura. O movimento cíclico da roda do tempo possui a força de transformar o amor em ódio, como o passar do tempo em estações constantes, transforma a semente em árvore, que produz frutos que serão a nova semente. A dramatização do caminho percorrido é a própria dialética dos antagonistas – limites opostos que se unem como num círculo. A natureza, entre a expulsão do ventre materno e o fechamento do caixão, com a fatalidade de atração do sexo, gera por sua vez, amor e ódio, vida e morte. Os dramas do "Anjo pornográfico" são um jogo entre o repúdio e o fascínio incontrolável do instinto sexual, como se manifestou a crítica à época da estréia de *Anjo negro:* "sexo, sexo, sexo, é só nisso que ele pensa" (CASTRO, 1992, p. 202). O sexo, enfatizado em suas peças até a obsessão, é o sangue que percorre as veias do corpo dramático.

Mas não se trata de glorificar, nem tampouco de condenar, trata-se da exteriorização simbólica do sexo, figurações concretas da alucinação.

Sem aprofundar no tema, os sentimentos de atração e repulsa ligados ao aspecto sexual, que remontam às origens judaico-cristãs da nossa civilização, marcaram o imaginário de Nelson Rodrigues desde a infância, como se observa em suas memórias. O mal representa o fruto do pecado e o castigo concretiza-se na expulsão do paraíso – queda e castigo – responsáveis pela miséria humana. Sua fantasia de menino triste (que escondia a tristeza ao entrar nas igrejas, fora das celebrações, envolvido pelo misticismo do ambiente), adubada pela violência e pela leitura de folhetins, desde os sete anos, aponta na direção de suas fixações. Ele mesmo reconhecia a fonte de sua arte: "Que seria de mim sem as minhas obsessões e repetições", que o levaram a acionar as forças obscuras da vida, dando ao sexo um fundo místico.

Em *Anjo negro*, o ingrediente novo é a cor, que se funde à dominante dramática da paixão, sempre traduzida em sexo. A vingança da tia que condena Virgínia ao estupro; o suicídio de duas filhas virgens, no desespero de uma virgindade involuntária; o estupro seguido de morte por um anormal de seis dedos na mão, só para ter uma das filhas transformada em mulher, são os recalques e as perversões que o sexo pode criar:

> Virgínia (*numa histeria*) – A senhora se vingou naquele dia, quando fechou toda a casa e mandou Ismael subir!
> Tia – Não bastou. Foi pouco, muito pouco... Ainda falta... E nem sei se o que Ismael fez contigo foi vingança. (*veemente*) Não sei. (*para Virgínia*) Te juro que se um homem fizesse com minha filha – o que Ismael fez ali (*indica a cama quebrada*) – eu ainda agradeceria – te juro! Se visses o estado da minha filha da que ficou lá embaixo – se visses o que ela diz, o que ela faz... (p. 595-596)

A angústia sexual transforma e embaralha os sentimentos – o estupro se torna, ao mesmo tempo, castigo e bênção. Virgindade e sexo inspiram no dramaturgo definições contraditórias: sua imaginação se debate entre a beleza da virgindade e a necessidade do sexo. A libido reprimida ora o transforma num defensor exaltado da pureza original, "Nunca a mulher devia deixar de ser virgem! Mesmo casando, mesmo tendo filho" (p. 582), afirmam as senhoras do coro; ora num devasso, admirador da prostituição: "Talvez queiras sentir gosto de sangue nos dentes... Te dou meu corpo para que o atormentes" (p. 599), diz Virgínia a Ismael, no desejo de esconder a traição. O gesto de aproximar elementos considerados incompatíveis e até antagônicos, como castidade/obscenidade, santidade/sexualidade, sugere que as pontas se juntam nos extremos – um bem supremo cuja perda é a suprema felicidade. Ou, talvez, Nelson Rodrigues não acredite na verdadeira castidade que, por ser contrária à natureza humana, induz à obscenidade ou a ações antinaturais.

Na obra rodriguiana, a obsessão pelo sexo aparece em explosões verbais, às vezes de sentido chocante e contraditório, e manifesta-se, também, na simbolização concreta, como um dado da consciência do homem, animal simbólico na definição de Cassirer, tomando por paradigma a materialização de signos eróticos. A presença dos quatro negros seminus tem o poder de despertar a libido em Virgínia. O teatro toma gestos e os esgota: um simples sino que a personagem toca freneticamente para chamar a empregada, pouco antes de conhecer Elias, parece acordar e extravasar o desejo sexual nos movimentos ritmo-musicais, próprios dos reflexos copulativos da estrutura dramática do imaginário. A vida das personagens de Nelson Rodrigues gira em torno de símbolos que, como rituais ou objetos sagrados, atraem a força mítica sobre o destino delas, na ânsia de modificar a ordem do universo segundo a vontade humana.

O cenário mítico

O grau de credibilidade e, portanto, de sucesso é proporcional ao efeito da representação; o ambiente cênico é a mediação entre o autor e o espectador. Nelson Rodrigues expande os conflitos e as falas do atores com um cenário definido, descrito nas rubricas, que são uma verdadeira didática para a interpretação do drama: rubricas que revelam ou, pelo menos, clareiam a obra, porque exprimem a visão do próprio autor. A insistência nos detalhes corresponde a uma espécie de direção indireta, marcando o rumo e o tom, do qual depende o verdadeiro sentido do drama. A primeira rubrica de *Anjo negro* cria o ambiente mítico de toda a peça:

(Ambiente: casa de Ismael. Cenário sem nenhum caráter realista. No andar térreo, um velório. O pequeno caixão de "anjo" – de seda branca – com quatro círios, bem finos e longos, acesos; sentadas em semicírculo, dez senhoras pretas, cuja função é, por vezes, profética; têm sempre tristíssimos presságios. Rezam muito, rezam sempre, sobretudo "Ave-marias", "Padre-nossos". De pé, rígido, velando, está Ismael, o Grande Negro. Durante toda a representação, ele usará um terno branco, de panamá, engomadíssimo, sapatos de verniz. Em cima, de costas para a platéia, Virgínia, a esposa branca, muito alva; veste luto fechado. Duas camas, uma das quais de aspecto normal. A outra, quebrada, metade do lençol para fora, travesseiro no chão. Uma escada longa e estilizada. A casa não tem teto para que a noite possa entrar e possuir os moradores. Ao fundo, grandes muros que crescem à medida que aumenta a solidão do negro).[7]

A concepção do cenário de *Anjo negro* é uma confirmação de que a cenografia, no panorama da dramaturgia moderna, assume um movimento de desconfiança do real que, num impulso surrealista contrário à representação fotográfica, privilegia a estética do choque e da provocação, tanto mais forte quanto mais carregada de simbolismos. A construção do muro fantástico é possível pela destruição das realidades que norteiam a vida cotidiana, o aqui e agora, o dia e a noite, o passar das estações, o reconhecimento do lugar. Fora desses limites, o ser deixa de ter ligações com a realidade: o cenário da casa de Ismael é a versão do mundo onde o mito se realiza. Os muros de pedra concretizam o abstrato da solidão; ao crescerem, passam de reais a imaginários para acompanhar um sentimento que toma forma no real. A realidade simbólica dos fatos exprime-se na dramaticidade dos muros construídos pela solidão da espécie humana. A casa de Ismael, sem teto, vai permitir a entrada da noite em que estão mergulhadas as imagens primordiais do inconsciente.

Esse muro que separa a casa do resto do mundo, prisão dos protagonistas, apresenta-se, também, como a sala de um tribunal para os espectadores – personagens e platéia acusam, acusam-se e julgam-se. O autor não oferece respostas, nem soluções, somente apresenta os conflitos. Na cena, a lama remexida exala tifo e peste, na platéia, o espec-

7. Optou-se por manter as rubricas em itálico, tal como elas aparecem em *Teatro completo*, obra publicada pela Nova Aguilar.

tador é, ao mesmo tempo, juiz das personagens e de si mesmo.[8] Às taras latentes na espécie humana, Nelson Rodrigues acrescenta o preconceito da cor, mas não discute racionalmente, nem aquelas, nem este; despeja todos os problemas diante do público que se sente incapaz de assistir ao espetáculo sem viver, também, a experiência de ser juiz dessas manifestações primordias do inconsciente. Mais ainda, aquele muro vai oprimir a platéia como uma instransponível prisão vivida na sua duplicidade: símbolo da crueldade, opressão e fuga por parte de um marido enlouquecido no seu ódio – "se fiz esses muros (...) se ninguém entra na minha casa – é porque estou fugindo" (p. 580) –, e sinal do amor obsessivo por uma mulher branca que lhe diz: "o mundo está reduzido a nós dois – eu e você" (p. 578). Ao que Ismael completa: "Por isso criei todos esses muros, para que ninguém entrasse. Muros de pedra e altos" (p. 579).

A primeira rubrica detalha, desde o aspecto exterior até a posição dos artistas, como se tudo estivesse preparado para um ritual mágico. Quando a tela se levanta, os espectadores têm à frente um quadro, ao mesmo tempo misterioso e provocatório: no centro, um caixão forrado de seda branca, como exige a morte de um anjo, ainda que "anjo negro". Ao lado está o pai, Ismael, sem esconder o rosto, consciente do seu poder, firme nos seus propósitos: *De pé, rígido, velando, está Ismael, o Grande Negro*. A visão do negro nessa atitude modela seu caráter de herói,[9] impecável no terno branco de panamá. Virgínia, posicionada num plano superior, outro espaço cênico, está de costas para a platéia. No gesto de esconder o rosto, repetem-se os mitos das transgressões, da queda e da culpa, do pecado e do ciúme – os mitos do amor proibido: roubou o namorado da prima, traiu o marido, amando o cunhado, odiou a própria filha.

---

8. Para Artaud (1993, p. 26), "a ação do teatro, como a da peste, é benfazeja pois, levando os homens a se verem como são, faz cair a máscara, põe a descoberto a mentira, a tibieza, a baixeza, o engodo; sacode a inércia asfixiante da matéria que atinge até os dados mais claros dos sentidos".

9. Em abril de 1947, Nelson escrevia em *O Cruzeiro:* " O negro Ismael – o herói – é belo, forte, sensível e inteligente. Esse desfile de qualidades não é tudo, porém. Se ele fosse perfeito, cairíamos no exagero inverso e faríamos um negro tão falso quanto o outro. Ismael é capaz de maldades, de sombrias paixões, de violências, de ódios. Mas, no ato de amor ou de crueldade, ele é, será sempre um homem, com dignidade dramática, não um moleque gaiato" (CASTRO, 1992, p. 203).

As personagens colocam-se em posições contrárias, mas estão unidas pela força de atração e repulsa. Virgínia procura Ismael, ele a procura; ela se entrega, porém, ao se entregar a um negro, sente-se humilhada e estuprada. Aberrações de duas mentes levadas à categoria de parâmetro de investigação da alma humana, não há coerência em seus sentimentos extremos que passam de um pólo ao outro na própria incoerência da vida. O fato de Ismael ter nascido negro muda, não só a sua vida, mas também o seu ser em relação aos outros homens; muda o sentido das paixões humanas. Na impossibilidade de alterar seu destino de negro, quer trocar a própria realidade do mundo que o cerca. A cegueira do irmão Elias e a de Ana Maria foram criadas por ele para impedir que vissem sua negritude; a noite sempre negra, que entra pela casa sem teto, envolve a todos de modo a encobrir também a cor de Ismael. Ele deseja, no seu delírio, recriar uma realidade, já que não pode destruir a própria: "Se mandei abrir janelas muito altas, muito, foi para isso, para que você esquecesse, para que a memória morresse em você para sempre" (p. 580).

O plano superior, ao qual se ascende por "uma escada longa e estilizada", representa o quarto do casal. Nele há duas camas, uma das quais de aspecto normal e a outra quebrada. Em *Anjo negro*, a lembrança da noite em que Virgínia foi violada está impressa na cama, freqüentemente mencionada: *Vêem-se todos os sinais de uma luta selvagem; a extremidade inferior da cama está caída; metade do lençol para o chão, um travesseiro no assoalho; um pequeno abajur quebrado* (p. 587). A castidade e a obscenidade fazem-se presentes na representação das duas camas; elas resumem as obsessões do sexo, dos opostos que se completam; a virilidade animal que estupra a fêmea e o amor permitido – vício e virtude. Virgínia, apontando a cama quebrada, símbolo da virgindade perdida, diz: "Tudo como há oito anos... Ismael não quer que eu, nem ninguém, mexa em nada... Depois, veio a outra cama, de casal. Mas a minha, de solteira, continua, sempre... E continuará, depois de minha morte" (p. 588).

No meio do palco, entre Ismael, na sala, e Virgínia, no quarto, está o pequeno caixão, "anjo negro" que os une e separa. O centro de tudo é a morte, mesmo que se desconheçam os desígnios do destino, qualquer morte tem sua liturgia. A necessidade humana do aparato fúnebre serve para marcar a fronteira entre o tempo e a eternidade, entre o mundo visível e o invisível, entre o aqui-agora e o mistério do infinito, ruptura definitiva que os vivos realçam com seus rituais. A luz que deve acompanhar o morto na escuridão está presente nos quatro círios bem finos, longos, acesos em volta do pequeno caixão de seda branca, enquanto o coro das dez senhoras pretas, sentadas em semicírculo, fazem preces e lamúrias. Os círios, o pequeno caixão e as pretas rezando colocam a tragédia, desde o início, no plano divino, o da redenção pela dor e pela morte, dando à ação um caráter mágico, de rito sagrado, capaz de prolongar a vida fora do tempo e fora do espaço.

Numa rubrica posterior, menciona-se que essas mulheres estão descalças. O sapato é a marca da hominização, da civilização: "o animal caminha descalço, como os escravos em Roma e os anjos no Paraíso" (DURAND, 1995, p. 16). Tiram-se os sapatos ao entrar no céu ou então no seu substituto, um lugar sagrado por excelência – Moisés fica descalço perante a sarça ardente.[10] As mulheres pretas, sem o elemento que as prende à terra, ao mundo profano, transformam-se de pessoas comuns em sacerdotisas, portadoras da vontade do além, para vaticinar presságios de castigos e de desgraças. Dentro desses muros de pedras onde o destino fechou um homem, uma mulher e um menino morto no centro, afigura-se uma espécie de anti-paraíso, embora, como no paraíso original, haja uma só família, com a qual fatalmente tudo deveria começar, como diz o dramaturgo em *Álbum de família:* "o ódio e o amor teriam que nascer aqui".

O rito inaugural, próprio do Gênesis, voltado para as raízes do inconsciente bíblico, é reforçado pelo simbolismo dos dois nomes próprios, únicos que aparecem na rubrica inicial. De um lado, Virgínia reporta-se à Virgem Maria, a nova Eva sem pecado original; no entanto, fundida na personagem está também a Eva do paraíso terrestre após a queda, portadora da maldição da morte. Eva, mãe dos viventes, trouxe a morte aos vivos: vida e morte se confundem num mesmo nome. Virgínia traz no próprio nome a virgindade, obsessão insistente de Nelson Rodrigues, objeto tanto de seu louvor quanto de seu escárnio, dividido entre o impulso sublime ou a louca frustração; a pureza imaculada ou o pecado da carne. O episódio bíblico, ligado ao nome de Ismael, é

10."Não te aproximas! Tira as sandálias dos pés, porque o lugar onde estás é uma terra santa" (Êxodo, 3-5).

emblemático para a tragédia *Anjo negro*. Virgínia mata seus filhos por serem pretos, da raça do marido que ela odeia e ama; Sara obriga o marido Abrãao a expulsar Ismael por ser filho de uma egípcia, outra raça, e, embora não os condene à morte, obriga mãe e filho a peregrinar pelo deserto.[11] O filho legítimo, herdeiro do nome de família, da proteção do pai, o continuador da estirpe deve ser da mesma raça. Ismael evoca os filhos que Virgínia faz desaparecer por serem de outra raça, de outra cor.

A vida e a morte no filho

O simples ato de procriar não se constitui em tema de tragédia: procriam os animais e, no tempo certo, no ciclo do universo, multiplicam-se as árvores, dentro do mistério da transmissão da vida, em lenta transformação. O conflito de tensões opostas, que se desencadeia desde as cenas iniciais de *Anjo negro*, desemboca num final que mais parece um recomeço sem solução definida ou catarse redentora. Essa circularidade sem saída implica o sentido do trágico: o "anjo negro" que aparece no centro do palco, no primeiro ato, é substituído por outro "anjo negro", em gestação, no final da peça. A substituição de um morto por um vivo configura um processo aleatório, simbolizado na perpétua geração, que apenas adia uma solução definitiva.

A tragédia não consegue resolver o conflito, que mistura amor e ódio à cor negra. Ismael e Virgínia, no último ato, deixam de resistir ao confronto antagonista que os envolve, e reaparecem juntos na mesma cama, atraídos por uma compulsão instintiva. Ao invés de um entendimento amoroso, porém, trata-se de uma força irreprimível que os impele a recriar constantemente o próximo condenado à morte. Durante o desenrolar da peça, não há dialógo que os leve à conciliação, a uma possível aceitação de um filho, independente da cor. Ismael lamenta que Virgínia não o ame e propõe uma solução: "Primeiro, precisa amar um filho meu... Um filho preto... Depois, então, sim, amarás o marido preto" (p. 599). Essas palavras são, no entanto, muito mais a prova do desamor da mulher

11. "Sara viu brincar o filho que Hagar, a egípcia, dera a Abraão – Expulsa a serva e o filho dela, pois o filho dessa serva não deve herdar com meu filho Isaac. Esta palavra irritou muito a Abraão, porque Ismael era seu filho" (Gên., 21-10, 11).

para com o marido que um convite a uma continuação da espécie. Ele próprio odeia seus filhos por serem negros e assiste, em silêncio, com olhos de quem aprova, os crimes cometidos pela mulher, como se representassem a morte de sua cor e não de seus filhos; morte que significa a extinção da raça negra – genocídio racial.

Marcada por crimes e desavenças, a tragédia do amor não alcança a aceitação do filho, que poderia significar um ato de salvação. Ligar é o esquema verbal do dramático; assim sendo, um filho ligaria o pai à mãe e os dois na perpetuidade da vida. No entanto, o que liga Virgínia e Ismael é uma atração instintiva, exatamente por ser ele negro e ela branca. Ambos rejeitam a cor de Ismael, mas é justamente a diferença que os atrai – rejeição e fixação, criando uma ambigüidade. O apelo sexual de Virgínia é ainda o que lhe ficou da infância, à vista de "quatro pretos (...) carregando piano" (p. 621), da mesma forma que a obsessão de Ismael é mantida: "Sempre o sonho dele foi violar uma branca" (p. 587), no dizer do irmão Elias. Unidos, portanto, por uma avassaladora tara sexual – na mesma casa, atrás dos mesmos muros, dentro da mesma noite, na mesma cama, procriando filhos negros: "como se o que morreu voltasse para o meu ventre e fosse apodrecer dentro de mim" (p. 581), na fala da própria mulher. Esse gesto repetido de Virgínia – "Ter filho para morrer" (p. 581) –, assemelha-se ao esquema do uróboro, a serpente enrolada, comendo-se indefinidamente a si própria, "a morte que sai da vida e a vida que sai da morte, (...) como uma inversão sem fim da matéria de vida e da matéria de morte" (BACHELARD, 1990, p. 214).

O coro, formado por dez senhoras pretas que, na primeira cena, se lastimavam ao lado do caixão: "É o terceiro que morre. Aqui nenhum se cria!" (p. 573), na última cena, em "tristíssimos presságios", profetiza ao lado da cama: "Futuro anjo negro que morrerá como os outros!" (p. 623). Esse final em suspenso, como um ponto de interrogação sem respostas, aprofunda o mistério do destino humano porque reconduz ao princípio, ao movimento cíclico de nascimentos e mortes, sem fim nem finalidade. O instinto fecundador, aliado ao instinto da perpetuidade, encontra em *Anjo negro* sua potencialidade máxima no espaço-tempo cênicos, em atos que obedecem a uma liturgia.

Nelson Rodrigues sabe construir uma tragédia com elementos que tornam a seqüência das cenas "uma apavorante dialogação das forças crípticas e fundamentais da vida" (DEL PICCHIA, 1994, p. 146), dentro da fatalidade própria do teatro clássico. Se, por um lado, *Anjo negro* preenche a semelhança com a tragédia grega, como já foi dito (famílias marcadas pelo sofrimento, designadas ao dilaceramento, condenadas à maldição que passa de pais para filhos), por outro lado, diverge quanto à definição canônica do gênero, como representação de ação nobre levada a seu termo. Nesse caso, "a completitude não é um traço negligenciável" (RICOEUR, 1995, p. 71), há sempre uma saída, o termo da ação é a felicidade ou a infelicidade. Fiel a seu gênio de deixar os espectadores perplexos, o dramaturgo, na maioria de suas composições, seja naquelas que classificou de míticas, como nas tragédias cariocas e nas peças psicológicas, mantém os conflitos sem solução, sugerindo apenas mais uma fraude do destino.

O contínuo logro das peças, marca fundamental do homem, irmana as personagens e confere à obra de Nelson Rodrigues um pessimismo, sem saída, que vê a vida como uma inútil miséria para todos. Em *Os sete gatinhos*, Zulmira transforma seu cotidiano em luta por um enterro de luxo, mas à última hora, o marido embolsa o dinheiro e a enterra como indigente, por vingança contra quem o traíra para realizar o sonho. Tuninho, por sua vez, torcedor fanático do Vasco, bêbado, aposta o dinheiro com o estádio inteiro; no entanto, perde, insulta o público, jogando para o ar as cédulas – preço do caixão de luxo –, e acaba miserável. *Boca de ouro*, assassinado, fica sem a dentadura que lhe dera o nome e sem o caixão de ouro, que mandara preparar. Em *Toda nudez será castigada*, Herculano, castíssimo, apaixona-se por Geni, mulher da zona, enquanto Serginho, seu filho, estuprado na cadeia pelo ladrão boliviano, foge com ele, em viagem de núpcias, para o exterior. O final de *Beijo no asfalto* intriga a platéia com a revelação de que o sisudo Aprígio mata o genro, não por ciúme da filha, Selminha, mas do marido dela Arandir, a quem ama também.

Esses golpes de cena, logros repetidos, podem parecer recursos para chocar a platéia, revelações que deixam sempre o impasse de um ponto interrogativo, mas são o resultado do desdobramento de atitudes surpreendentes e contraditórias das personagens, numa inversão inesperada de papéis. A vítima, ao padecer as torturas que lhe são impostas pelo algoz, transforma-se, pelo sofrimento, em algoz do seu próprio perseguidor, operando, assim, uma mudança de situações. O sofrimento imposto resulta em tortura também para os algozes que passam a vítimas.

Com a troca de papéis, o dramaturgo subverte as regras da tragédia clássica, onde o bem e o mal vivem separados nas personagens, de tal maneira que uma não pode ser confundida com a outra – o bem e o mal não se fundem. A máscara, em latim *persona*, usada pelos atores clássicos, era provida de um ressoante bocal de cobre que servia para ampliar a voz e facilitar o reconhecimento da personagem, portanto a máscara a individualizava: uma era a máscara da vítima, outra a do algoz. Na tragédia clássica e também na shakespeariana, a personagem é valorizada em seu caráter de máscara fixa e a inversão de que fala Aristóteles, na *Poética*, refere-se à passagem, na intriga, da fortuna ao infortúnio, apontando a quebra da expectativa para a necessidade ética do desenlace trágico.[12] Nelson Rodrigues inverte as máscaras de suas personagens, para pôr à mostra a ambigüidade do rosto e da consciência; tanto a vítima como o algoz perdem sua caracterização definida.[13] Desta forma, o dramaturgo penetra nos olhos e nas consciências, atrás das máscaras que as personagens vão afivelando no troca-troca de papéis representados. Através do efeito dinâmico da surpresa, seus dramas fornecem um roteiro de desnudamento interior e um jogo capaz de revelar as contradições do ser, não submetendo os excessos a uma ordem ética final.

Em *Anjo negro*, a fatalidade de reabsorções da vida pela morte e vice-versa complica-se pelo acúmulo e pela repetição obsessiva das paixões humanas, potenciadas pelo problema racial, na continuação da espécie. A trindade inicial constituída pelo pai, mãe e filho morto, no centro do palco, já carrega em si a duplicidade de papéis e a multiplicação de atitudes. O filho, que poderia ser a redenção, transforma-se em condenação, vítima sacrificada, na água de um tanque onde é afogada e,

12. A análise aristotélica da tragédia estabelece o predomínio da concordância sobre a discordância na configuração da intriga. Atinge-se o centro da concordância discordante, com a inversão, fenômeno central da ação trágica, sendo que o efeito surpresa possibilita o triunfo da ordem sobre a desordem (RICOEUR, 1995, p. 72).

13. Para Jean-Marie Domenach (1967, p. 200), o que é mais grave na tragédia moderna é que sob as máscaras não há rostos, é a ausência do homem.

ao mesmo tempo, simbolicamente banhada como em batismo, que a liga à fé e ao poder – pelo batismo o homem adquire nova vida e novos direitos: o menino, vítima, transforma-se, na água batismal, em algoz de seus algozes. Ismael e Virgínia, sendo um prisioneiro do outro, transformam-se em vítimas e algozes, carcereiros e encarcerados: "Só posso esperar você, sempre. Só você chega. Só você parte. (...) O mundo reduzido a mim e a você, e um filho no meio – um filho que sempre morre" (p. 579). "Sempre", responde Ismael num eco. Quando o marido, ao mandar a mulher embora, permite que ela se liberte da prisão, novamente a atitude inesperada: "Tu me expulsaste, e eu não quero ser livre, não quero partir – nunca... Ficarei aqui até morrer, Ismael" (p. 621).

Qualquer sacrifício é sempre uma troca que exige compensação; uma fatura que deve ser quitada, tal como na mística religiosa em que o sacrifício purga o pecado e a purgação restitui a graça. O sacrifício representa uma transformação, é o preço a ser pago pelo crime ou pelo benefício recebido. Mais comércio do que purificação, o sentido fundamental do sacrifício reside no poder de dominar o tempo; através dele o homem deseja adquirir direitos para interferir no destino e modificar a ordem do universo (DURAND, 1989, p. 212-213). A morte do filho é o instante dialético em que o sacrifício se torna benéfico, porque pela água se infiltra a esperança da sobrevivência – o recém-nascido negro transforma-se em anjo negro.

A mudança de vítimas em algozes, de prisioneiros em carcereiros, de traídos em traidores pode ser percebida em diversos trechos da peça na relação entre Ismael e Virgínia. Nos diálogos, tecido dialético do processo dramático, aparecem os motivos dominantes que as personagens encarnam nos vários momentos de tensão inter-humana:

> Ismael – Há oito anos que estamos casados. E você não teve nunca uma palavra de amor, um gesto, uma carícia...
> Virgínia – Você também quase não fala comigo.
> (...)
> Ismael – Eu nunca te disse – foi, não foi? – que te amava? ou disse?
> Virgínia – Nunca.
> Ismael – Virgínia, eu preciso pensar em ti, e não em meu filho; mas só em ti. (*muda de tom*) Agora confessa – eu preciso saber – tens horror de mim? (p. 597)

Esses contrastes que passam da indiferença à declaração de amor e à súbita dúvida, anunciadora de ódio, constituem o tecido da ação teatral que se torna mais tensa na proporção dos obstáculos a vencer. A força da tendência dramática só pode ser medida na força da resistência (SOURIAU, 1993, p. 82). Esses jogos de tensão, harmonizados na obra, constituem o dinamismo específico da função dramática: Ismael representando o desejo de vida e de eternidade e Virgínia o obstáculo "ao desejo que havia nos olhos dele". Nelson Rodrigues acrescenta duas personagens, Elias e Ana Maria, e outras que se identificam em grupos para potenciar, com o acúmulo dos contrastes, o entrechoque da esperança humana contra o tempo mortal.

Anjo negro retraça, de modo trágico, "as linhas da primitiva liturgia e da imemorial mitologia", característica que Durand (1989, p. 239) atribui à literatura dramática. A peça representa o drama litúrgico do Filho perseguido, sacrificado e morto, mas sem a salvação pelo amor da mãe-amante. Há um ritual que se cumpre e se repete na casa da noite eterna: procriação, nascimento, sacrifício, morte, ressurreição no novo ato de gerar – gestos acompanhados pelo coro e pelos carregadores dos caixões, o que reforça o clima litúrgico. As vozes das mulheres descalças possuem uma função profética, lembrando o coro dos trágicos gregos; e o grupo de quatro negros seminus, incumbidos de enterrar as crianças, estão investidos, também, do poder de reacender, com a sua presença, instantaneamente, em Virgínia, o primeiro desejo sexual, o da infância, à vista de quatro negros, carregando um piano, no meio da rua: "foi esse o primeiro desejo, o primeiro. (...) E esses quatro negros enterraram meus filhos, também são eles os carregadores – que não me largam" (p. 621).

Entre o grupo de personagens, inclui-se o das primas e das tias, sem nome, que formam uma unidade orgânica porque aparecem sempre juntas, vestidas de preto, lembrando, no traje, nas atitudes e nas palavras, o passado, o ranço da tradição, enfim a própria negação da vida: presentes sempre aos enterros, como Arpias, empestam o ambiente, sinônimo de desgraça. A tia, qualificação sempre pejorativa na dramaturgia rodriguiana, representa, sobretudo, a memória anterior ao enclausuramento de Virgínia, carregada de ódio, inveja e sede de vingança:

> E tu, Virgínia, maldita sejas! Quero que só tenhas para teu amor um leito de chamas e gritos; que teu desejo seja uma febre; e que a febre ilumine os teus cabelos e os devore; e que, ao morrer, ninguém junte, ninguém amarre teus pés de defunta. Maldita, assim na terra como no céu (p. 614).

A memória da vida de Ismael, antes de conhecer Virgínia, aparece com a entrada de um cego, Elias, no momento do enterro, ansioso por encontrar o quase-irmão: "Te procurei tanto, e me perdi tantas vezes no caminho!" (p. 576). Ele tem uma missão a cumprir: "Ismael, tua mãe manda sua maldição" (p. 577). A chegada de Elias dá um novo rumo à tragédia; é preciso investigar o significado do nome no qual se esconde a chave do ser: "saber quem sou para saber o que devo fazer" (ANGELINI, 1997, p. 180). O bíblico Elias é profeta do fogo e das maldições divinas,[14] da mesma forma que o cego, no primeiro quadro, vem trazer a maldição da mãe e uma luz sobre o passado do homem cujas "mãos parecem de pedras e são vivas" e, ao mesmo tempo, tornar-se arauto e artífice de novas desgraças.

Protagonistas de uma nova tragédia dentro da tragédia da vida atrás do muro de pedra, Elias, vítima de Ismael, que o cegou quando ainda criança, por inveja, transforma-se em seu algoz, ao seduzir sua mulher. Virgínia, a seduzida sedutora, trai, ao mesmo tempo, o marido e o amante; entrega-se a Elias e, em seguida, o entrega à vingança do marido. Todos os papéis, a partir deste momento, se embaralham e se transformam numa multiplicidade de trocas em que todas as pessoas (máscaras) encarnam o bem e o mal. Os mitos do amor e do ódio compõem aquele cosmo primitivo, manifestação de forças ocultas, em explosão: do encontro de Virgínia e Elias vai nascer uma criatura que, ainda no ventre materno, já multiplica o clímax da tragédia, por desencadear possíveis combinações amorosas conflitantes.

Verdadeiro laboratório do imaginário, *Anjo negro* fornece a fórmula que permite a compreensão da obra rodriguiana: a constante duplicação e inversão de papéis de suas personagens. A metáfora obsessiva do duplo que Jean-Michel Gardair define "metáfora louca do drama" (ANGELINI,

---

14. "O profeta Elias surgiu como um fogo e sua palavra queimava como uma tocha" (Eclo., 48-1).

1997, p. 152), permeia a tragédia no uso da duplicidade: traições, adultérios, incestos, sexo, mortes, taras e complexos repetidos à exaustão. Virgínia, Medéia que mata os filhos, transforma-se em Eletra porque já pensa no filho branco, ainda não nascido, com amor incestuoso. Defende-o de Ismael, disposto a matar o recém-nascido, se for homem, e fazê-la sua amante, se for mulher: "neste filho você não toca ... ele é meu não teu". Ao que Ismael retruca: "Ainda não tem forma – ainda não é carne – mas já está condenado!" (p. 602).

Depois desses episódios, no ato seguinte, passaram-se dezesseis anos e, na casa atrás do muro, "paira uma maldição": em vez do filho homem nasce uma filha, Ana Maria, que já completou 15 anos, "muito linda parece viver num sereno deslumbramento" (p. 606), como avisa a rubrica do primeiro quadro do terceiro ato. "Nasceu uma menina. Tomo-a para mim. É minha," sentencia Ismael. Para que a noite continue incessante, o padrasto pinga ácido nos olhos da menina. Virgínia afirmara a Elias: "sinto que amarei teu fiho, não com amor de mãe, mas de mulher" (p. 605). Já Ismael mais explícito previne: "tu o amarias, não como mãe, mas como mulher, ou como fêmea!". E Virgínia confirma: "Quando Elias me disse – 'ama meu filho como a mim mesmo' – compreendi tudo" (p. 609).

A mãe justifica o incesto como natural manifestação de amor profundo e exclusividade do amor possessivo, enraizado no fundo da natureza humana: "se ele não enxergasse seria mais meu, eu o tomaria para mim, só para mim; não deixaria que ninguém – nenhuma mulher – surgisse entre nós". O mundo que Virgínia idealizara para um filho branco e cego, Ismael concretiza em Ana Maria, criando para si a menina branca e cega, na casa da noite que não tem fim, "o mundo, tão pequeno tão nosso, como sala ... como um quarto". A duplicidade, superposição de desejos comuns, dá a Ismael o sabor de uma vingança total tão espantosa quanto um milagre: "Compreendes este milagre? É milagre, não é? Eu branco e os outros não! Ela é quase cega de nascença, mas odeia os negros como se tivesse noção de cor" (p. 610). No único e longo diálogo entre mãe e filha, Virgínia tenta mostrar a Ana Maria as mentiras de quem se diz seu pai. Ana Maria, veemente, rechaça a afirmação de que Ismael matou-lhe o pai, com palavras que são uma declaração de amor: "ele é o noivo... claro... alvo. Eu sinto quando ele vem, quando ele está. Sinto a presença dele como um coração batendo dentro da casa". Em seguida, Ana Maria define a essência do pai, lançando outra luz sobre o incesto: "Pai é o que a gente quer, o que a gente escolhe como um noivo" – não apenas complexo da fixação paterna, mas a substituição do pai real pelo pai mítico.

Os dois incestos – o imaginário de Virgínia e o realizado por Ismael – não são uma superposição inútil. Em sua duplicidade, o realizado e o imaginado confirmam suas raízes obscuras e persistentes. À chegada de Elias, o irmão branco, formou-se um triângulo amoroso, desfeito pela traição de Virgínia e pelo rancor ciumento de Ismael; o nascimento de Ana Maria recompõe um outro triângulo – no primeiro, dois homens que amam a mesma mulher; no segundo, duas mulheres que amam um só homem. Elias e a filha Ana Maria, Virgínia e Ismael protagonizam a tragédia, encarnando a duplicidade do amor humano. Em *Anjo negro*, os modos de amar polarizam-se e fixam-se em duas fórmulas antagônicas, próprias de um dramaturgo que foge das sutilezas e focaliza sempre as atitudes extremas: amor puro e amor pervertido, ou então, amor e ódio.

As palavras de Virgínia explicitam essa visão dupla do amor: "Eu não sabia, não podia imaginar que existisse o amor inocente e que uma mulher pudesse se entregar sem culpa" (p. 602). Assim ela amou Elias, mas para salvá-lo do ódio de Ismael mente, desmente, ou talvez seja tudo um jogo de mentiras: "Eu não amo este homem. Se eu o chamei foi por causa do filho, para ter filho. Mas ele só sabe amar como você, como qualquer outro – fazendo da mulher uma prostituta" (p. 603). O ciúme de Ismael nasce, não da violação física de sua mulher, e sim da tomada de posse da mente dela pelo amante: "Estou vendo em ti que não esquecerás este homem. Ele trouxe um amor que nenhum outro homem te daria. Nem eu" (p. 603). O amor inocente, sem culpa do homem "que ama como um anjo; cujo desejo não é triste, nem vil" (p. 604), em oposição à liberação do instinto sem a entrega da alma – contraste que Nelson Rodrigues retoma, constantemente, sob várias formas e que, em *Senhora dos afogados*, sintetiza numa sentença absurda e definitiva: "todo homem para casar devia matar a prostituta que há em toda mulher".

Não seria a mesma ansiedade que leva Otelo a matar a mulher? Na tragédia de Shakespeare, as relações entre amor, sexualidade, casamento representam o centro da investigação, num conflito que envolve amor espiritual e amor carnal – processo de idealização e de degradação. Nas duas peças, os protagonistas são negros e rejeitam a cor, procurando anular a condição de diferente: Otelo, mouro numa sociedade cristã e negro num sociedade branca, assume, com a rigidez de quem precisa superar o limite, as concepções religiosas e morais do sistema que o acolhe. Ismael, para fugir da própria origem, torna-se médico, rico, casa-se com a branca Virgínia e cega Ana Maria para que ela não conheça sua cor. O ciúme e a insegurança, urdidos por um discurso mentiroso, levam Otelo a matar Desdêmona, temendo as pulsões da carne, e a matar-se diante da inocência da esposa. A mentira, freqüentemente ligada ao discurso de Virgínia, constrói a ambigüidade em *Anjo negro;* não se sabe, ao certo, se ela amou Elias, ou Ismael; se quer o amor puro ou o degradado. As situações de confissão em que ela diz e contradiz, mais do que revelar, esbarram em grave circularidade,[15] havendo mesmo um curto-circuito lógico na negativa: "Menti muito, menti outras vezes, mas desta vez não. Espia nos meus olhos" (p. 621).

O par inicial, Virgínia e Ismael, encarna o amor que se confunde com o sexo – ela, para o marido, é uma máquina de prazer e de reprodução: "Sou teu marido, mas quando me aproximo de ti, é como se fosse violar uma mulher (...) porque não queres, não te entregas... Sentes o meu desejo como um crime. Sentes?" (p. 598). E ela confirma: "Meu corpo é teu, já foi teu, será teu mil vezes". Os outros pares que se formam no desenrolar da trama, Virgínia e Elias, Ana Maria e Ismael, representam o amor puro, de doação plena. Não apenas sublimação dos sentidos, como no amor platônico e no amor cortês, a experiência amorosa de Elias e de Ana Maria é o paradigma da entrega sem restrições, com todas as forças do corpo e do espírito, sem outro intento que não seja amar. Entrega total e entrega parcial: o primeiro, puro e excelente, que nem o adultério e nem mesmo o incesto conseguem deturpar; o outro, o prostituído, apresenta-se triste pela vileza do interesse, burocrático como profissão.

Quando Virgínia narra o estupro, mostrando a cama quebrada da primeira noite, Elias pergunta: "Por que não morreu? A mulher que é

15. "Confessar é relatar; relatar é selecionar; selecionar é avaliar; avaliar é julgar: minha confissão será o reflexo polido, dos juízos viesados e clandestinamente fraudulentos que constituem a minha desonestidade" (GIANNETTI, 1998, p. 100).

possuída assim não deve viver". Ao que Virgínia responde: "Morrer, não. (...) Se eu morresse, ele não me enterraria, tenho certeza. Deixaria meu corpo na cama, esperando que eu, apesar de morta, continuasse a ter filhos, (*lenta*) filhos pretos..." (p. 588). A réplica de Elias define o que pode representar a loucura no amor total: "Eu também não te enterraria. Ficaria contigo, junto do teu corpo, fiel, o desejo tranqüilo, sem fazer barulho, nenhum barulho... Me deitaria ao lado de teu corpo" (p. 592). Ismael não a enterraria para continuar com o domínio de seu corpo, amor carnal, instinto sexual com um componente sádico, próximo do ódio e da vingança; enquanto Elias encontraria a seu lado a plenitude do nada, erotismo que encontra na morte a manutenção de um estado amoroso, fusão narcísica com o outro.

Nelson Rodrigues refere-se a si mesmo como "um menino que vê o amor pelo buraco da fechadura. Sou (e sempre fui) um anjo pornográfico". Sem dúvida, em *Anjo negro* ele está inteiro, seja na ótica proibida do buraco da fechadura, seja no menino preso ao universo imaginário dos contos de fadas. As indicações de cena, no último quadro, são explícitas ao colocar, no palco, "um estranho túmulo, transparente, feito de vidro, numa bem sensível analogia com o caixão de Branca de Neve" (p. 615). Virgínia e Ana Maria, além de assumirem sentimentos distintos na duplicidade do amor, culpa e inocência, representam, também, o papel da mulher-mãe contra a mulher-filha, pela posse do mesmo homem. A luta edípica da menina púbere, como em Branca de Neve, concretiza-se ao redor da mãe como competidora (BETTELHEIM, 1980, p. 245). Mas a analogia não se fixa apenas no caixão de vidro, aprofunda-se mais na consideração da dualidade de papéis representados por Branca de Neve, no conto de fadas, e Ana Maria, na tragédia. Essa dualidade que simboliza algo em comum que vai mais fundo do que ciúmes mútuos – focaliza os dois papéis que definem aspectos determinantes da mulher diante do amor e do sexo.

Branca de Neve possui dupla natureza, uma simbolizada na cor branca, como a neve, e a outra na cor vermelha, como o sangue. Neve e sangue, dois aspectos diferentes e antagônicos da mulher que Nelson Rodrigues enfatiza em Ana Maria: "Ela é criança, é pura e inocente", mas também nas palavras da própria mãe: "És não uma menina mas mulher, como eu". Ao branco da inocência, da pureza, das emoções assexuadas contrapõe-se o vermelho da paixão erótica e das emoções próprias da carne. A própria natureza fixou os limites da passagem da menina para mulher pelo sangue. Esta transformação acentua-se, ainda mais, no episódio em que a rainha madrasta, disfarçada, divide a maçã ao meio e Branca de Neve come a parte vermelha e morre. Trata-se de uma morte iniciática, tempo necessário à passagem de ser menina para se tornar mulher. Se a maldição no conto de fadas é morrer mordendo a maçã ou picando o dedo com o fuso, como no caso de *A bela adormecida*, representando, portanto, o desabrochar da sexualidade, numa verdadeira inversão à história infantil clássica, a maldição da tia sobre Ana Maria é que ela permaneça virgem para sempre: "Tua filha morrerá – E virgem!" (p. 614).

Nos papéis duplos, menina e mulher, Ana Maria entrega-se a Ismael, apesar das revelações da mãe de que ele é preto, que lhe matou o pai, que a cegou e que é marido de sua mãe. Entrega-se "sem sofrimento e sem pavor" (p. 622). Entrega total: "És o único homem que existe – sou tão mulher quanto ela ou me achas menina?". A vitória final da mulher-mãe, madura e experiente, não é só a vitória do amor instinto, mas a impossibilidade de concretização erótica no discurso da fantasia. Virgínia convence Ismael de que o amor edípico de Ana Maria não passa de projeção imaginária da figura que ele próprio construiu; ela, sim, o ama, preto, real como ele é. Ao desmontar o discurso amoroso elaborado a partir de projeções, a mulher volta a ser desejada por Ismael: "És meiga como uma prostituta". Comparando Virgínia com a filha, declara: "E ela, não! Ela se dá como o pai possuía – com tanta pureza!... Não seria como tu" (p. 622).

A traição de Ismael em relação a Ana Maria, ao fechá-la no túmulo de Branca de Neve, condenando-a, assim, ao abandono e à morte, repete a traição de Virgínia que atrai Elias para o quarto onde está Ismael, de arma em punho. Até as mesmas palavras selam a traição repetida: "Então, vá. Depressa. Eu espero aqui" (p. 604), diz Ismael; "Vai chamar minha filha.Traz minha filha aqui" (p. 622), são as palavras de Virgínia. Servem-se do mesmo engodo. Elias sonha com mais uma noite de amor: "Então posso ficar até amanhã?", ao que ela responde, trocando palavras de amor à vista do assassino: "Senta comigo assim, na beira da cama". Ana Maria, convidada para um passeio, entra no túmulo, com ar idílico, pela mão de Ismael e lhe declara amor: "És o único homem que existe".

Elias que trouxe a vida, morre com um tiro no rosto, um único tiro – eliminação completa e definitiva. Ana Maria entra no mausoléu de vidro mas, enquanto Virgínia fecha a metade da porta e Ismael a outra, pressente a desgraça e se debate no frenético e inútil esforço de libertação. Não se ouvem gritos do lado de fora; no palco reina a escuridão; só um facho de luz ilumina a silhueta de Ana Maria no túmulo. Neste momento, a ação e o ambiente cênico revestem-se de ampla simbologia – fechada a filha, amante pura, o estuprador e a prostituta se afastam, entram no quarto, "apertado como um túmulo", onde o amor-instinto mais uma vez triunfa, na fecundação de uma nova vida: "filhos para morrer".

As diversas soluções em *Anjo negro* formam um quadro de intensa dramaticidade, com um certo lirismo, na casa onde a noite é eterna. A imagem final de Ana Maria lembra o sacrifício de Cristo, promessa de salvação: "Por fim, cansada do próprio desespero ela se deixa escorregar, em câmara lenta, ao longo do vidro. Fica de joelhos, os braços em cruz". O túmulo é o registro final dos conflitos da espécie humana, porém, enterrada viva, Ana Maria continua a movimentar a vida na morte. A lei do contraste torna possível a duplicação e o desdobramento das múltiplas oposições, envolvendo paixões, crimes, estupros, incestos presentes na composição do drama rodriguiano – rosário repetitivo ao redor do mesmo tema. A autonomia, porém, de cada fato, mantém o interesse que exige a repetição em série, que caracteriza a criação do mito. Por isto, *Anjo negro* pode ser definida como a obra dramática mais mítica de Nelson Rodrigues, e, pelo acúmulo de símbolos, talvez como a mais hermética.

A tragédia, pela constante troca de máscaras em inversão de papéis e pela embriaguez do sexo, potenciada pela diferença da cor, acaba estabelecendo um clima de ambigüidade no qual o homem, fruto de árvore cujas raízes se perdem na escuridão da lama, capaz de todos os heroísmos e de todas as vilezas, apresenta-se como um monstro.[16] Com efeito, o

16. "A ficção para ser purificadora, precisa ser atroz. O personagem é vil para que não o sejamos. Ele realiza a miséria inconfessa de cada um de nós. (...) Para salvar a platéia é preciso encher o palco de assassinos, de adúlteros, de insanos e, em suma, de uma rajada de monstros. São os nossos monstros dos quais eventualmente nos libertamos, para depois recriá-los" (CASTRO, 1992, p. 273).

monstro, segundo Gilbert Durand, é símbolo da totalização, do recenseamento completo das possibilidades que a estrutura sintética procura, numa coerência dialética, ligar em harmonia: "pode-se dizer que todo maravilhoso teratológico é maravilhoso totalizante e que essa totalidade simboliza a potência fasta e nefasta do devir" (DURAND, 1989, p. 215).

Os desejos e o devir encontram uma saída cíclica: a fecundidade humana liga, através de nascimentos periódicos, a vida e a morte como uma roda que produz a imortalidade. Responsável pela continuação da espécie humana, a fecundidade cumpre, ela também, o seu duplo papel: vencedora da morte na geração é, ao mesmo tempo, causadora da vitória da própria morte ao lhe perpetuar o poder. Nelson Rodrigues mantém-se fiel a seu mito, "Sísifo, vindo de novo para seu rochedo, contempla essa seqüência de atos sem nexo que se torna seu destino". No tormento diário de quem sabe que a noite não tem fim, ele continua sua luta em direção ao cimo e, por isso, como conclui Camus (1989, p. 145), "É preciso imaginar Sísifo feliz". Domenach mostra que o retorno do trágico no século XX tomou a forma de um enfrentamento inexpiável, é o fechamento do círculo, a falta de saída. *Anjo negro* cumpre tal profecia: termina começando tudo de novo.

As vozes de *Rio das Almas*

A estréia de Afonso Felix de Sousa,[17] na poesia brasileira, se dá com a publicação de *O túnel*, em 1948, abrindo uma coleção da revista *Orfeu*, fundada um ano antes, com o propósito de divulgar a nova geração de escritores à época, depois chamada de geração de 45. A obra do poeta goiano possui traços inegáveis dessa geração, como analisa Darcy França Denófrio (1991, p. 19-70), manifestados na preocupação estética,

17. Considerado pela crítica uma das vozes mais expressivas da moderna poesia brasileira, Afonso Felix de Sousa nasceu em 1925, na cidade de Jaraguá, Goiás, e reside no Rio de Janeiro. Possui as seguintes obras de poesia publicadas: *O túnel* (1948); *Do sonho e da esfinge* (1950); *O amoroso e a terra* (1953); *Memorial do errante* (1956); *Íntima parábola* (1960); *Álbum do Rio* (1965); *Antologia poética* (1966); *Pretérito imperfeito* (1976), reunião dos livros anteriores; *Chão básico & itinerário leste* (1978); *As engrenagens do belo* (1981); *Quinquagésima hora & horas anteriores* (1987); *À beira de teu corpo* (1990); *Nova antologia poética* (1991). *Soneto aos pés de Deus & outros poemas* (1996).

na sobriedade de expressão, no uso abundante da metáfora, na adoção freqüente do metro, da rima e da forma fixa do soneto. De temática variada, sua poesia contempla desde a preocupação metalingüística, ou com o próprio fazer poético, às angústias da condição humana, ao amor e à morte, ao reencontro com a gente e as coisas de sua terra natal.

Com uma obra predominantemente lírica, 11 livros de poemas, duas antologias poéticas, Afonso Felix de Sousa incursiona, também, pelo território do dramático: *Caminho de Belém*, de 1962, representa um auto de Natal, e *Rio das Almas*, publicado em 1984, é um drama histórico. Em entrevista recente, o poeta falou de seu gosto pelo gênero e das razões por que não chegou a encenar as peças já escritas, nem mesmo concluir a produção de outras:

> Das obras de arte, a que mais me toca a sensibilidade é o teatro, e dentro do gênero, o teatro em verso. Fiz várias tentativas de realizar trabalhos nesse campo, mas, na hora de preparar para encená-las, esbarrava na necessidade de torná-las mais coloquiais ou de pronto entendimento, com o sacrifício do poético (SOUSA, 1998, p. 6).

Paixão pelo teatro em alma de poeta, provavelmente sejam esses os componentes de sua alquimia interior que o fazem admirador incondicional de Garcia Lorca de quem traduziu obras importantes, como *Romanceiro gitano*, *Antologia poética*, *Soneto de amor obscuro* e *Divã do Tamarit*. Seu interesse pelo teatro espanhol o levou também a traduzir *Don Gil das calças verdes*, do teólogo Tirso de Molina, poeta e representante do estilo barroco no teatro espanhol do chamado Século de Ouro. Aos 73 anos de idade e 50 de carreira literária, Afonso Felix de Sousa lamenta-se por não haver concluído um oratório, quase pronto, sobre a execução do Frei Caneca: o lírico, expresso de modo intenso na opção por uma obra para ser musicada, ter-se-ia juntado ao dramático na recriação do episódio que o poeta considera um dos mais belos de nossa história.

É oportuno observar que outros poetas, ligados à geração de 45, também escreveram poemas dramáticos, voltados para questões sociais e históricas. É o caso de João Cabral de Melo Neto, com *Morte e vida severina*, e de Domingos Carvalho da Silva, com *Liberdade embora tarde*, dedicado a Cecília Meireles pelo *Romanceiro da Inconfidência*, não certamente por havê-la antecedido no aproveitamento do mesmo episódio histórico, mas pela obra exemplar da Literatura Brasileira, no gênero que pôde inspirar poetas daquela nova geração.

Na trilha aberta, Afonso Felix constrói seu poema dramático voltado para o século XVIII, quando o ciclo do ouro determinou os rumos da história de Goiás. Os bandeirantes de origem portuguesa, à procura do precioso metal, povoaram as paragens inacessíveis do sertão goiano, e trouxeram um contingente de negros como escravos. Em *Rio das Almas*, escolhido para os propósitos deste trabalho, o episódio dramatizado teria dado nome ao rio de cujas margens e adjacências o ouro era extraído e cobiçado, gerando choques no relacionamento dos habitantes e provocando muitas mortes.

O imaginário sertanejo, em Goiás, está repleto desses "gemidos vindos das profundezas", "sons agudos, fantasmagóricos", "gemidos pungentes", "vozes lancinantes", que Afonso Felix de Sousa espalhou pelo curso de *Rio das Almas*. Não terá sido por acaso que ele, variando expressões, significativamente registrou – sobretudo em suas rubricas – por treze vezes, essas vozes de outro mundo, paralelo ao nosso, que clamam por justiça e atormentam homicidas. Elas aparecem na rubrica inicial, do primeiro quadro, intensificam-se a partir do sexto, atingem seu clímax no cabalístico sétimo, e cessam apenas no oitavo, a um passo do "Remate". As vozes de *Rio das Almas* ressoam, também, com mais ou menos intensidade, por toda a geografia lendária de Goiás – povoada de mistérios ancestrais.

A coerência dos contrários

Rio das Almas, ao ser classificado pelo autor como rapsódia dramática, representa a intenção artística de produzir uma obra à sombra do imaginário goiano e regida pelo tom popular, à maneira dos antigos cantadores ambulantes de lendas, os rapsodos. Na parte inicial, que o escritor denomina de pregão, o que realça o aspecto de proclamação pública, dois cantadores antecipam para o leitor (à semelhança do coro no teatro grego), informações que serão desenvolvidas nos quadros. O diálogo de abertura, entre a primeira e a segunda voz, mergulha os episódios num clima entre o histórico e o lendário, próprio das narrativas que sobrevivem no imaginário popular, resgatado tanto no tema, como também na musicalidade do texto, escrito com a presença de rimas e de um ritmo marcado:

1ª voz: Era uma vez: Junto às lavras
passava um rio sem nome.
Lá, o que foi brilho de ouro
o tempo apaga e consome.
Lá, a história das pessoas
o tempo passa e não come.

2ª voz: As coisas que aconteceram
vieram dar nessas trovas.
Daí aquelas pessoas
já mortas serem tão novas.
E se conto a história delas,
de tudo eu posso dar provas.[18]

Rapsódia não é, portanto, uma referência ao gênero épico, ou mais especificamente, uma lembrança da epopéia; rapsódia diz respeito ao apelo popular na obra cuja essência é dramática. O drama temporal humano é a tentativa de conciliar o desejo de imortalidade, horizonte de espera, e a condição mortal, espaço da experiência. A contradição do tempo com sua face trágica e triunfante já aparece nas primeiras linhas: "Lá, a história das pessoas/ o tempo passa e não come". No passado presentificado, pela consciência e pela representação, o homem vive o domínio do tempo.

Um dos aspectos mais evidentes do dramático, em *Rio das Almas*, é a dialética dos antagonistas que o texto procura harmonizar. A coerência dos contrários nas estruturas sintéticas do imaginário significa que os dualismos não são antagônicos, mas se misturam de modo convergente, já que uma via não cede lugar à outra, prevalecendo a convivência dos opostos. Enquanto as estruturas dicotômicas de tipo diametral são

18. Sousa, Afonso Felix de. *Rio das almas*. Rio de Janeiro: Cátedra; Brasília: INL, 1984. p. 11. As demais citações da peça serão seguidas apenas do número da página.

preenchidas com as imagens do enfrentamento heróico, próprias do regime diurno, o dualismo concêntrico promove uma sistematização dialética e discursiva dos antagonistas, integrando numa coerência significativa o jogo mesmo das antíteses (DURAND, 1980, p. 89). Neste sentido, o dualismo concêntrico é dinâmico porque comporta um pluralismo implícito na assimetria.

Em *Rio das Almas*, o dinamismo dos pares que não se deixam dissociar pelo choque das antíteses, manifesta-se em vários níveis. Duplo é o cenário, como faz questão de afirmar o autor na rubrica inicial: "No da esquerda, margem arenosa e pedregosa de um rio, com grande pedra junto à passagem da água. No da direita, varandão de entrada de uma casa de fazenda, como seria nos meados do século XVIII, no sertão brasileiro" (p. 9). Duplos são os tempos de cada quadro que conciliam o passado e o presente dos episódios. Duplicidade instalada, também, na consciência das personagens divididas entre o bem e o mal, o justo e o injusto, o antigo e o novo. As imagens antagônicas, no entanto, vão integrando progressivamente os diversos elementos que se tornam concêntricos e não diametralmente opostos.

No primeiro quadro, Diogo, "ex-bandeirante, dono de minas de ouro – cerca de 50 anos", como é caracterizada a personagem, está sentado, imóvel, no cenário à direita da casa da fazenda. Bernardo, seu cunhado, "cerca de 25 anos", encontra-se à esquerda, junto ao rio, e mede, com passos, a distância da grande pedra em relação a determinado local: a imobilidade e o silêncio opõem-se à agitação e à insegurança. Há um elemento que intriga, desde o início: as vozes fantasmagóricas, os gemidos vindos das profundezas. Como intersecção entre esses dois mundos distintos (de silêncio e agitação), opostos, aparece Adelaide, mulher de Diogo e irmã de Bernardo, sendo através dela que o dualismo começa a se misturar no texto. Nesse quadro, no monólogo de Adelaide junto ao marido, vêm à tona as preocupações e suspeitas: o livro de registro não parece ser o verdadeiro, e o total do ouro declarado não corresponde ao catado nas lavras:

> A última escrita... Dezembro,
> vinte e um... Sim, depois sumiram
> os escravos... bem me lembro.

Mas não... não pode estar certo,
E vem aí alto membro
da Real Tesouraria!
Que estranho!... Tão de repente
os negros desaparecem,
tu ficas assim... doente (p. 15).

Para compreender as reticências de Adelaide, no segundo quadro, há uma volta ao passado: Isabel, "filha do casal – adolescente", está sentada junto ao rio numa pedra, elemento do mundo mineral que o autor enfatiza desde a primeira rubrica, a do pregão. Já no cenário à direita, Adelaide borda uma peça de enxoval de noiva, enquanto Diogo explica a Bernardo como faz o registro do ouro catado nas lavras. A noiva, vai-se saber logo, é Isabel que deveria casar-se com o tio, casamento endogâmico, para que, assim, o poder sobre o precioso metal ficasse em família – tradição que sobreviveu nas cidades do ciclo do ouro, em Goiás (PALACÍN, 1994, p. 32).

Em *Rio das Almas* é Adelaide quem insiste no casamento da filha com o irmão, Bernardo, ao qual reage Isabel, com decisão firme, valendo-se até mesmo da tentativa de suicídio. Um dualismo antagônico vem estabelecer-se entre mãe e filha, expondo conflitos éticos e morais de duas gerações distintas. Adelaide não aceita a recusa do noivado: "O quê!... Mas que atrevimento,/ousar dizer que não queres" (p. 18). Isabel rebate, insistindo: "mas, mamãe, por que não posso não querer esse noivado?" (p. 19). Essa pergunta encontra resposta na rigidez da conveniência de tradições que concebem o casamento sob o prisma do poder religioso, como função procriadora e refreadora das pulsões sexuais, e do poder civil, como forma de assegurar a transmissão de um capital de bens (DUBY, 1989, p. 14-15):

Porque desde que nasceste
foi por teus pais ajustado.
Porque não há de haver outro
do nosso agrado e do teu agrado
como o teu tio Bernardo.
Porque sendo nossa filha
hás de ter como marido

alguém da nossa família.
Porque assim todo o ouro,
numa futura partilha... (p. 19)

Antes de ser trazida para o sertão goiano pelos bandeirantes, a estrutura patriarcal, homologada por Adelaide, tem raízes míticas e históricas, cujas origens ibéricas estavam presas ao imaginário ocidental cristão, ainda sob influência da mentalidade medieval. Embora a mensagem de Cristo escapasse ao fechamento da tradição, postulando para a humanidade valores de amor irrestrito, de eterna presença e criatividade, sofreu as coerções históricas próprias daquilo que se situa e, por isso mesmo, se restringe e se encerra no dogma. Sabe-se que os evangelhos apócrifos,[19] especialmente os de Tomé, Filipe e Maria, atribuem um papel relevante às mulheres na palavra de Jesus, principalmente a Maria Madalena, irmã de Marta. A redação final do Novo Testamento, porém, contendo apenas os evangelhos aprovados e reconhecidos pela Igreja, é marcada pela censura e reducionismo patriarcais. Só para ilustrar, na primeira epístola de Paulo a Timóteo (2:11) pode-se ler: "A mulher aprenda em silêncio, com toda a submissão", onde está escrito, também, que ela nada pode ensinar ao marido nem exercer autoridade sobre ele. Na carta de Paulo aos efésios (5: 22 a 24), na parte sobre os deveres domésticos, pode-se ler o clímax da questão: "Vós, mulheres, sujeitai-vos a vossos maridos, como ao Senhor". Silêncio e submissão parecem ser ingredientes necessários para moldar um corpo na medida do modelo patriarcal. Em *Rio das Almas*, a marca da docilidade é constantemente reforçada pela mãe: "Precisas de ser mais fina,/ mais sensata, mais cordata,/ mais dócil, mais feminina" (p. 19); ela mesma fruto dessa estrutura: "Aguardei o dia de me tornar tua esposa", lembrando ao marido que foi, apenas, avisada pelo pai do próprio casamento.

O mito da salvação pelo amor, que o Cristianismo legou ao Ocidente, sofreu as pressões ideológicas de circunstâncias da história, a ponto de se solidificar em um sistema repressivo como o que produziu os horrores da Inquisição. A partir do século XVIII, quando cessou a caça às

19. Esses evangelhos foram desenterrados junto com outros escritos gnósticos no Egito, em 1945, conhecidos como a *Biblioteca de Nag Hammadi*.

bruxas, as mulheres ficaram restritas ao âmbito doméstico e passaram "a transmitir voluntariamente a seus filhos valores patriarcais já então totalmente introjetados por elas" (KRAMER e SPRENGER, 1991, p. 16). Na peça *Rio das Almas*, cuja ambientação histórica é desse período, Adelaide, a própria mulher, exige da filha obediência ao modelo tradicional: silêncio e submissão em relação ao que a família determinou para seu futuro. Sua identidade não está nela mesma, e sim no espelho do homem – ser reflexo, portanto, não autônomo: "Vais precisar sempre/ de um homem para ajudar-te" (p. 20). Isabel, no entanto, rebela-se contra a ideologia materna, o que representa o sinal do afloramento de uma consciência feminina, o prenúncio de um novo tempo: "Quero pensar por mim mesma" (p. 20).[20]

Neste ponto da análise de *Rio das Almas*, cabe indagar sobre o condicionamento que poderiam sofrer certos mitos e imagens, no seio do trajeto antropológico, quando moldados pelo consenso social-histórico. Mas, sobretudo, é preciso interrogar se a transcendentalidade do imaginário e a universalidade potencial dos arquétipos, que se vêm defendendo ao longo do estudo, não seriam anuladas diante das pressões das ideologias de momentos de uma civilização. A essa pressão ocorrencial, Durand vai chamar de pedagogia à qual se submetem os sistemas humanos: filosóficos, científicos, iconográficos, artísticos, e também as neuroses, as psicoses. Contra o recalcamento pedagógico que desempenha um papel de frustração diante de um regime da imaginação humana, insurgem-se a consciência coletiva e mesmo a individual, reconstituindo sua integridade pela projeção.

Através do mecanismo antagonista de motivação, as projeções imaginárias e míticas solidificam-se em imitações ativas, em modos de vida codificados em conceitos, em sistemas pedagógicos que, por sua vez, vão levar à frustração os outros regimes do desejo arquetipal. Preva-

20. É preciso considerar, porém, que o papel significativo atribuído à mulher faz parte mais da ficção do que da realidade. Virginia Woolf, ao confrontar a personagem feminina das tragédias gregas, dos romances do século XVIII, enfim da literatura em geral com a mulher da vida real, afirma: "Na imaginação, ela é da mais alta importância: em termos práticos, é completamente insignificante. Ela atravessa a poesia de uma ponta à outra; por pouco está ausente da história" (WOOLF, 1985, p. 58).

lece sempre, porém, a liberdade soberana da imaginação humana no poder de alterar os regimes das imagens: à pedagogia da imitação opõem-se as fantasias adversas da revolta, e é justamente isto que confirma a universalidade dos grandes movimentos arquetipais. Como esclarece Durand (1989, p. 265),

> se por um lado a emergência das constelações simbólicas e dos regimes míticos é promovida pelo mecanismo psicológico do recalcamento e da descompressão *(défoulement)* devidos ao conflito de gerações, um outro mecanismo, quase contrário ao primeiro, é o da sobredeterminação mítica numa dada época e do imperialismo do regime arquetipal em todos os domínios.

As estruturas diametralmente opostas, em que se colocam mãe e filha, resultado do choque entre a pedagogia da imitação e as projeções arquetipais, vão confluir para uma convergência – destino do dramático que vai ligando as imagens antagônicas no tempo da narrativa. A figura paterna vem configurar-se como um ponto de intersecção entre as duas mulheres, ora cedendo ao apelo da jovem, ora preenchendo as expectativas de seu papel de pai, exigido por Adelaide. O jogo tensional é criado a partir desses pontos de intersecção, cuja multiplicidade implícita gera novos núcleos dramáticos. Diogo, que antes apoiava a filha contra a insistência da mãe, "E quanto a teu casamento,/ (...) estudaremos um meio/ de o prorrogar por uns anos" (p. 21), assimila o cunhado como genro e anuncia aos escravos, na festa do noivado, "Com minha filha em três meses/ seu dono estará casado" (p. 41). Bernardo, dono dos escravos, será também futuro dono da mulher e das minas de ouro – todo um poder que o ex-bandeirante passa ao genro, na condição de herdeiro varão, ensinando-lhe a fazer o registro e mostrando-lhe as sacas de ouro: "Serás, Bernardo, o primeiro/ que levarei ao porão,/ onde nem mesmo Adelaide..." (p. 38), havia entrado. O fato de a mulher jamais ter visto as sacas de ouro, não se dá por uma objeção do marido, mas por seu próprio desejo, o que reforça a idéia do modelo patriarcal introjetado por Adelaide: "Dá uma sufocação/ ir lá embaixo, e olhar o ouro (...) Por isso não me intrometo" (p. 38).

A tentativa de suicídio por parte de Isabel muda os rumos dos acontecimentos: o pai dá por nulo o compromisso, mas mantém o cunhado à frente das minas. No último diálogo entre os dois, Diogo descobre o livro falso de registro, e Bernardo tenta demovê-lo do propósito de declarar, aos fiscais da Coroa portuguesa, todo o ouro retirado das minas. O ex-bandeirante, fiel aos seus princípios de honra à Coroa, enquanto insiste na observância legal de pagar os quintos, tem um ataque e cai imóvel, tornando-se incapaz. A partir desse momento, quem detinha o poder e o conhecimento, não pode mais falar, nem se movimentar para tomar decisões. Bernardo, de uma cupidez exemplar e fascinado pela riqueza fácil, mente, falsifica e comete atrocidades: envenena os escravos que poderiam comprometê-lo e joga seus corpos no rio, para manter sob sigilo os esconderijos do ouro, próximo à grande pedra. Esta se torna, além de marco para a geografia do crime ou ponto de referência inapagável para o futuro resgate do ouro, um emblema da insensibilidade, da dureza de Bernardo que demonstra, no dia de seu noivado, como em toda sua vida ficcional, o único sentimento de que é capaz: a cobiça.

A ação dramática vai costurando os elementos, negativos e positivos, numa narrativa que não dissocia as antíteses. Isabel, neste ponto, é a verdadeira antítese de Bernardo. Detesta o ouro que a família possui. Sensível, é capaz de perceber mais as desgraças que os benefícios a que ele conduz. Dotada de uma espécie de "terceiro olho",[21] ou mais propriamente de um "sexto sentido", é amplo seu campo de visão, que lhe confere poderes premonitórios, visualizando as futuras desgraças que o "ouro amaldiçoado" poderá causar à sua família. Ante o espanto do pai e a incredulidade da mãe, refere-se a isto mais de uma vez. A mãe impaciente afirma – "Basta de infantilidade/ agora a tola prediz./ (...) é bem pouca a paciência que me resta" (p. 21).

Ao contrário de Bernardo e, até certo ponto no drama, da própria mãe, há, em Isabel, um perceptível desejo de crescimento psicológico. Rejeita a idéia de um casamento imposto e não quer que tramem seu futuro. Ao declinar os defeitos da filha ao noivo, a quem "é bom tudo dizer" antes, Diogo apenas lamenta o fato de que "em cismas à beira d'água/ passe uma parte do dia" (p. 39-40), o que lhe parece loucura ou até feitiço. Todavia a mãe, que aprendeu as lições do modelo patriarcal e

21. Cirlot (1978, p. 339) fala do "terceiro olho' como símbolo de sobrehumanidade ou divindade.

o reproduz ou repassa à perfeição, afirma ao noivo de modo reprobatório: "Se Isabel tem um defeito, é isso... é esse topete./ A teimosia, esse jeito/ de quem não... não se submete" (p. 40). Mas nenhum defeito, nem mesmo este afastaria Bernardo de Isabel (não fosse o pai), uma vez que o único objetivo do noivo eram as lavras de ouro.

A partir do segundo quadro, desde a rubrica, onde se lê "Isabel está sentada na pedra, olhando o rio" (p. 16), ela é constantemente associada a estes dois elementos ou mitemas, que serão posteriormente analisados. A palavra rio comparece no drama não menos do que vinte vezes. A palavra pedra não menos do que vinte e duas vezes. Recuando no drama, observa-se que, tanto na rubrica quanto no pregão, há constantes referências ao rio, cuja característica é a fluidez, a fugacidade, e à pedra, cuja essência é a dureza, a resistência e a permanência. A primeira e a segunda vozes arrematam o pregão, destacando Isabel em devaneio à beira do rio, "bem junto aí dessa pedra", onde teve "de tudo um pressentimento!" (p. 11). O seu hábito de olhar o rio incomoda Fulô – "Sei que qué é ficá vendo/ a água rolá rio abaixo" (p. 18); aborrece seu pai – "Então, filhinha, não cessas de namorar este rio/ e aqui esqueces de tudo" (p. 18); causa certa ironia (expressa na rubrica), mas também certo pressentimento na mãe –

> Já sei. Já sei... Avalio
> que a menina morre em cismas
> na pedra à beira do rio,
> não é? só de pensar nisso,
> olha: eu toda me arrepio (p. 48-49).

Só não incomoda, por razões óbvias, ao noivo que, ante as preocupações do pai, afirma: "Não há mal em ver o rio/ e olhar a passagem da água" (p. 40).

Isabel olha o fluxo do rio e projeta nele o seu desejo de dominar o curso da vida. Quer pensar por si mesma e vai até a tentativa de suicídio para desviar o curso da história da mulher que diz um "amém" de ressonância medieval, a tudo. Quer reverter valores: o apego ao ouro causa desgraças. Isabel, na primeira página do drama, já é apresentada na sua totalidade, ser dotado de razão e sentimento, como se pode ver no fim do pregão:

> Sentada aí nessa pedra,
> ela em cismas se perdia.
> Ninguém sabe o que pensava.
> Ninguém sabe o que sentia (p. 11).

Ser que sente e, sobretudo, que pensa, Isabel pode dizer, "Não quero. Digo e sustento" (p. 18).

No meio do caminho, porém, havia uma pedra: os valores patriarcais através daquela didática implacável da mãe, mais dura do que o próprio pai; o noivo, enfim tudo aquilo que pudesse representar obstáculo ao seu crescimento psicológico. A este, no entanto, Isabel contrapõe a pedra de sua própria resistência, a pedra de sua inteireza, sem a fragmentação imposta pelo modelo patriarcal, que resulta na desagregação psíquica que quase a leva à morte. Cirlot (1978, p. 362) afirma que a pedra inteira é o "símbolo do ser, da coesão e da conformidade consigo mesmo". Durante a narrativa dramática, principalmente nas rubricas, Isabel é referida como sentada na pedra, numa simbologia que tanto pode remeter ao domínio do obstáculo quanto à preservação de sua inteireza.

Adelaide, por sua vez, reduzida ao âmbito doméstico, nada sabe dos negócios, mundo inteiramente reservado ao marido. Desconfia do irmão, mas não pode contar com o comando de Diogo: "Não fiques aí, calado./ Só mais uma vez na vida/ fala... (p. 15)". Toma consciência de sua exclusão do domínio público e de seu confinamento ao privado:

> Os homens... só outros homens
> eles aceitam por sócios.
> Para as mulheres, a casa,
> crianças, conversas, ócios (p. 25).

Ao perceber a trama urdida pelo irmão, cresce como personagem. Olhando o falso livro de registro forjado pelo irmão, explode:

> Não!... seja quem for o afoito
> que isso fez, vai pagar caro,
> que coisa assim não acoito.
> Não me chamasse Adelaide! (p. 11)

A partir daí, passa a enfrentar o irmão. Bernardo tenta demolir a imagem do cunhado, levantar suspeitas sobre sua sanidade mental: "Delírios, irmã, delírios./ Eram delírios a história/ de arrobas de ouro" (p. 30). Sem obter sucesso, apela para os ideais libertários, os mesmos que moveram os inconfidentes mineiros. Ainda assim, não convence Adelaide a ficar do seu lado, mas, com os argumentos de independência, atrai a simpatia de Isabel, que, até então, estava numa posição diametralmente oposta à do tio.

O motor ético dos dualismos concêntricos é a liberdade de escolher, antes, e a liberdade de mudar de escolha, em seguida (DURAND, 1980, p. 96). As imagens de dualismos absolutos são retomadas e integradas no drama mesmo da ação humana regida pelo princípio da causalidade. Num processo permanente de convergência dos antagonismos, o verdadeiro fermento do dramático é a emergência da liberdade humana. Adelaide é livre para decidir entre aceitar os atos de Bernardo, submetendo-se a seus argumentos, ou recusá-los, decidindo o desfecho da peça. Aliada ao irmão na deliberação do casamento com a filha, ela é capaz, diante da revelação das mentiras e dos crimes, de condená-lo à morte.

Para fechar o percurso dramático, após o oitavo e último quadro contracenado pelas personagens, volta o coro em que a primeira e a segunda voz fazem uma espécie de julgamento do réu: uma condena e a outra justifica, atribuindo à verdade múltiplas faces. No estado estrutural dramático, a representação ultrapassa a bipolaridade, ou simplesmente contrabalança em uma eufemização as imagens, positivas e negativas, umas pelas outras: o dualismo concêntrico é assimilador e sintético. A estrutura imaginária que configura o gênero dramático em *Rio das Almas* é marcada por essa coerência dos contrários que faz o drama avançar. A presença da repetição insistente, porém, imprime no texto a marca do lírico; os movimentos de duplicar-se, refletir-se são próprios das estruturas místicas do imaginário que procuram penetrar na intimidade do mundo. A repetição – processo em espiral de auto-geração de um sentido novo a cada volta – dá um dinamismo às imagens e propicia a construção do mito, fundindo o gênero lírico ao dramático em *Rio das Almas*.

Que fale o rio

Inserida no domínio da compreensão antropológica, a mitocrítica quer descobrir um mito, impregnado de heranças culturais em que se integram as obsessões e os complexos pessoais. Para tal, vai buscar a essência do *sermo mythicus* que se encontra na persuasão insistente de variações simbólicas sobre um tema, conhecidas como feixes ou constelações de imagens que se manifestam através do mitema, a menor unidade semântica do discurso mítico. Como já se observou na poesia de Gilberto Mendonça Teles e no romance *Sete léguas de paraíso*, de Antônio José de Moura, o rio faz parte do imaginário dos habitantes de Goiás. Na obra de Afonso Felix, pode-se observar, também, a recorrência do mitema do rio: o poeta expressa em "Árvore avoenga", poema narrativo em treze fragmentos, essa imagem material fortemente dinamizada, capaz de projetar o goiano para o tempo mítico das origens:

> Que fale em nós o sangue a voz que escorre
> de fonte que não morre
> (...)
> Que fale em nós quem somos fale o rio
> por que seu extravio.
>
> (SOUSA, 1987, p. 100)

Em *Rio das Almas*, o mesmo motivo redundante é responsável pela construção do discurso mítico de fuga e retorno, de aventura e calmo repouso, de projeção de futuro e lembrança de passado. O rio é um mitema patente, explícito, mencionado desde a descrição inicial do cenário – lugar onde se refugia Isabel, onde são jogados os escravos mortos, onde se dá o martírio e a punição de Bernardo. Em cada circunstância e na relação com as personagens, as águas que correm num único leito vão produzir constelações simbólicas diferentes.

A valorização substancial da água apresenta um cunho profundamente feminino, não apenas na figura de mãe que, com seu leite inesgotável, embala, envolve e faz dormir, mas de mulher que abraça, toca com mãos e lábios: substância suave, envolvente, de uma realidade sensual primitiva (BACHELARD, 1989, p. 131-135). No sensualismo das águas, Isabel quer buscar a intimidade, percorrer territórios desconhecidos; o rio lhe propicia, então, o devaneio que acolhe os segredos e o desejo de ir além. A secreta ambigüidade do rio que pode ser calmo, propício ao sonho e, subitamente, revolto, com corredeiras e canais profundos, é análoga ao mistério interior da menina, serena no cotidiano contemplativo, mas capaz de virar mulher e fazer prevalecer a sua decisão, numa atitude inesperada e radical – "A casar-me a contragosto/ prefiro a morte..." (p. 50). A consciência individual, em *Rio das Almas*, antecipa, no plano do imaginário, pela projeção, o contorno de mitos pré-românticos. Não se pode esquecer que Afonso Felix de Sousa é um autor do presente que reconstrói situações de personagens e cenários do século XVIII, podendo, pelo conhecimento que detém do passado, acenar com o clima romântico que vai tomar conta do século posterior. Na peça, percebe-se que as imagens secretamente projetadas pela geração precedente tornam-se, depois, o modelo para a seguinte.

Por outro lado, Isabel, diante do rio, como já se disse, parece antever as desgraças futuras. Para Diogo, o estado contemplativo da filha e a aversão pelo ouro parecem prenunciar as coisas ruins que vão ocorrer na família, por isso insiste com Adelaide: "não sentes/ alguma cousa esquisita ou razões bem procedentes na aversão de nossa filha/ ao ouro?" (p. 22). Mergulhada no devaneio das águas, Isabel parece transformar-se num ser visionário, espécie de alma do mundo, como Nossa Senhora: "Incrível que esta menina/ tão linda que – Ave Maria! –/ em cismas à beira d'água" (p. 30). Maria, além de padrão de beleza para todo o Ocidente cristão, é, sobretudo, "a potência visionária por excelência, a tipificação da *Imagination Vera*" (DURAND, 1995, p. 92), aparição essencial, intermediária das mensagens divinas. A lembrança da Virgem, ainda que apenas como interjeição ou palavra de proteção, estabelece na obra uma relação semântica com Isabel, na insistente contemplação das águas, o que provoca pressentimentos e temores no pai.

O duplo caráter dramático do mito, em *Rio das Almas*, aparece através das pesonagens: para Isabel, o rio representa projeção de futuro, esperança no domínio do devir, enquanto para Bernardo, é tormento pelo crime cometido, terror diante do tempo passado que as vozes dos mortos presentifica. Ele também senta-se à pedra, mas não em liberdade contemplativa, e sim atormentado pelas culpas, prisioneiro do ouro e do medo. Na indicação de cena do primeiro quadro, "com expressão diabólica" (p. 13), ele assinala o local onde está enterrado o ouro e, intrigado, escuta "os gemidos vindos das profundezas". Ao final, Bernardo aparece novamente junto ao rio, "apavorado (...) na postura de quem senta num banco de réus" (p. 82). As águas correm, mas parecem sempre as mesmas a repetir os gemidos.

Para o filósofo da imaginação da matéria (BACHELARD, 1989, p. 158), "a água doce é a verdadeira água mítica". Bachelard coloca-se no centro da discussão das teorias mitológicas – o mito na medida dos homens, ação heróica, ou na medida das coisas, cataclisma do mundo – e procura conciliar os extremos, ao pensar nos fragmentos de mitos como imagens mais ou menos humanizadas. Neste sentido, o devaneio humaniza todas as propriedades do real que, uma vez sonhadas, tornam-se qualidades heróicas. A intuição sonhadora reserva um privilégio à água doce, que refresca, lava, mata a sede, molha terra. Mesmo que a água do mar anime diversas mitologias, nenhuma destas pode ser considerada mitologia primitiva, porque o sal impede um dos devaneios mais naturais que existe, o devaneio da doçura. Além disso, as viagens distantes, as aventuras marinhas são sempre da ordem da narração, o herói dos mares sempre volta de longe e nunca fala da costa. O inconsciente marítimo fabula mesmo é o distante – "o mar propicia contos antes de propiciar sonhos" (BACHELARD, 1989, p. 159).

A expressão, um mar de água doce, com a qual Antônio Vieira definiu o Tocantins após viagem por suas águas, serve para caracterizar a multiplicidade do simbolismo. Os rios que cortam Goiás possibilitam o devaneio da doçura, mas cumprem também a função da aventura, como mostram as narrativas de viajantes anônimos, bem como os diários publicados, documentos históricos de desbravadores oficiais.[22] Trata-se de narrativas de aventuras em lugares perigosos, com ataques indígenas, no meio de animais selvagens e vegetação exuberante. Em *Rio das Almas*, Diogo é um explorador, um aventureiro que enfrenta dificuldades, mas

22. É o caso dos relatos de viagens ao Araguaia, de Couto de Magalhães, nomeado presidente da província de Goyaz em fins de 1862. Enquanto narra aventuras e perigos enfrentados na terra inóspita vai, ao mesmo tempo, projetando seu ideal de nação. Cf. COUTO DE MAGALHÃES. *Viagem ao Araguaya*. Apresentam características semelhantes os diários de viagem de Leite Moraes, após término de seu governo em 1864, descendo o Araguaia e o Tocantins. Cf. LEITE MORAES, J. A. *Apontamentos de viagem*.

não volta para o litoral; em vez disto, permanece e constrói sua história próximo à água terrestre. Por um lado, os grandes rios comportam histórias como a dos heróis que vêm do mar; por outro, possuem a particularidade das margens que fazem do distante o próximo, do temporário o permanente, nas experiências cotidianas da gente ribeirinha. O rio acaba cumprindo a sua função de leite imaginário, devaneio primitivo que entorpece os sentidos, e o explorador é substituído pelo sonhador.

As primeiras palavras do texto dramático referem-se ao, ainda, inominado, "Era uma vez: Junto às lavras/ passava um rio sem nome" (p. 11), para concluir no remate, também na voz dos cantadores, com os motivos que levam a imaginação popular a nomear. O nome e os episódios, a palavra delineando a coisa, assim as vozes que o rio repete, como um eco, têm a força de projetar visões do passado, transformando-o em presença permanente. Adelaide, no seu monólogo inicial, ao lado do marido imóvel, espanta-se com os sons fantasmagóricos que vão tomando conta do lugar:

> Ora! Não está ventando,
> e das folhas, junto ao rio,
> – estás ouvindo, Diogo? –
> sobe um sopro, um assovio.
> Parece gente gemendo (p. 13).

A partir do instante em que Bernardo joga no rio os quatro negros envenenados, depois de esconderem o ouro, os gemidos vão-se fazendo ouvir em todos os cantos; é o que confirma a criada Fulô:

> Fui na beirada do rio...
> O que vi, Sinhá, nem pode
> sê... que nem gente gemendo
> que as coisas até sacode (p. 61).

Além de sua própria sonoridade poética, segundo Bachelard (1989, p. 199), a água corrente é entre os elementos naturais o mais fiel espelho sonoro, imaginação falante que projeta visões: o rio leva os corpos, mas guarda as vozes dos escravos na sua voz – dupla face que esconde e revela. Numa proporção maior que a do sacrifício dos escravos, a punição de Bernardo é ser condenado à forca e atirado às águas, tendo primeiro seu corpo retalhado. Enforcar e cortar o corpo em pedaços marca a história dos inconfidentes mineiros; jogar no rio parece ser uma forma sacrificial recorrente no sertão goiano, mencionada em narrativas de memórias.[23] Nesse território nebuloso, propício a lendas, entre a ausência dos corpos e a permanência das vozes, configura-se a história do nome:

> 1ª voz: Eram as almas dos negros
> gritando pelas correntes.
> 2ª voz: Contra a alma de Bernardo
> em desafios frementes.
> 1ª voz: Quem passava lá por perto
> tinha um medo... um arrepio...
> 2ª voz: Por todas as redondezas
> era um pavor... era um frio...
> 1ª voz: E então de Rio das Almas
> passou a chamar-se o rio (p. 87-88).

Em *Rio das Almas* o mitema fundamental desdobra-se em constelações simbólicas que se realizam dentro do esquema verbal do regime sintético ou dramático, principalmente na imagem de que o rio leva e traz, ligando o futuro e o passado, progressismo do devir e eterno retorno cíclico, e nos elementos sensoriais e motores das águas correntes, que aceitam o dualismo concêntrico entre o sacrifício e o renascimento, a doçura e a violência, o devaneio e a aventura. O movimento de ligar é reforçado pela imagem da pedra, sempre mencionada junto ao rio – lugar onde se refugia Isabel, em busca de si mesma, e onde se desespera Bernardo. Eliade (1977, p. 35-36) fala da pedra como uma imagem arquetipal que exprime a realidade absoluta da vida e do sagrado; daí os numerosos mitos nascidos de seu interior – *petra genitrix* –, mas há também a crença de que as pedras, engendradas no ventre da terra, transformam-

23. "Cortando aos pedaços, Loá, eles foi acabando com os três devagarzin. (...) Foram cortando os pés, as mãos e jogando no rio Claro. Depois, pedacin por pedacin, foram cortando e jogando no rio. Morte demorada toda vida. E pra abafar o urro de dor dos desinfeliz, ligaram os motores dos carros até terminar aquele serviço. Por último, eles cortaram as cabeças e jogou tudo n'água" (LIMA, 1988, p. 294).

se em preciosas. Na obra dramática de Felix de Sousa, a síntese dialética é estabelecida na relação entre o rio, a pedra e o ouro – substâncias que integram o *opus* alquímico, na busca da transmutação da matéria e da vida humana.

O ouro nas origens

A mola propulsora dos conflitos em *Rio das Almas* é o ouro. Tudo gira em torno deste metal, nobre por excelência, como, de fato, ocorre no século XVIII, em Goiás, Estado que entra para a história como as Minas dos Goyazes (PALACÍN, 1994, p. 25). Ao lado das ricas jazidas da Serra dos Pireneus, surge o arraial de Meia Ponte, fato histórico que os cantadores mencionam, no remate:

> O rio tinha outro nome
> antes que isso acontecesse
> O nome era Meia-Ponte,
> mas isso é sem interesse (p. 87).

Se a força do nome pode estar ligada ao episódico, a construção da lenda é possível dentro de um imaginário coletivo que se repete de modo arquetipal numa mesma região. Basta lembrar as crônicas que circulavam no século XIX, atribuindo a mudança do nome Rio Manso para Rio das Mortes, à mortandade em Araés, célebre mina de ouro situada na sua margem esquerda, descoberta por paulistas, cuja cobiça trouxe a destruição do povoado (LEITE MORAES, 1995, p. 160).

Os antagonismos, na peça, são estabelecidos com base nesse fundo mítico, expresso no mitema do ouro: Diogo, ex-bandeirante, instala-se no lugar por causa das lavras; o casamento da filha com o tio é acertado para que a riqueza fique em família; a rejeição de Isabel (que parece dotada de uma capacidade premonitória) à união arranjada e ao precioso metal contrapõe-se à ganância de Bernardo, que vai provocar as mortes e o desfecho. Se o ouro é o elemento comum que faz convergir os relacionamentos em *Rio das Almas*, os dois livros de registro, o verdadeiro e o falso, vão levar à compreensão de um arcabouço mítico distinto na construção de cada personagem. Nesse sentido, é significativo o diálogo que se estabelece entre o ex-bandeirante e o jovem que estudou em Lisboa, no quinto quadro. Enquanto o primeiro defende lealdade à Coroa com o pagamento dos impostos, o segundo quer, através do livro falso, burlar os fiscais e fazer fortuna.

Para Diogo, descobrir as minas tem a missão nobre do desbravamento e da colonização, por isso acredita que a lei deva ser cumprida, fazendo o registro correto do ouro extraído nas lavras e pagando o quinto à Coroa: "De Portugal somos súditos/ e a nossa meta suprema/ é lutar pelo progresso" (p. 58). No período histórico reconstituído pelo texto dramático, vigorava o método de quintamento nas casas de fundição do Brasil. Segundo a Ordenação do Reino,

> o rei tinha direito exclusivo e inalienável a todos os metais; não querendo realizar a exploração diretamente, cedia a seus súditos esse direito, exigindo um quinto do metal 'fundido e apurado', salvo de todos os gastos (PALACÍN, 1994, p. 43).

Diogo expressa sua aceitação a essa exigência, ao esclarecer ao futuro genro: "Quanto mais ouro catado/ mais ouro a dar como imposto", completando, em seguida: "Bernardo é a lei. Do Reino/ não sou mais do que um preposto" (p. 44).

Para Bernardo, enganar os homens da Real Tesouraria, organizando um falso livro de registro, é uma atitude sensata diante da exploração indevida:

> E o que faz a Coroa
> por esta colônia imensa?
> Tanto ouro que lhe mandamos
> e qual nossa recompensa? (p. 53)

Se os fiscais não podem ter um controle do ouro extraído, o registro falso é o caminho justo diante do tributo injusto:

> Se em regra os donos de minas
> escondem o produzido
> e apresentam papéis falsos,
> ser honesto tem sentido? (p. 60)

Além disso, há uma outra questão a considerar: "mais dia menos dia/ vai explodir na colônia/ a revolta, a rebeldia" (p. 60). Os argumentos de Bernardo, a favor do livro falso, revelam seu interesse exclusivo na quantidade de ouro, na riqueza que a família pode acumular e da qual ele será herdeiro. Esta ambição crescente leva a personagem do espanto inicial das vinte arrobas à ação de esconder as sacas e matar os escravos para manter o segredo.

O suplício vem na mesma proporção da ganância, estrutura que aproxima Bernardo do mito de Midas, como acena o coro dos cantadores, em *Rio das Almas*: "Um rei que teve por sorte/ ver em ouro o que tocasse/ no ouro quase teve a morte" (p. 66). Nesse sétimo quadro, Bernardo verdadeiramente encarna o mito de Midas. Das noventa e seis vezes em que a palavra ouro foi escrita no drama (excetuando as vezes em que é mencionada por equivalentes – arrobas, sacas), vinte aí comparecem, sugerindo a sua obsessão pelo metal que o levaria à morte. O mito de Midas, atual como nunca, está no cerne da peça. A mais conhecida das versões do mito narra que o rei da Frígia, em recompensa por ajudar Sileno, pede a Dioniso o poder de transformar em ouro tudo quanto tocasse (BRANDÃO, 1991, v. II, p. 122). O que parecia ser um dom, vai-se revelar no pior dos tormentos, quando o pão que o rei leva à boca transforma-se em um pedaço de ouro e o vinho transmuta-se em metal. Só então ele tem a medida de sua desmedida. Bernardo também cai em si, atormentado pelos crimes: "Não! Não me puxem as pernas!/ Que querem, negros, comigo?" (p. 64); mas, ao contrário de Midas, não é libertado da maldição: "Jamais, jamais, vivo ou morto,/ terei a paz de um jazigo" (p. 64). Sente-se que é o gesto de Midas – a cupidez – que a humanidade está perpetuando, sempre atrás de bens materiais, do dinheiro, cujo lastro é mesmo o ouro. E como o próprio Midas, estamos quase morrendo de outras fomes: espirituais e humanas.

A essas lições do mito, o ouro pode opor um outro imaginário: a transmutação alquímica. Como os metalúrgicos que transformam os minerais em metais, acelerando o crescimento começado na terra-mãe, o alquimista sonha em prolongar esta aceleração para atingir a transmutação final de todos os metais comuns no metal nobre, que é o ouro (ELIADE, 1977, p. 42). As atitudes de Diogo representam mais do que a simples obediência à lei ou o medo do castigo; ele é um sonhador que acredita poder, num processo semelhante ao do alquimista, transmutar o ouro em progresso; com a riqueza extraída da terra, fazer a nação. No sonho, se não no idealismo do ex-bandeirante, o ouro não é o ponto de chegada, mas de partida na busca da realização de sua obra mais importante, objetivo final de sua vida: "construir a cidade/ que sonho, perto das lavras" (p. 59). Trocar as modalidades da matéria para transformar a vida humana – esta é uma das fontes da ideologia alquímica.

O teatro, como teoriza Antonin Artaud, possui com a alquimia uma misteriosa identidade de essência, na busca análoga que, no plano físico, permite a produção do ouro. O dramaturgo parte do princípio de que, da mesma forma que a alquimia, através de seus símbolos, é um Duplo espiritual de uma operação que tem eficácia no plano da matéria, o teatro deve ser considerado um Duplo, não da realidade cotidiana, visível, mas daquela escondida na profundeza interior. Só depois de passar pelos conflitos do cosmo em ebulição, mais ainda, após a destruição minuciosa de toda forma mal apurada, insuficientemente madura, o espírito pode se impulsionar e reatingir o sublime. No percurso necessário para chegar ao ouro material,

> o espírito deve primeiro provar a si mesmo que é capaz do outro e que só o conquistou como um símbolo segundo da queda que teve de realizar para reencontrar de maneira sólida e opaca a expressão da própria luz, da raridade (ARTAUD, 1993, p. 46).

As forças que a operação teatral lança umas contra as outras promove a transfusão da matéria pelo espírito. Em *Rio das Almas*, na voz popular do cantador, a alma de Bernardo, não podendo atingir o processo alquímico de transformação, ainda que a morte seja uma regressão no amorfo, não tem descanso: "Fica em volta do ouro oculto/ gemendo em lúgubre dança" (p. 87).

Entre teatro e alquimia, pensando em termos da relação entre o gênero literário e as estruturas dramáticas do imaginário, há outra semelhança. Toda obra alquímica consiste em encontrar um equilíbrio entre o seco e o úmido, a água e o fogo, mantendo juntos elementos aparentemente inconciliáveis, sem que nenhum domine o composto. Do mesmo modo, a obra dramática consegue ligar os esquemas cíclicos –

que procuram anular, na repetição, o tempo mortal –, aos esquemas progressistas que representam a esperança na realização do devir. O genêro dramático, espécie de materialização do drama essencial humano, surge através do processo da *coincidentia oppositorum* que mantém unidos os elementos que compõem uma situação, os conflitos produzidos pelos antagonismos, sem que um anule o outro e, ainda assim, todos avancem para um desfecho. No drama, de modo semelhante à alquimia, busca-se uma transmutação: o ouro espiritualizado.

5

Solve et coagula: DE MITOS E DE GÊNEROS

A maior riqueza
do homem
é sua incompletude.

Manuel de Barros

O homem pareceu, em determinados momentos de sua história, querer sacrificar tudo à razão e ao poder supremo da ciência. A objetividade científica levou ao materialismo, transformando os valores da vida em bens de utilidade prática. A razão, sob a forma de adaptação objetiva a um universo separado do ser humano, ou sob a forma positivista dos fatos históricos, fez o homem procurar a verdade no método científico, instaurado desde Galileu e baseado no racionalismo dedutivo da causa e efeito. Esse método reduz, pouco a pouco, o sagrado ao profano com uma visão mecanicista e determinista do universo, onde o homem se encontra como um intruso reduzido a simples objeto pela idolatria racionalista do dogma da objetividade – *tertium non datur*.

O resultado foi um ser diminuído e mais alienado no seu comportamento. Na verdade, a deusa razão, de seu altar, nada mais fez que perpetuar um conflito e aumentá-lo entre a força do instinto e o da inteligência racional, entre a fusão completa com a natureza e a distinção entre um sujeito que pensa e um objeto que é pensado. Neste momento de crise material e espiritual da humanidade, asfixiada pelo progresso científico e tecnológico, o imaginário readquire sua força no retorno antropológico à origem do homem. Os cientistas não detêm mais a segurança anterior diante do próprio crescimento qualitativo e quantitativo de suas descobertas, atordoados com a força advinda do átomo e da manipulação genética: no microcosmo e no macrocosmo encontram-se diante de segredos da natureza que não conseguem decifrar, mas tão-somente admirar (Queiruga, 1998, p. 11-30).

Os cientistas parecem estar, novamente, dispostos a se deixarem guiar pela intuição, a serem levados para além dos confins da própria ciência e a vislumbrarem que, por detrás dos dados científicos, reina uma realidade oculta. Assim, as ciências naturais tornam-se também espirituais, como se a física e a transcendência se dessem as mãos: Albert Einstein chegou a afirmar que, no nosso mundo material, os verdadeiros cientistas são as únicas pessoas profundamente religiosas (BÜHLMAN, 1994, p. 56). Eles se interrogam sobre a natureza, sobre o verdadeiro sentido da vida e terminam por aceitar uma mente ordenadora, preexistente, que domina o mundo, estando presente nele, e que, com a voz de seu espírito, atua na imaginação do homem. Os cientistas são obrigados a reconhecer a complementaridade da razão e do instinto, da ciência e da imaginação.

O universo, estudado pelas ciências naturais, identifica-se com o sopro do criador que imprimiu sinais misteriosos na consciência do homem, transformando-a num espelho do universo. A consciência humana não é a "tábula rasa" dos filósofos empiristas e cartesianos, é, pelo contrário, uma tábula gravada pela imaginação criadora – a imaginal de Corbin – ponte espiritual que liga o mundo criado ao ato criador e à percepção do mundo. As objetivações da consciência só têm sentido através de uma recriação subjetiva do imaginal, verdadeiro mediador entre a criação material e o ato criador. A criação nada mais é que uma manifestação da imagem divina criadora. Cabe à imaginação, por seu método especulativo, jogo de espelho, reproduzir, numa reciprocidade reflexa, novas realidades.

A intuição, visão direta da realidade, deve ter seu lugar de destaque na antropologia, a ciência do homem e para o homem, que assim se autodefine não apenas como objeto da história e da cultura, mas também porque leva em conta sua dimensão invisível para os olhos e misteriosa para a razão – o *tertium datum* que realiza a coincidência dos opostos (DURAND, 1992, p. 283). A pesquisa do homem, considerado na sua totalidade, concretiza-se na convergência de estudos antropológicos que procuram a sabedoria da espécie no centro da consciência humana, prenhe de imaginação. Os estudos antropológicos de Durand provam que o ser humano é uma constante, cujas variantes podem ser previstas através de seus símbolos, sinais e mitos (p. 216). A antropologia simbólica repõe, em seu devido lugar e com todo seu poder natural, a imaginação que guarda os mistérios do eu e do mundo, mediatriz entre o eterno e o temporal. À imaginação criadora, mesmo sofrendo o julgamento severo dos racionalistas, não se pode negar, através de suas imagens, uma divinação, uma hierofania do símbolo que engloba o universo.

A intuição é anterior à formação do espírito científico: o homem vale mais que as teorias dos cientistas, e a ciência é subordinada à consciência. Por isso mesmo, o enfoque metodológico desta análise buscou privilegiar, no estudo do fenômeno humano, como referência fundamental, os conjuntos imaginativos ou grandes eixos que constituem as imagens e a sua narração, constituída de mitemas que são a linha mestra de toda a mitologia. A mitologia justifica, isto é, faz compreender a história da espécie humana ou, no dizer de Baudelaire, o mito é a mais científica das faculdades porque compõe a analogia universal.

A escolha das estruturas antropológicas do imaginário, para compreensão dos gêneros literários, teve o mérito de associar as manifestações psíquicas da consciência à teoria literária. A classificação proposta, embora se apóie na tradicional divisão do lírico, épico e dramático, apresenta a inovação de fundamentar-se, para a determinação de tais gêneros, na essência do homem, no nível mais primário da experiência vivida e sentida do mito, que surge como o único meio, através do qual o sentido pode manifestar-se ou realizar-se como autêntica mediação da verdade interior (DURAND, 1992, p. 14). Partindo da noção dos três gestos dominantes, sugeridos por Betcherev, ainda no começo do século, Durand encontra as matrizes de três dominantes reflexas para as quais as representações simbólicas convergem, estabelecendo uma concomitância entre os gestos do corpo, os centros nervosos e as representações simbólicas. Os gestos são anteriores à palavra e, com maior razão, anteriores à escrita; o gesto é pré-reflexivo, é instintivo, natural.

Ao longo da exposição, fizemos questão de evidenciar, através da própria nomenclatura da classificação das imagens, a dupla função das estruturas antropológicas do imaginário que sugere a nomenclatura da teoria literária em relação aos gêneros – estruturas esquizomorfas ou heróicas; sintéticas ou dramáticas; antifrásicas ou místicas. Não se tratou de aprofundar o estudo de um único gênero, mas de realizar um estudo comparativo e global dos gêneros épico, dramático e lírico, no enfoque das imagens arquetípicas fundamentais das quais o mito retira seu material simbólico, constituídas por três séries de esquemas diferentes: heróico-épico, sintético-dramático, místico-lírico.

Os textos literários aqui apresentados como paradigmas não representam, apenas, mitos diretores e suas transformações significativas. Na verdade, são valiosos subsídios ou contributos para demonstrar a concordância dos esquemas do imaginário com os gêneros literários. Foram escolhidos poetas e ficcionistas, eternos mantenedores de mito, cujos métodos e produtos de expressão artística permitem levantar a tampa opressora da ciência e das técnicas, para decifrar a misteriosa condição humana nesta única parte que eles têm em comum com os deuses – a palavra –, mito à espera de uma elucidação. Ao identificar cada estrutura do imaginário através de poetas, ficcionistas e dramaturgos, absteve-se de enfatizar a obra ou o autor. A procura do mito e seu encontro, tanto mais precioso quanto mais próximo de sua forma original, serviram para estabelecer a correlação entre o mito e as estruturas antropológicas do imaginário, no que diz respeito à forma e ao modo de identificação do gênero literário.

Como faróis para iluminar a trajetória dos gêneros dentro das estruturas antropológicas do imaginário, foram estudados, no lírico, Carlos Drummond de Andrade e Gilberto Mendonça Teles; no épico, Antônio José de Moura e João Guimarães Rosa; por fim, no dramático, Nelson Rodrigues e Afonso Felix de Sousa. Não se tratou de avaliar a arte desses autores, embora, às vezes, até mesmo esteja presente a fruição estética de seus textos. Os comentários das obras ou de trechos selecionados, constituem demonstração prática para revelar a afinidade ou a coerência entre os feixes de sinais míticos da consciência e a essência dos gêneros literários. Os regimes estruturais das imagens são irredutíveis (DURAND, 1992, p. 32), portanto irredutíveis podem ser considerados também os três gêneros literários que se originam da analogia, entre o heróico e o épico, o sintético e o dramático, o místico e o lírico.

Com esta noção dilemática dos regimes estruturais das imagens e do mito, o imaginário leva vantagem sobre o racional no que diz respeito aos problemas existenciais, e ainda ao questionamento do infinito e do arcano que a ciência, com a razão lógica, não foi capaz de responder. Nos exemplos escolhidos, pôs-se em evidência o dom divinatório da imaginação, mas afirmou-se, também, que a vida na sua totalidade, razão e intuição, está presente nas obras de um escritor, como duas faces da mesma moeda, com todo o conteúdo do inventário antropológico na construção da obra literária. Ao reconhecer a existência das duas faces, fixou-se, porém, num estudo aprofundado das estruturas do imaginário e das figuras míticas que são o último espelho, referencial supremo, onde o homem espera decifrar a si mesmo e ao mundo – vitória do imaginário contra "a evolução raciocinante do homem que foi eliminando progressivamente a cosmovisão mágica" (CORTÁZAR, 1974, p. 88).

No regime místico noturno, próprio do mistério de um mundo, além do mundo conhecido, região sagrada, lado misterioso da vida, está situada a poesia de Carlos Drummond e a de Gilberto Mendonça, numa permanente fusão e identificação com a natureza, que transforma o poeta em mago da palavra. A "Rosa trismegista aberta ao mundo" permite a Drummond a renovação da linguagem poética, dando às metáforas o poder de unir orficamente o mundo da matéria e do espírito num processo de metamorfose jamais definitivo. Gilberto, que se define "noturno" e "diurno", utiliza, não só as palavras mágicas, órficas, de quem conhece os segredos das ciências esotéricas, mas avança na faina de violador dos códigos, transgressor consciente de limites, na procura do que não pode ser dito por palavras. Exprimindo-se numa poesia que não conhece fronteiras regionais, o poeta mineiro e o poeta goiano fecham o universo na palavra, matéria-prima que passa pelo *mysterium coniunctionis* da Alquimia e se transforma na quintessência mítica lírica: sintaxe invisível de claros enigmas, "quintessência dos nomes e das cores".

A procura do Éden coletivo em *Sete léguas de paraíso*, romance de Antônio José de Moura, faz-se num percurso de mitos cujos arquétipos exprimem os modos de separação nas antíteses do bem e do mal, da luz e das trevas, de Deus e do demônio, da real República do Brasil e da não menos real República dos Anjos, enfim, através de uma série de antagonismos que constituem a dinâmica do mito. Retrata a singular religiosidade popular e rústica do Brasil, como fonte de um peculiar universo imaginário. O mito do paraíso primitivo, lugar e estado de felicidade, norteia o romance de Moura: as visões de messianismo e milenarismo reconduzem ao Éden prometido e à Idade de Ouro. A separação de dois mundos – o sagrado dos eleitos e o profano dos pecadores – configura o romanesco caracterizado pela fusão do épico ao lírico.

Na procura de um paraíso particular de Flausina, que se confunde com a autenticação da protagonista, Guimarães Rosa, com seus mitos, revela-se plenamente no conto "Esses Lopes". Seus caminhos de criação encontram o mito da luta, da separação, do épico sem necessidade da transcendência do sagrado. Em "Esses Lopes", a autenticidade do desejo inconsciente de se encontrar e ser fiel a si mesma, numa existência programada, revela o processo psicológico da individuação, e a presença do mito de Penélope a destecer os fios do tecido que os outros tecem para ela e do mito da alteridade na luta para recompor sua identidade. Este percurso de antítese polêmica põe em evidência a individuação de Flausina, sua identidade em relação a si mesma, excluindo os outros num movimento constante de separação. A genialidade de Guimarães Rosa, no entanto, consegue promover, no conto, a confluência dos três regimes do imaginário e, conseqüentemente, dos três gêneros – verdadeiro ouro alquímico.

Nelson Rodrigues explora a fatalidade da atração e do repúdio, a expulsão do ventre materno e o retorno ao caixão, movimento cíclico próprio do regime sintético-dramático, manifestações opostas, contradições dos antagonismos ligados pelo fator tempo. O dramaturgo leva a figurações alucinantes as explosões do sexo, dando-lhe um fundo mítico. Em *Anjo negro*, a dominante dramática é formada dos opostos virgem/prostituta, branca/preto, ódio/amor, que estão ligados por uma única obsessão: a vida dentro da morte – fundamento básico dos mitos sintéticos-dramáticos, dinamismo específico do gênero que nasce na luta entre a esperança eterna e o tempo finito. *Anjo negro* fornece a fórmula resolutiva da obra rodriguiana: a constante duplicação de papéis de suas personagens. O desdobramento das múltiplas oposições transforma o drama num rosário repetitivo que caracteriza a criação do mito da atração sexual como força invencível, responsável pela continuação da vida e responsável pela continuação da morte – forças complementares entre si.

Afonso Felix de Sousa não pode ser rotulado de legítimo representante da dramaturgia nacional, contudo figura entre os selecionados, não como poeta consagrado que é, mas por ser autor de um drama – *Rio das Almas*. A peça, carregada de misticismo, reporta a um rio de Goiás que tem seu nome ligado diretamente à saga do ouro e de mortes, história e lenda da mineração. O mito do ouro possui, no texto dramático, uma carga sugestiva que o próprio nome, rio das Almas, aumenta, transportando o leitor diretamente à outra margem, à "terceira margem", além das águas, para o reino do imaginário. Esta é a mesma terceira margem celeste que torna sagrado o rio do Peixe, rebatizado de Jordão por Santa Dica, ou a "outra margem" que Gilberto Mendonça Teles entrevê à beira do Araguaia, margem que liga o terreno ao divino e forma, com outros rios e córregos, a "hidrografia lírica de Goiás" (DENÓFRIO, 1996).

O paradigma de qualquer relato mítico se manifesta através de três esquemas distintos e irreconciliáveis dos regimes diurno e noturno do imaginário que representam três fontes distintas de inspiração épica, lírica e dramática – transmitidas e recebidas por uma única estação – o homem, ser indivisível, fonte de recepção e transmissão que mistura e entrelaça os sons de tal maneira que permite reconhecer, com nitidez, os tipos diferentes de sinais e imagens que se transformam na harmonia final de uma obra. Não estaria a terceira margem, no Cráter hermético, ponto de fusão, quintessência das palavras e das coisas, o encontro final da unidade procurada pelos hermetistas? A inclusão de Afonso Felix de Sousa serve também para enfatizar um aspecto recorrente nas três fases da análise: a presença do lírico, até mesmo no épico, que se transforma em romanesco, e também no dramático. A finalidade da poesia é realizar a unidade do múltiplo pela alquimia do verbo. Ela existe além dos limites, margens do rio e margens da vida, no limite entre o ser e o não ser, entre o dizer e o não dizer, sentindo aquilo que está para lá das possibilidades de sentir, entender e até realizar; ela existe na aventura da "travessia" inexplicável da vida: "Se procurar bem você acaba encontrando./ não a explicação (duvidosa) da vida./ Mas a poesia (inexplicável) da vida" (DRUMMOND, 1992, p. 1022).

O drama temporal humano se resume na tentativa de conciliar o desejo de imortalidade, horizonte de esperança, e a condição mortal, espaço da experiência. Há sempre um mito que norteia a caminhada do homem à procura de sua identidade. Durante séculos, alternando-se na preferência dos homens, Dioniso e Apolo representaram o conflito entre o instinto e a razão, o apetite e o dever: a realidade da vida em plena participação com o universo em Dioniso, em contraste com a calma, a serenidade e o racional saber de Apolo. Um, a sombra do outro, são mitos eternos do comportamento humano, presentes até numa época em que os homens transformaram a vida numa série de momentos em que se produz para consumir e se consome para poder produzir de novo, época na qual não parece haver nenhuma relação entre o finito e o infinito.

Espírito e matéria, vida e morte fascinam o imaginário, porque podem existir, com seu contrário, seja na antítese polêmica, no épico, seja como contradições da *coincidentia oppositorum*, ligadas pelo fator tempo, no dramático e, finalmente, na ambigüidade do túmulo e do berço, em perene metamorfose, no lírico. Três figuras simbolizam a luta do homem contra a morte e representam o desejo de superar a contradição do tempo: Prometeu, Sísifo e Hermes. São esses três mitos que desembocam num único caudal: o homem à procura da imortalidade, ânsia que o transforma em verdadeiro atormentador de si mesmo – *heautontimoroumenos*. A tentação – sereis como deuses[1] – pronunciada no início dos tempos, apresenta-se como força incoercível da imaginação nas suas estruturas e se concretiza nos símbolos da espada de Prometeu, da roda de Sísifo e da taça de Hermes. Prometeu, preso ao rochedo mas não domado, continua a desafiar os deuses – herói de espada em punho no enfrentamento aos deuses do Olimpo para conquistar a imortalidade. Sísifo, condenado a um destino de eterna repetição de atos sem nexo, empurra uma pedra montanha acima, que voltará ao fundo, num eterno recomeço, círculo fechado de vida e de morte, roda que produz a imortalidade. Hermes, o mensageiro, prenhe de espírito divino, traz aos homens o poder da alquimia que transforma as palavras e as coisas na esperança de atingir, na fonte da eterna juventude, a imortalidade.[2]

As tendências filosóficas, as escolas literárias e artísticas, a cultura e a forma de vida de todas as épocas podem ser individualizadas pelos mitos dos três representantes da humanidade que luta, martirizada e sempre esperançosa. Os gêneros literários podem ser colocados sob o patrocínio desses três mitos, pelos símbolos da espada, da roda e da

1. "É que Deus sabe que no dia em que dele comerdes, vossos olhos se abrirão e sereis como deuses" (Gên., 3-5).

2. "O céu, ao longe, no horizonte, toca a terra (...) Um dia o horizonte não mais existirá, e céu e terra estarão em mim" (BAZAGLIA, 1996, p. 181).

taça, que representam o núcleo central das manifestações do épico, do dramático e do lírico. Prometeu, ao desafiar os céus, enfrentando os deuses na luta pela posse dos poderes divinos, armas em punho contra os raios de Júpiter, pode bradar soberbo, através dos séculos, seu grito de revolta: "onde está, ó morte, a tua vitória?" (I Cor., 15-55) numa atitude heróico-épica do regime diurno do imaginário. Sísifo, maior que os deuses que lhe impuseram a pena de nunca alcançar o cume da montanha, transforma o castigo numa sucessão contínua de subidas e descidas, ciclo constante de eterno recomeço, próprio do regime noturno sintético-dramático. Hermes, por sua vez, transfere todos os poderes de seu vaso, o Cráter miraculoso, capaz de transformar corpos imperfeitos numa vida mais bela, para a taça mística do regime noturno do imaginário, o lírico, taça da eterna metamorfose que, através da palavra, liberta a alma divina presa na matéria.

O fim do século XIX e a primeira metade do século XX passaram progressivamente do mito de Prometeu, romântico, progressista, ao Sísifo, de Camus, um Sísifo feliz, que se aproxima dos mitos decadentes de Dioniso para acabar ressuscitando uma ampla mitologia hermetista (DURAND, 1992, p. 276-284). O progresso material nem sempre é acompanhado pelo espiritual, mas o homem acordou para a procura de um ponto de fusão comum à matéria e ao espírito, embora acorrentado ao rochedo, embora sentindo o fardo escapar-lhe montanha abaixo, embora sabendo que suas repetidas tentativas não o levem a descobrir o elixir da imortalidade. Sabe, no entanto, e isto já é muito, que cada experiência é um passo adiante, e segue vagarosamente, na tarefa de unir, purificar e transformar os homens. Por isso, pode-se afirmar, a supremacia de Hermes, não apenas na literatura, mas na totalidade da vida humana, no final deste século.

Hermes, na mitologia, conforme dito e repetido de todas as formas, representa o espírito, mensageiro de Deus, e a ele cabe o mesmo papel que o mistério cristão reserva ao Espírito Santo: purificar, transformar e unir. Joaquim de Fiore profetizou uma segunda vinda de Deus ao mundo, sob a égide do Espírito Santo, ainda no início do segundo milênio. E profetas atuais, representantes da geração espiritual deste século, abertos aos sonhos e utopias, também vaticinaram novos tempos de transformação e união.[3] O Espírito Santo, no Pentecostes, manifesta-se no milagre de uma língua única para todos os homens. Espírito Santo – vento, fogo, pomba –, passa de símbolo ao simbolizado, isto é, à ação de Deus intervindo na história como ação carismática, intervenção direta de Deus que capacita pessoas a ações que ultrapassam as habilidades humanas. É, portanto, uma força divina que entra e se firma no homem para transformá-lo desde o íntimo (CANTALAMESSA, 1998, p. 29-30); uma presença santificadora a purificar o homem, infundindo-lhe um novo coração.[4]

A tradição mitológica, que não implica uma crença ligada a uma doutrina tradicional e institucionalizada, permite reconquistar seu direito fundamental a uma ambigüidade mais livre na pesquisa de processos que tentam examinar e explicar a profundidade dos mistérios da consciência: "a experiência do divino é mais antiga, imediata e original que todas as concepções religiosas" (PAZ, 1982, p. 327); dois mundos, o sagrado e o religioso não se confundem. O politeísmo pagão possui uma simbologia comum a esses dois mundos, mais antiga e mais ambígua do que a revelação cristã. Esta esperança de união e transformação da humanidade purificada repousa no retorno da mensagem, ambígua por excelência, de Hermes Trismegisto que se organiza pelos séculos, através de todos seus atributos: mago, profeta, extrator de quintessência, manipulador de arcanos, que adquire uma amplitude simbólica sem precedentes no conhecimento do mundo e na harmonização das coisas, eliminando os contrários.

O retorno do velho *Corpus Hermeticum* representa uma verdade que desvincula o homem da neutralidade científica, da generalização totalitária no espaço e no tempo, da escravidão à necessidade causal e

3. Basta lembrar alguns nomes: Gandhi, em seu método de não-violência ativa; Luthuli, Prêmio Nobel da Paz, do continente africano; Martin Luther King, que sonhava com o dia em que todas as raças se dessem as mãos, e o Papa João XXIII que, nos poucos anos de pontificado, criou um novo clima de fraternidade no mundo.

4. O Espírito Santo, na teologia cristã, é o maior transformador da realidade, força que renova, permanentemente, o mundo. Cf. hino litúrgico do dia de Pentecostes: "Vem, Espírito Santo, Vem".

única (DURAND, 1979, p. 216). O princípio fundamental da similitude de Hermes reabre, ao homem e às ciências que tentam explicá-lo, o direito à ambigüidade e à esperança de uma união perfeita do homem e do cosmo. O mundo moderno, para conseguir desvendar o cosmo e penetrar em si mesmo, precisa da revelação hermética, iniciação aos segredos cósmicos, através da mediação do próprio Hermes, mediação entre o visível e o invisível, princípio que permite a magia natural da similitude (DURAND, 1979, p. 152). O princípio de similitude é uma renúncia à ruptura entre sujeito-objeto, entre causa e efeito, uma vez que a multiplicidade do sujeito se transforma na unidade do objeto projetada no mundo.

A nossa civilização chegou a um ponto de saturação que provocou um choque, é o sinal do retorno do restaurador da ambigüidade legítima e primordial, o "pai da recorrência", Hermes, arquétipo conservado contra o progresso avassalador da consciência científica e dogmática. Em oposição ao racionalismo, como poder único, causalismo lógico, deu-se o primeiro retorno de Hermes, no segundo século antes de Cristo, com o neo-platonismo. Em ambientes semelhantes de agnosticismo e ceticismo, volta Hermes, pela segunda vez, no pré-Renascimento e no Renascimento, após a catástrofe metafísica dos séculos anteriores, contra a tirania da lógica e do dogma. O retorno de Hermes foi sempre um presságio de humanismo, uma libertação das forças espirituais do homem que conduzem ao livre pensar. Do século XIII em diante e nestes últimos sete séculos, seu retorno deu-se nos humanistas do século XVI, nos iluministas do século XVIII, nos pré-românticos e nos românticos do fim do século XIX e, pela quinta vez, na segunda metade do século XX, limiar do Terceiro Milênio.

Diante do desencantamento sucessivo dos mitos religiosos, políticos e sociais, após séculos de guerra de extermínio, exploração de recursos naturais, trabalho forçado e imposições de toda espécie, o espírito unificador de Hermes paira de novo sobre o mundo. Testemunhas e atores de uma virada histórica, os homens participaram da transformação do mundo que passa de clãs e nações para um mundo definitivamente global. Pela primeira vez, na história do planeta, o homem tribal deixou de se pensar como o centro do mundo e a medida de todas as coisas, e afirma corajosamente uma nova interpretação do homem no mundo.[5] O bem ou o mal que aconteça em qualquer parte está ao alcance de todos os olhos, pois as novas técnicas de comunicação tornam os homens vizinhos. A velocidade das ondas magnéticas cobrem todo o globo terrestre: a tudo se assiste da sala de casa. Do ponto de vista político, os povos vivem uma objetiva interdependência: os problemas econômicos de um país têm uma dimensão planetária. Na alternância do *solve et coagula* da alquimia hermética, caíram barreiras e restrições, embora ainda longe de formar um bloco único de comunidade mundial.

Depois de os homens se aproximarem uns dos outros pela economia abrangente e pela comunicação, o maior sinal de união é dado pelo ecumenismo universal – os homens se reencontram na imensidão do sagrado. Todas as religiões se respeitam e as exceções confirmam a regra. Unidade na diversidade é sinal do Reino de Hermes, do *solve et coagula*. Esta mudança radical no campo do mistério religioso é o novo paradigma moderno que impõe aos homens a compreensão e o respeito às várias formas de relacionamento entre o Criador e suas criaturas livres.

As reações fundamentalistas são o sintoma de desconforto dos extremistas temerosos de perder a identidade perante a nova universalidade que se impõe. No início do terceiro milênio, a autonomia de realidades, que obedecem às novas necessidades da vida criadas pelo progresso, representa uma ruptura – *solve*, mas uma ruptura no sentido de abrir as portas para esta meta comum – *coagula*. O mundo global ainda está no começo, a humanidade ainda está longe de poder tirar todas as conseqüências da nova visão e remodelar de acordo com ela os velhos hábitos demasiadamente céticos. *Solve et coagula* é a terceira margem, a margem da esperança – eliminar os conflitos sem eliminar as diferenças, ao reconhecer a possibilidade de unir as diversidades num equilíbrio entre o universal e o particular.

O retorno de Hermes não é a exclusão do racional, nem sua supremacia; Hermes não separa senão para aperfeiçoar e purificar e, no fim, unir a humanidade em todas as potencialidades do ser humano. Com ele, o homem enfrenta o despotismo da razão e assegura uma

5. No espaço de cinqüenta anos, o mundo viveu o processo de descolonização; no fórum da ONU, os países antes dependentes representam a maioria de dois terços, dando ao mundo um novo espaço: mundo-mundial.

equivalência entre o mundo do imaginário e o mundo da realidade. Mas é, sobretudo, pela mão de Hermes que o mundo entra na intimidade alquímica da própria criação através do *solve et coagula*. O hermetismo introduz, na linguagem das coisas sensíveis, uma experiência sobrenatural de uma realidade além dos sentidos. Por isso, tem o poder de realizar a unidade do múltiplo literário: a aventura humana e a cósmica, o regional e o universal, o vulgar e o erudito, a ficção e a história, as escolas e os estilos, os tons ásperos e os suaves, num momento de fruição única quando "autor e leitor se confundem (...) no ato da leitura" (DURAND, 1992, p. 315).

Na história, o grito de desespero mistura-se ao suspiro da esperança. O homem, que vive até dentro de um sepulcro,[6] consegue cantar e poetar num contraponto contínuo que convida ao realismo e à esperança. A criatura é limitada, miserável, infeliz, mas ao mesmo tempo é capaz de superar-se, de transcender a si própria e ao mundo, gerando beleza, fé e vida – a poesia. É neste clima de realidades antitéticas que se deve festejar o retorno de Hermes: no dia em que não houver lugar para o conhecimento mágico, não haverá também lugar para o conhecimento científico.

6. Ao processo de Nuremberg apareceu uma testemunha que conseguira encontrar refúgio num cemitério hebraico de Vilna, na Polônia. Passava o tempo escrevendo versos. Uma sua poesia era a descrição de um nascimento: num túmulo ao lado, uma jovem mulher, assistida pelo coveiro, dava à luz um menino. Ao ouvir o choro da criança, o velho coveiro exclamou: Grande Deus, finalmente nos mandaste o Messias. (Narrado pelo teólogo Paul Villich e transcrito no artigo: "Nato in una tomba". *Avvenire*, Milano, 22 jul. 1998, p. 1).

Referências

Alleau, René. *A ciência dos símbolos*. Lisboa: Edições 70, 1976.

Alighieri, Dante. *La divina commedia*. Milano: Fratelli Fabbri, 1963.

Andrade, Carlos Drummond de. *Poesia e prosa*. Rio de Janeiro: Nova Aguilar, 1992.

Angelini, Franca (Org.). *Il punto su Pirandello*. Roma: Laterza, 1997.

Aristósteles. *Poética*. Introdução de Eudoro de Souza. Rio de Janeiro: Imprensa Nacional: Casa da Moeda, 1992.

Artaud, Antonin. *O teatro e seu duplo*. São Paulo: Martins Fontes, 1993.

Athaíde, Tristão. O poeta crítico. *Jornal do Brasil*, Rio de Janeiro, 22 jun. 1978.

Bachelard, Gaston. *A poética do espaço*. São Paulo: Abril Cultural, 1978. (Os Pensadores).

_____. *A água e os sonhos*. São Paulo: Martins Fontes, 1989.

_____. *A terra e os devaneios do repouso*. São Paulo: Martins Fontes, 1990.

_____. *O ar e os sonhos*. São Paulo: Martins Fontes, 1990.

Bataille, George. *O erotismo*. Porto Alegre: L&PM, 1987.

Bazaglia, Paulo. *365 dias em meditação*. São Paulo: Paulus, 1996.

Beigbeder, Olivier. *La symbolique*. 7. ed. Paris: Presses Universitaires de France, 1992.

Benjamin, Walter et al. *Textos escolhidos*. São Paulo: Abril Cultural, 1980. (Os Pensadores).

Bettelheim, Bruno. *A psicanálise dos contos de fadas*. Rio de Janeiro: Paz e Terra, 1980.

Bloom, Harold. *Presságios do milênio*. Anjos, sonhos e imortalidade. Rio de Janeiro: Objetiva, 1996.

Bornheim, Gerd. *O sentido e a máscara*. São Paulo: Perspectiva, 1992.

BORSELINO, Nino. *Ritratto e immagini di Pirandello*. Roma: Laterza, 1993.

BOSI, Alfredo. *O ser e o tempo da poesia*. São Paulo: Cultrix, 1977.

_____. *História concisa da literatura brasileira*. São Paulo: Cultrix, 1995.

BOZONNET, Jean-Paul. *Des monts et des mythes*. L'imaginaire social de la montagne. Grenoble: Presses Universitaires de Grenoble, 1992.

BRANDÃO, Junito. *Dicionário mítico-etimológico da mitologia grega*. Petrópolis: Vozes, 1991.

BRITO, Eleonora Zicaro Costa de. *A construção de uma marginalidade através do discurso e da imagem:* Santa Dica e a Corte dos Anjos / Goiás – 1923 a 1925. 1992. Dissertação (Mestrado) – Universidade de Brasília.

BRUNEL, Pierre (Org.). *Le mythe de la metamorphose*. Paris: Armand Collin, 1974.

_____. *Dictionnaire des mythes littéraires*. Paris: Éditions du Rocher, 1988.

_____. *Mythocritique*. Theórie et parcours. Paris: PUF, 1992.

_____. (Org.). *Mythes et littérature*. Paris: Presse de l'Université de Paris-Sorbonne, 1994.

BÜHLMANN, Walbert. *A igreja no limiar do terceiro milênio*. São Paulo: Paulus, 1994.

BURGOS, Jean. *Pour une poétique de l'imaginaire*. Paris: Seuil, 1982.

CALLOIS, Roger. *Le mythe et l'homme*. Paris, Gallimard, 1938.

_____. *Le rocher de Sisyphe*. 4. ed. Paris: Gallimard, 1946.

_____. *Approches de l'imaginaire*. Paris: Gallimard, 1974.

CAMUS, Albert. O mito de Sísifo. Rio de Janeiro: Guanabara, 1989

_____. *O homem revoltado*. 2. ed. Rio de Janeiro: Record, 1996.

CANTALAMESSA, Raniero. *O sopro do espírito*. São Paulo: Paulus, 1998.

CARLSON, Marvin. *Teorias do teatro*. São Paulo: Editora da Unesp, 1997.

CASTRO, Ruy. *O anjo pornográfico:* a vida de Nelson Rodrigues. São Paulo: Companhia das Letras, 1992.

CATULLO. *Canti di Catullo*. Tradução de Salvatore Quasimodo. Verona: Mondadori, 1965.

CENTENO, Yvete K. *Literatura e alquimia*. Lisboa: Presença, 1987.

CHAUVIN, Danièle. *L'oeuvre de William Blake*. Apocalypse et transfiguration. Grenoble: Ellug, 1992.

CIRLOT, Juan-Eduardo. *Diccionario de símbolos*. Barcelona: Labor, 1978.

COMBE, Dominique. *Les genres littéraires*. Paris: Hachette, 1992.

CORBIN, Henry. Mundus imaginalis ou l'imaginaire et l'imaginal. In: *Cahiers Internationaux de Symbolisme*. Bruxelas, 1964. v. 6. p. 3-26.

_____. De l'epopée héroïque à l'épopée mystique. In: Eranos, 1966. Zurique: Rhein-Verlag, 1967.

CORTÁZAR, Julio. *Valise de cronópio*. São Paulo: Perspectiva, 1974.

COUTO DE MAGALHÃES. *Viagem ao Araguaya*. 4.ed. São Paulo: Companhia Editora Nacional, 1938.

DABEZIES, André. *Le mythe de Faust*. Paris: Armand Colin, 1990.

DEL PICCHIA, Menotti. Apresentação. In: RODRIGUES, Nelson. Anjo negro. *Teatro completo*. Rio de Janeiro: Nova Aguilar, 1995.

DELUMEAU, Jean. *História do medo no ocidente*. São Paulo: Companhia das Letras, 1989.

_____. *Mil anos de felicidade*. Uma história de paraíso. São Paulo: Companhia das Letras, 1997.

DENÓFRIO, Darcy França. *O poema do poema em Gilberto Mendonça Teles*. Rio de Janeiro: Presença, 1984.

_____. *Poesia contemporânea:* G.M.T. – o regresso às origens. Porto Alegre: Acadêmica, 1987.

_____. *A obra poética de Afonso Felix de Sousa:* dois estudos. Goiânia: Editora da UFG, 1991.

_____. *Hidrografia lírica de Goiás I*. Goiânia: Editora da UFG, 1996.

_____. *Lavra dos goiases*. Gilberto & Miguel. Goiânia: Fundação Cultural Pedro Ludovico Teixeira, 1997.

DETIENNE, Marcel. *A invenção da mitologia*. Rio de Janeiro: José Olympio; Brasília: UnB, 1992.

DOMENACH, Jean-Marie. *Le retour du tragique*. Paris: Seuil, 1967.

DUBOIS, Claude-Gilbert. *O imaginário da Renascença*. Brasília: Editora da UnB, 1995.

DUBUISSON, Daniel. *Mythologies du XXe Siècle*. (Dumézil, Lévi-Strauss, Eliade). Paris: Presses Universitaires de Lille, 1993.

DUBY, Georges. *L'An mil*. Paris: Gallimard, 1980.

_____. *Idade Média, idade dos homens:* do amor e outros ensaios. São Paulo: Companhia das Letras, 1989.

DUMÉZIL, Georges. *Mythe et épopée* I, II, III. Paris: Quarto Gallimard, 1995.

DURAND, Gilbert. L'occident iconoclaste. Contributioin à l'histoire du symbolisme. *Cahiers Internationaux de Symbolisme*, Bruxelles, n. 2, p. 3-18, 1963.

_____. Les gnoses, structures et symbole archétypes. *Cahiers Internationaux de Symbolisme,* Mons, Bélgica, n. 8, p. 15-34, 1965.

_____. Dualisme et dramatisation: régime antithétique et structures dramatiques de l'imaginaire. In: Eranos, 1964. Zürich: Rhein-Verlag, *Anais*... 1965. p. 246-264.

_____. Eléments et structures. *Cahiers Internationaux de Symbolisme,* Mons, Bélgica, n. 11, p. 79-95, 1966.

_____. La création artistique comme configuration dynamique des structures. In: Eranos, 1966. Zürich: Rhein-Verlag, *Anais*... 1967. p. 57-98.

_____. Les structures polarisantes de la conscience psychique et de la culture. In: Eranos, 1967. Zürich: Rhein-Verlag, *Anais*... 1968. p. 269-300.

_____. Structure et fonction récurrentes de la figure de Dieu ou la conversion herméneutique. In: Eranos, 1968, Ascona, Suíça. *Anais*... v. 36. Zürich: Rhein-Verlag, 1970. p. 449-521.

_____. L'univers du symbole. *Revue des Sciences Religieuses,* Université des Sciences Humaines de Strasbourg. n. 1-2, p. 7-23, jan./abr. 1975.

_____. *Science de l'homme et tradition*. Le nouvel esprit anthropologique. Paris: Berg International, 1979.

_____. La cité et les divisions du royaume. Vers une sociologie des profondeurs. In: Eranos, 1976, Ascona, Suíça. *Anais*... v. 45. Leiden: E. J. Brill, 1980. p. 165-219.

_____. *L'âme tigrée*. Paris: Denoél/Gonthier, 1980.

_____. La notion de limite dans la morphologie religieuse et les théophanies de la culture européenne. In: Eranos, 1980, Ascona, Suíça. *Anais*... v. 49. Frankfurt: Insel Verlag, 1981. p. 35-79.

_____. Temps humain et espaces transitionnels. Contribution à une mythanalyse de l'oeuvre de Wagner. In: Eranos, 1978, Ascona, Suíça. *Anais*... v. 47. Frankfurt: Insel Verlag, 1981. p. 41-66.

_____. *Mito, símbolo e mitodologia*. Lisboa: Presença, 1982.

_____. *Mito e sociedade:* a mitanálise e a sociologia das profundezas. Lisboa: A regra do jogo, 1983.

_____. La beauté comme présence paraclétique: essai sur les résurgences d'un bassin sémantique. In: Eranos, 1984, Ascona, Suíça. *Anais*... v. 53. Frankfurt: Insel Verlag, 1986. p. 127-173.

_____. Permanence du mythe et changements de l'histoire. *Cahiers de l'Hermetisme. Le mythe et le mythique*. Paris: Albin Michel, 1987.

_____. *A imaginação simbólica*. São Paulo: Cultrix, 1988.

_____. Le grand changement ou l'aprés-Bachelard. *Cahiers de l'Imaginaire*. Toulouse: Editions Privat, n. 1, 1988.

_____. *As estruturas antropológicas do imaginário*. Lisboa: Presença, 1989.

_____. *Beaux-arts et archétypes*. Paris: PUF, 1989.

_____. *Le décor mythique de la Chartreuse de Parme*. Les structures figuratives du roman stendhalien. 4.ed. Paris: José Corti, 1990.

_____. Philosophie du leitmotiv. De l'aesthetica au drame lyrique. In: Eranos, 1988, Ascona, Suíça. *Anais*... v. 57. Frankfurt: Insel Verlag, 1990. p. 125-144.

_____. *Figures mytiques et visages de l'oeuvre*. De la mythocritique à la mythanalyse. Paris: Dunod, 1992.

_____. *L'imaginaire*. Paris: Hatier, 1994.

_____. *A fé do sapateiro*. Brasília: Editora da UnB, 1995.

_____. *Introduction à la mythodologie*. Mythes et societés. Paris: Albin Michel, 1996.

DURAND, Yves. La formulation expérimentale de l'imaginaire et ses modèles. *Circé*, Méthodologie de l'imaginaire, Chambery, n. 1, p. 151-248, 1970.

ECO, Umberto. *O pêndulo de Foucault*. Rio de Janeiro: Record, 1994.

_____. *Os limites da interpretação*. São Paulo: Perspectiva, 1995.

EICHEMBERG, Newton Roberval. Apresentação. In: ROGER, Bernard. *Descobrindo a alquimia*. São Paulo: Pensamento, 1997.

EIGELDINGER, Marc. *Mythologie et intertextualité*. Genève: Slatkine, 1987.

ELIADE, Mircea. *Initiation, rites, sociétés secrètes*. Paris: Gallimard, 1959.

_____. *La nostalgie des origines*. Paris: Gallimard, 1971.

_____. *Mito e realidade*. São Paulo: Perspectiva, 1972.

_____. *Forgerons et alchimistes*. Paris: Flammarion, 1977.

_____. *Le chamanisme et les techniques archaïques de l'extase*. Paris: Payot, 1983.

_____. *Mitos, sonhos e mistérios*. Lisboa: Edições 70, 1989.

_____. *Mito do eterno retorno*. São Paulo: Mercuryo, 1992.

_____. *Tratado de história das religiões*. São Paulo: Martins Fontes, 1993.

_____. *O sagrado e o profano*. Rio de Janeiro: Livros do Brasil, [s.d.].

FAIVRE, Antoine. *Accès de l'ésotérisme occidental*. VI e II. Paris: Gallimard, 1996.

FERNANDES, José. *O poeta da linguagem*. Rio de Janeiro: Presença, 1983.

_____. *O poema visual:* leitura do imaginário esotérico (da antigüidade ao século XX). Petrópolis: Vozes, 1996.

FOUCAULT, Michel. *As palavras e as coisas*. Lisboa: Portugália, [s.d.].

FRANZ, Marie-Louise. *A interpretação dos contos de fadas*. São Paulo: Paulinas, 1990.

FRIEDRIECH, Hugo. *Estrutura da lírica moderna*. São Paulo: Duas Cidades, 1981.

GARAGALZA, Luis. *La interpretación de los símbolos*. Hermenéutica y lenguaje en la filosofía actual. Barcelona: Anthropos, 1990.

GENETTE, Gérard. *Introdução ao arquitexto*. Lisboa: Veja, [s.d.].

GIANNETTI, Eduardo. *Auto-engano*. São Paulo: Companhia das Letras, 1998.

GÓNGORA, Luis. *Obra completa*. Madri: Aguilar, 1951.

GUIMARÃES ROSA, João. *Primeiras estórias*. Rio de Janeiro: José Olympio, 1972.

_____. *Grande sertão:* veredas. Rio de Janeiro: José Olympio, 1974.

_____. *Tutaméia*. Terceiras estórias. Rio de Janeiro: José Olympio, 1979.

_____. *Ficção completa*. Rio de Janeiro: Nova Aguilar, 1995.

HAMBURGER, Käte. *A lógica da criação literária*. São Paulo: Perspectiva, 1975.

HATZFELD, Helmut. *Bibliografía critica de la nueva estilística aplicada a las literaturas románticas*. Madrid: Gredos, 1955.

HORÁCIO. *Q. Horatti Flacci Opera*. Torino: Società Editrice Internazionale, 1961.

HOUAISS, Antônio. *Seis poetas e um problema*. Rio de Janeiro: Edições de ouro culturais, 1967.

IRIS. *Bible & Imaginaire*. Grenoble: Centre de Recherche sur l'Imaginaire, n. 11, 1991.

_____. *Mythe et modernité*. Grenoble: Centre de Recherche sur l'Imaginaire, n. 13, 1993.

_____. *Nombres et littérature*. Grenoble: Centre de Recherche sur l'Imaginaire, 1994.

JOLLES, André. *Formas simples*. São Paulo: Cultrix, 1976.

JUNG, Carl Gustav. *Tipos psicológicos*. Petrópolis: Vozes, 1991.

_____. *Psicologia e alquimia*. Petrópolis: Vozes, 1994.

KRAMER, Heinrich; SPRENGER, James. *O martelo das feiticeiras*. *Malleus Maleficarum*. Rio de Janeiro: Rosa dos Tempos, 1991.

KRISTEVA, Julia. *Le texte du roman*. Approche sémiologique d'une structure discursive transformationnelle. Paris: Mouton, 1970.

_____. *Estrangeiros para nós mesmos*. Rio de Janeiro: Rocco, 1994.

LAPA, Rodrigues M. *Lições de literatura portuguesa*. Época Medieval. 4.ed. rev. Coimbra, 1955.

LE GOFF, Jacques et al. *Histoire et imaginaire*. Paris: Radio France: Editions Poiesis, 1986.

LEITE MORAES, J. A. *Apontamentos de viagem*. São Paulo: Companhia das Letras, 1995.

LÉVI-STRAUSS, Claude. *Antropologia estrutural*. Rio de Janeiro: Tempo Brasileiro, 1970.

LIMA, Jorge de. *Antologia poética*. Rio de Janeiro: José Olympio, 1974.

LIMA, Luis Costa. *Lira e antilira*. Rio de Janeiro: Civilização Brasileira, 1968.

LIMA, Maria Eloá de Souza. *Serra do Cafezal:* retratos e lembranças. Jataí: Ed. do Autor, 1988.

LUCRETIUS, Titus Caro. *De rerum natura*. Roma: Sormani, 1958. (Coletânea "avie pervia" de textos latinos).

LUKÁCS, Georg. *Teoria do romance*. Lisboa: Presença, [s.d.].

MACHADO, Lourival Gomes. *Barroco mineiro*. São Paulo: Perspectiva, 1991.

MARTINS, Hélcio. *A rima na poesia de Carlos Drumond de Andrade*. Rio de Janeiro: José Olympio, 1968.

MAY, Rollo. *Eros e repressão*. Petrópolis: Vozes, 1973.

MELLO, Ana Maria Lisboa de. *O texto lírico:* imagem, ritmo e revelação. 1991. Tese (Doutorado) – Pontifícia Universidade Católica do Rio Grande do Sul, Porto Alegre.

MENEZES, Eduardo Diatahy B. de. O imaginário popular do sertão: rumos para uma pesquisa em antropologia histórica. *Revista de Ciências Sociais*, Fortaleza, v. XXIII/ XXIV, n. 1/2, p. 149-180, 1992-1993.

MERQUIOR, José Guilherme. *Verso universo em Drummond*. Rio de Janeiro: José Olympio, 1976.

_____. *Razão do poema*. Rio de Janeiro: Topbooks, 1996.

MIELIETINSKI, E. M. *A poética do mito*. Rio de Janeiro: Forense-Universitária, 1987.

MONNEYRON, Frédéric. Le mythe et le mythique: bilan et perspective d'une herméneutique. *Cahiers de l'Imaginaire*. Paris: L'Harmattan, 1992.

_____. *L'androgyne romantique*. Du mythe au mythe littéraire. Grenoble: Ellug, 1994.

_____. *L'androgyne décadent*. Mythe, figure, fantasmes. Grenoble: Ellug, 1996.

MONTEIRO, Adolfo Casais. *A palavra essencial*. São Paulo: Companhia Editora Nacional, 1965.

MORAES, Maria Augusta S.; PALACÍN, Luis. *História de Goiás*. Goiânia: Ed. UCG, 1994.

MOURA, Antônio José de. *Quilômetro um*. Goiânia: Brasil Central, 1965.

_____. *Porta sem chave*. Goiânia: DEC, 1970.

_____. *Notícias da terra*. São Paulo: Edições Símbolo, 1978.

_____. *Dias de fogo*. São Paulo: Global, 1983.

_____. *Sete léguas de paraíso*. São Paulo: Global, 1989.

_____. *Umbra*. São Paulo: Marco Zero, 1996.

NIETZSCHE, Frederico. *A origem da tragédia*. 3.ed. Tradução por Álvaro Ribeiro. Lisboa: Guimarães Editores, 1953.

PADOVANI, Humberto; CASTAGNOLA, Luis. *História da filosofia*. São Paulo: Melhoramentos, 1958.

PAGEAUX, Daniel-Henri. *Naissances du roman*. Paris: Klincksieck. 1995.

PALACÍN, Luis. *O século do ouro em Goiás*. Goiânia: Ed. UCG, 1994.

PAZ, Octávio. *O arco e a lira*. Rio de Janeiro: Nova Fronteira, 1982.

_____. *Os filhos do barro:* do romantismo à vanguarda. Rio de Janeiro: Nova Fronteira, 1984.

PEARSON, Carol S. *O herói interior*. São Paulo: Cultrix, 1992.

PESSIN, Alain. *Le mythe du peuple et la société française du XIX siècle*. Paris: PUF, 1992.

PESSOA, Fernando. *Obra poética*. Rio de Janeiro: Nova Aguilar, 1990.

QUEIROZ, Maria Isaura Pereira. *O messianismo no Brasil e no mundo*. São Paulo: Alfa-Omega, 1976.

QUEIRUGA, André T. *Um Deus para hoje*. São Paulo: Paulus, 1998.

RAMAT, Silvio. *L'ermetismo*. Firenze: La Nuova Italia, 1969.

RICOEUR, Paul. *Teoria da interpretação*. Lisboa: Edições 70, 1976.

_____. *A metáfora viva*. Porto: Rés, 1986.

_____. *O si-mesmo como um outro*. Campinas: Papirus, 1991.

_____. *Tempo e narrativa*. Tomo I. Campinas: Papirus, 1995.

ROBERT, Marthe. *Roman des origines et origines du roman*. Paris: Gallimard, 1972.

RODRIGUES, Nelson. *Teatro quase completo*. Rio de Janeiro: Tempo Brasileiro, 1965.

_____. *O óbvio ululante:* primeiras confissões crônicas. Seleção por Ruy Castro. São Paulo: Companhia das Letras, 1993.

_____. *Teatro completo*. Rio de Janeiro: Nova Aguilar, 1994.

_____. *Flor de obsessão*. Seleção por Ruy Castro. São Paulo: Companhia das Letras, 1997.

ROGER, Bernard. *Descobrindo a alquimia*. 10.ed. São Paulo: Pensamento, 1997.

RÓNAI, Paulo. *Não perca o seu latim*. Rio de Janeiro: Nova Fronteira, 1980.

_____. *Pois é*. Rio de Janeiro: Nova Fronteira, 1990.

ROSENFELD, Anatol. *Prismas do teatro*. São Paulo: Perspectiva: Edusp; Campinas: Editora da Unicamp, 1993.

ROSENFIELD, Kathrin. *A linguagem liberada*. São Paulo: Perspectiva, 1989.

ROUGEMONT, Denis. *O amor e o ocidente*. Rio de Janeiro: Guanabara, 1972.

ROUSSET, Jean. *Le mythe de Don Juan*. Paris: Armand Colin, 1976.

SANT'ANNA, Affonso Romano de. *Carlos Drummond de Andrade:* análise da obra. 3.ed. Rio de Janeiro: Nova Fronteira, 1980.

SARAIVA, Arnaldo. Prefácio: Um poeta professor. In: TELES, Gilberto Mendonça. *Falavra*. Lisboa: Dinalivro, 1989.

SCHAFFER, Jean-Marie. *Qu'est-ce qu'un genre littéraire*. Paris: Seuil, 1989.

SELLIER, Philippe. Qu'est-ce qu'un mythe littéraire? *Littérature*. Paris: Larousse, n. 55, 1984.

SIGANOS, André. *Le minotaure et son mythe*. Paris: PUF, 1993.

_____. (Dir.). *Solitudes, écriture et représentation*. Grenoble: Ellug, 1995.

SIRONNEAU, Jean-Pierre et al. *Le retour du mythe*. Grenoble: Presses Universitaires de Grenoble, 1980.

SORIANO, Marc. *Les contes de Perrault*. Culture savante et populaire. Paris: Gallimard, 1968.

SOURIAU, Etienne. *As duzentas mil situações dramáticas*. São Paulo: Ática, 1993.

SOUSA, Afonso Felix de. *O túnel*. Rio de Janeiro: Orfeu, 1948.

_____. *Do sonho e da esfinge*. Rio de Janeiro: Orfeu, 1950.

_____. *O amoroso e a terra*. Rio de Janeiro: Livros de Portugal, 1953.

_____. *Memorial do errante*. Rio de Janeiro: Livros de Portugal, 1956.

_____. *Íntima parábola*. Rio de Janeiro: Livros de Portugal, 1960.

_____. *Caminho de Belém* (Poema dramático). Rio de Janeiro: Livros de Portugal, 1962.

_____. *Álbum do Rio*. Rio de Janeiro: Livros de Portugal, 1965.

_____. *Chão básico & itinerário leste*. São Paulo: Quíron: INL, 1978.

_____. *As engrenagens do belo* (Coroa de sonetos). Recife: Pirata, 1981.

_____. Rio das almas (Poema dramático). Rio de Janeiro: Cátedra: INL, 1984.

_____. *Qüinquagésima hora & horas anteriores*. Rio de Janeiro, Philobiblion: Rio Arte, 1987.

_____. *À beira do teu corpo*. Rio de Janeiro: José Olympio, 1990.

_____. *Sonetos aos pés de Deus & outros poemas*. Rio de Janeiro: Galo Branco, 1996.

_____. Meio século de criação poética. *O Popular*, Goiânia, 5 jul. 1998. Caderno 2, p. 6.

SOUZA, Vilma de Katinsky B. de. Edoardo Bizzarri, o tradutor italiano de Graciliano Ramos, Guimarães Rosa e Cecília Meireles. *Quaderni*, São Paulo: Instituto Italiano de Cultura, n. 1, p. 45-56, jun. 1991.

STAIGER, Emil. *Conceitos fundamentais de poética*. Rio de Janeiro: Tempo Brasileiro, 1975.

STAROBINSKI, Jean. Remarques sur l'histoire du concept d'imagination. *Cahiers Internationaux de Symbolisme*. Mons, Belgique, n. 11, p. 11-29, 1966.

_____. L'Impero dell'immaginario. *L'Occhio vivente*. Studi su Corneille, Racine, Rousseau, Stendhal, Freud. Tradução por G. Guglielmi. Torino: Einaudi, 1975.

STEINER, George. *La mort de la tragédie*. Paris: Gallimard, 1993.

TADIÉ, Jean-Yves. *Le roman au XX siècle*. Paris: Belfond, 1990.

_____. *Le récit poétique*. Paris: Gallimard, 1994.

TODOROV, Tzvetan. *Introdução à literatura fantástica*. São Paulo: Perspectiva, 1974.

_____. *Teorias do símbolo*. Lisboa: Edições 70, 1977.

TELES, Gilberto Mendonça. *A poesia em Goiás*. Goiânia: Editora da UFG, 1963.

_____. *Drummond:* a estilística da repetição. Rio de Janeiro: José Olympio, 1970.

_____. *Camões e a poesia brasileira*. 2.ed. São Paulo: Quíron, 1976.

_____. *Poemas reunidos*, Rio de Janeiro: José Olympio: INL, 1978.

_____. *A retórica do silêncio*. São Paulo: Cultrix; Brasília: INL, 1979.

_____. *Plural de nuvens*. Porto: Gota de Água, 1984.

_____. *Estudos de poesia brasileira*. Coimbra: Almedina, 1985.

_____. *Hora aberta* (poemas reunidos). Rio de Janeiro: José Olympio: INL, 1986.

_____. *Vanguarda européia e modernismo brasileiro*. 10.ed. rev. e aumentada. Rio de Janeiro: Record, 1987.

_____. Falavra. In: SARAIVA, Arnaldo (Org.). *Antologia poética*. Lisboa: Dinalivro, 1989.

———. *A crítica e o romance de 30*. Rio de Janeiro: Atheneu Cultura, 1990.

_____. *Nominais*. Vitória: Nejarim, 1993.

_____. *& Cone de sombras*. São Paulo: Massao Ohno, 1995.

_____. *Estudos goianos II:* a crítica e o princípio do prazer. Goiânia: Editora da UFG, 1995.

_____. *A escrituração da escrita*. Rio de Janeiro: Vozes, 1996.

_____. O sentimento do mundo movendo as palavras. *O Popular*, Goiânia, 17 ago. 1997. Caderno 2. p. 4-5.

_____. *Intenções de ofício*. Florianópolis: Museu / Arquivo da poesia manuscrita, 1998.

_____. *Saciologia goiana*. 4.ed. Revista e aumentada. Goiânia: Agepel, 2001.

UTÉZA, Francis. *JGR:* metafísica do grande sertão. São Paulo: Edusp, 1994.

VASCONCELLOS, Lauro. *Santa Dica:* encantamento do mundo ou coisa do povo. Goiânia: Editora da UFG, 1991.

VEDRINE, Hélène. *Les grandes conceptions de l'imaginaire:* de Platon à Sartre et Lacan. Paris: Librairie Générale Française, 1990.

VERJAT, Alain (Ed.). *El retorno de Hermes*. Hermenéutica y Ciencias Humanas. Barcelona: Anthropos, 1989.

VIERNE, Simone (Dir.). *Le retour du mythe*. Grenoble: Presses Universitaires de Grenoble, 1980.

_____. *Rite, roman, initiation*. 2.ed. Grenoble: Presses Universitaires de Grenoble, 1987.

VIËTOR, Karl et al. *Théorie des genres*. Paris: Seuil, 1986.

VIRGÍLIO. *P. Virgilli Maronis Opera*. Torino: Società Editrice Internazionale, 1961.

WELLEK, René; WARREN, Austin. *Teoria da literatura*. Lisboa: Publicações Europa-América, 1955.

WHITE, Hayden. *Trópicos do discurso:* ensaios sobre a crítica da cultura. São Paulo: Edusp, 1994.

WOOLF, Virginia. *Um teto todo seu*. Rio de Janeiro: Nova Fronteira, 1985.

WUNENBURGER, Jean-Jacques. Les fondements de la fantastique transcendantale. *Le mythe et le mythique. Cahiers de l'Hermétisme*. Paris: Albin Michel, 1987.

_____. *L'imagination*. Paris: Presses Universitaires de France, 1990.

_____. Le Tiers-Etat symbolique. *Cahiers de L'Imaginaire*, Paris: L'Harmattan, n. 5 e 6, p. 99-119, 1991.

_____. *La vie des images*. Strasbourg: Presses Universitaires de Strasbourg, 1995.

Assessoria técnica:	Cânone Editorial
Formato:	15,5 x 21 cm
Mancha gráfica:	11 x 16,5 cm
Tipologia:	Times New Roman e PalmSprings normal e condensada: 90 e 95%
	texto: 8, 9, 10 e 11;
	títulos: 14, 15 e 20
Número de páginas:	318